Wie Achtsamkeit die neue Spiritualität des Kapitalismus wurde

Ronald E. Purser ist Professor für Management an der San Francisco State University und ordinierter buddhistischer Lehrer. Er ist mitverantwortlich für den Podcast „Mindful Cranks“ und regelmäßiger Gast in Talkshows und Podcasts. Mit seiner Familie lebt er in San Francisco, Kalifornien.
www.ronpurser.com

Ronald E. Purser

Wie Achtsamkeit die neue Spiritualität des Kapitalismus wurde

Mabuse-Verlag
Frankfurt am Main

Bibliografische Information der Deutschen Nationalbibliothek

Die Deutsche Nationalbibliothek verzeichnet diese Publikation in der Deutschen Nationalbibliografie; detaillierte bibliografische Daten sind im Internet über http://dnb.dnb.de abrufbar.

Informationen zu unserem gesamten Programm, unseren Autor:innen und zum Verlag finden Sie unter: www.mabuse-verlag.de.

Wenn Sie unseren Newsletter zu aktuellen Neuerscheinungen und anderen Neuigkeiten abonnieren möchten, schicken Sie einfach eine E-Mail mit dem Vermerk „Newsletter“ an: online@mabuse-verlag.de.

Bei dem vorliegenden Buch handelt es sich um die leicht überarbeitete Übersetzung der englischen Originalausgabe *McMindfulness. How Mindfulness Became the New Capitalist Spirituality*, die 2019 bei Repeater Books (an imprint of Watkins Media Limited) erschienen ist.
www.repeaterbooks.com

Kasseler Str. 1 a
60486 Frankfurt am Main
Tel.: 069-70 79 96-13
Fax: 069-70 41 52
verlag@mabuse-verlag.de
www.mabuse-verlag.de
www.facebook.com/mabuseverlag

Übersetzung aus dem Englischen: Garry Zettersten, Frankfurt a. M.
Projektkoordination und Übersetzungslektorat: Simone Holz, Pisa,
www.lektorat-redazione-holz.eu/
Satz, Layout und Umschlaggestaltung: ffj Büro für Typografie und Gestaltung, Frankfurt a. M.
Umschlagabbildung: „McBuddha“-Statue von Jani Leinonen, Helsinki,
www.janileinonen.com, Foto von Reto Weishaupt, mindfulmind.ch
Druck: SOL Service GmbH, Schrobenhausen
ISBN: 978-3-86321-614-6
Printed in Germany

Inhalt

Kapitel 1: Schon von der „Achtsamkeitsrevolution" gehört?

Achtsamkeit ist im Mainstream angekommen und wird von Promis wie Oprah Winfrey, Madonna und Angelina Jolie empfohlen. Während Meditationslehrer:innen, Mönche, Nonnen und Neurowissenschaftler:innen mit CEOs beim Weltwirtschaftsforum in Davos zusammenkommen, haben die Vordenker:innen dieser Bewegung einen missionarischen Eifer entwickelt. So hat beispielsweise Jon Kabat-Zinn, der Erfinder des Mindfulness-Based Stress Reduction (MBSR – Achtsamkeitsbasierte Stressreduktion), größere Ambitionen als die Überwindung von Stress. Schließlich prophezeit er, dass diese hybride Mischung aus wissenschaftlicher und meditativer Disziplin „das Potenzial hat, eine universelle oder weltweite Renaissance zu entfachen". Achtsamkeit „könnte tatsächlich die einzige Hoffnung sein, welche der Spezies und dem Planeten bleibt, um die nächsten paar 100 Jahre zu überstehen", verkündet er.[1]

Worum handelt es sich also bei diesem Allheilmittel? Unter der Überschrift „The Mindful Revolution" („Die achtsame Revolution") lichtete das Nachrichtenmagazin *Time* 2014 eine junge, blonde Frau auf seiner Titelseite ab, die Glückseligkeit ausstrahlte. Der zugehörige Artikel beschrieb eine Schlüsselszene der standardisierten Lehrinhalte von MBSR, nämlich das bewusst langsame Verspeisen einer Rosine: „Das Vermögen, sich für wenige Minuten auf eine einzige Rosine zu konzentrieren, ist nicht albern, wenn die dafür notwendigen Fähigkeiten der Schlüssel für Durchsetzungsfähigkeit und Erfolg im 21. Jahrhundert sind", erklärte die Autorin.[2]

Demgegenüber bleibe ich skeptisch. All das, was in unserer ungerechten Gesellschaft Erfolg verspricht, aber keine Veränderungen einfordert, ist nicht revolutionär. Es bietet den Menschen lediglich ein Hilfsmittel, um das tägliche Leben zu meistern. Schlimmstenfalls könnte es die Lebensumstände sogar verschlechtern. Statt zu radikalem Handeln anzuregen, wird behauptet, dass die Ursachen von Leid überwiegend bei uns selbst zu suchen seien und nichts mit den politischen und ökonomischen Rahmenbedingungen zu tun hätten, die unser Leben prägen. Und dennoch glauben Achtsamkeitsfanatiker:innen, dass das genauere Achten auf den aktuellen Moment bei gleichzeitigem Verzicht auf Werturteile die revolutionäre Kraft in sich trage, die gesamte Welt grundlegend zu verändern. Das ist eine ausgesprochen märchenhafte Vorstellung.

Man möge mich nicht falsch verstehen: Die Achtsamkeitspraxis hat durchaus ihre Berechtigung. Das Ausschalten von Grübeleien trägt dazu bei, Stress, chronische Ängste und viele andere Krankheiten zu reduzieren. Wenn man sich seiner automatischen Reaktionen bewusster wird, kann man ruhiger und möglicherweise freundlicher werden. Die meisten Achtsamkeitspromoter:innen sind nette Menschen und ich zweifle nicht im Geringsten daran, dass sie das Herz am rechten Fleck haben. Ich habe viele von ihnen kennengelernt, darunter auch die Wortführer:innen innerhalb der Bewegung. Aber darum geht es nicht. Problematisch ist das verkaufte Produkt, und ebenso die Art und Weise, wie es vermarktet wird. Achtsamkeit ist nichts weiter als eine einführende Konzentrationsübung. Sie geht auf den Buddhismus zurück, ohne aber dessen ethische Konzepte zu berücksichtigen. Und auch die Zielsetzung der Überwindung von falscher Selbstwahrnehmung bei gleichzeitiger Ausübung von Mitgefühl gegenüber allen anderen Lebewesen ist verworfen worden.

Übrig bleibt ein Werkzeug der Selbstdisziplin, welches als Selbsthilfe ausgegeben wird. Statt Praktizierende zu befreien, bringt es sie stattdessen dazu, sich genau an jene Umstände anzupassen, die ihre Probleme verursacht haben. Eine wahrhaft revolutionäre Bewegung würde die Überwindung dieses widersinnigen Gesellschaftssystems anstreben, aber Achtsamkeit führt nur zu einer Verstärkung seiner zerstörerischen Logik. Die neoliberale Ordnung hat sich über die vergangenen Jahrzehnte unbemerkt ausgebreitet und die Ungleichheit im Streben nach Unternehmensreichtum vergrößert. Es wird erwartet, dass sich Individuen an die Anforderungen dieses Gesellschaftsmodells anpassen. Stress wird pathologisiert und privatisiert – und die Bürde der Bewältigung dieser Emotionen auf das Individuum abgewälzt. Entsprechend inszenieren sich Achtsamkeitsverkäufer:innen als Heilsbringer:innen.

Das heißt allerdings nicht, dass Achtsamkeit verboten werden sollte oder dass alle, die sie nützlich finden, verblendet sind. Die Befürworter:innen der Achtsamkeit tendieren dazu, Kritiker:innen mit derlei Ansichten als boshafte Miesepeter darzustellen. Leid zu mindern ist ein erhabenes Ziel und sollte unterstützt werden. Aber um dies effektiv zu erreichen, müssen Achtsamkeitslehrende anerkennen, dass persönlicher Stress auch gesellschaftliche Ursachen hat. Indem sie das kollektive Leiden und den Systemwandel, der es beseitigen könnte, außer Acht lassen, berauben sie die Achtsamkeit ihres wirklich revolutionären Potenzials. Sie reduzieren sie auf etwas Banales, das die Menschen dazu bringt, sich auf sich selbst zu konzentrieren.

Private Freiheit

Die Achtsamkeitsbewegung verkündet vor allem, dass die zugrunde liegenden Ursachen von Unzufriedenheit und Kummer bei uns selbst zu suchen seien. Weil wir nicht darauf achten, was in jedem Moment tatsächlich passiert, verlieren wir uns in der Bewältigung der Vergangenheit und den Sorgen um die Zukunft. Das macht uns unglücklich. Jon Kabat-Zinn, der vielen als Begründer der modernen Achtsamkeit gilt, bezeichnet diesen Geisteszustand als „Denkkrankheit"[3]. Durch das Erlernen von Konzentration wird zirkuläres Denken reduziert, weshalb Kabat-Zinn diagnostiziert, dass unsere „gesamte Gesellschaft am Aufmerksamkeitsdefizitsyndrom leidet – und zwar gewaltig"[4]. Andere Ursachen für eine Kultur des Leidens werden nicht angeführt. Das Wort „Kapitalist" erwähnt Kabat-Zinn in seinem Buch *Coming to Our Senses: Healing Ourselves and the World Through Mindfulness* (dt. Titel: *Zur Besinnung kommen: Die Weisheit der Sinne und der Sinn der Achtsamkeit in einer aus den Fugen geratenen Welt*) nur ein einziges Mal, als Teil einer Anekdote über einen gestressten Investor. An dieser Stelle heißt es: „Wir alle leiden an einer Art Aufmerksamkeitsdefizitstörung."[5]

Die Befürworter:innen der Achtsamkeit stützen – wenn auch unwissentlich – den Status quo. Anstatt zu erörtern, auf welche Weise Aufmerksamkeit durch Unternehmen wie Google, Facebook, Twitter und Apple in Geld umgewandelt und manipuliert wird, verorten sie die Krise in unseren Köpfen. Ihnen zufolge ist nicht die Eigenlogik des kapitalistischen Systems problematisch, sondern dass Individuen daran scheitern, in einem prekären und unsicheren Wirtschaftssystem achtsam und belastbar zu sein. Anschließend verkaufen sie uns Lösungskonzepte, die uns zu glücklichen, achtsamen Kapitalist:innen machen sollen.

Diese politische Naivität ist verblüffend. Die beschworene Revolution kommt nicht durch Proteste und kollektiven Kampf zustande, sondern soll in den Köpfen vereinzelter Individuen stattfinden. Chris Goto-Jones, ein Kritiker der Achtsamkeitsbewegung, stellt fest: „Es ist keine Revolution der gesellschaftlich Verzweifelten oder Entrechteten, sondern eine ‚friedliche Revolution', angeführt von der weißen amerikanischen Mittelschicht."[6] Es ist unklar, was die Bewegung genau erreichen möchte, abgesehen von Seelenfrieden in unserem Privatleben.

Beim Praktizieren von Achtsamkeit lässt sich individuelle Freiheit angeblich durch einen Zustand des „reinen Bewusstseins" erreichen, der nicht durch äußere, korrumpierende Einflüsse gestört wird. Dafür müssen wir nur unsere Augen schließen und auf unsere Atmung achten. Und das ist die Krux dieser angeblichen Revolution: Die Welt wird langsam verändert, von einem achtsamen Individuum nach dem anderen. Diese politische Philosophie erinnert komischerweise an den „mitfühlenden Konservatismus" des ehemaligen US-Präsidenten George W. Bush. Der Rückzug ins Private macht Achtsamkeit zu einer egozentrischen Religion. Die Idee einer öffentlichen Sphäre wird ausgehöhlt, und jeder Durchsickereffekt des Mitgefühls ist dabei reiner Zufall. Die Politikwissenschaftlerin Wendy Brown zieht daraus die Schlussfolgerung, dass „der Staatskörper aufhört, ein Körper zu sein, und stattdessen zu einer Gruppe von individuellen Unternehmer:innen und Konsument:innen wird"[7].

Wie die Positive Psychologie und die Glückindustrie insgesamt hat Achtsamkeit eine Entpolitisierung und Privatisierung von Stress zur Folge. Wenn wir unglücklich sind, weil wir keine Arbeit haben, unsere Gesundheitsversicherung verlieren oder dabei zusehen müssen, wie unsere Kinder sich hoch verschulden, dann liegt es an uns, achtsamer zu sein. Jon Kabat-Zinn versichert uns, dass „Glück eine Sache der Eingeweihten ist", die von uns lediglich verlangt, urteilsfrei, achtsam und bewusst im Hier und Jetzt zu sein.[8] Der Meditationsübungen positiv gegenüberstehende Neurowissenschaftler Richard Davidson behauptet, dass „Wohlbefinden eine Fähigkeit ist", die man sich genauso antrainieren kann wie Muskeln im Fitnessstudio.[9] Die sogenannte Achtsamkeitsrevolution akzeptiert widerspruchslos die Diktatur des Marktes. Dabei wird sie von einem therapeutischen Ethos geleitet, welches auf die Stärkung der mentalen und emotionalen Resilienz von Individuen abzielt. Es werden neoliberale Ansätze befürwortet, denen zufolge alle Menschen ihre Reaktionen frei auswählen, ihre negativen Emotionen handhaben und durch verschiedene Arten der Selbstfürsorge „aufblühen" können. Aufgrund dieser Vorstellung schließen die meisten Achtsamkeitstrainer:innen Lehrangebote aus, die sich kritisch mit den Ursachen von Leid in den Machtstrukturen und ökonomischen Systemen der kapitalistischen Gesellschaft auseinandersetzen.

Wenn diese Art der Achtsamkeit ein Mantra hätte, würden ihre Anhänger:innen „ich, mich und meins" skandieren. Mein Kollege C. W. Huntington hat festgestellt, dass die meisten westlichen Praktizierenden sich als Erstes Folgendes fragen: „Was springt für mich dabei heraus?"[10] Achtsamkeit wird als Mittel zur persönlichen Bereicherung und Befriedigung vermarktet.

Die Devise lautet Selbstoptimierung: Ich möchte *meinen* Stress verringern, ich möchte *meine* Konzentration erhöhen, ich möchte *meine* Produktivität und Leistung verbessern. Wie bei einer Aktie, bei der man auf eine satte Dividende hofft, kann man auch in Achtsamkeit investieren. Ein anderer skeptischer Kollege, David Forbes, fasst diesen Gedankengang in seinem Buch *Mindfulness and It's Discontents* folgendermaßen zusammen:

> *„Welches Ich möchte ohne Stress und glücklich sein? Meins! Der ichsamkeitsindustrielle Komplex möchte deinem Ich dabei helfen, deine persönliche Marke zu promoten – und dabei natürlich etwas Geld einnehmen (deins und meins). Die simple Prämisse lautet wie folgt: Durch das Praktizieren von Achtsamkeit beziehungsweise ein achtsameres Verhalten wird man glücklich, unabhängig davon, welche Gedanken und Gefühle man hat oder wie man in der Welt handelt."*[11]

Das ist natürlich eine Spiegelung kapitalistischer Normen, die vieles im Leben verzerren. Die Achtsamkeitsbewegung macht sich diese aber zu eigen und lehnt jede Kritik ab, die hinterfragt, ob alles wirklich so sein muss, wie es ist.

Die Kommerzialisierung der Achtsamkeit

Achtsamkeit ist zu einer weltweit bekannten Ware geworden. Sie wird sogar vom Fast-Food-Riesen Kentucky Fried Chicken (KFC) genutzt, um Hähnchenpasteten zu verkaufen. Dessen von einer renommierten Werbeagentur konzipierter Slogan „Komfortzone: Ein Hähnchenpasteten-Meditationssystem" verwendet eine beruhigende Stimme aus dem Off sowie mystische Bilder des sich drehenden KFC-Gründers „Colonel" Sanders mit Hähnchenpasteten-Kopf im Lotussitz. „Hörer:innen werden auf eine Reise mitgenommen", sagt die Erzählstimme im Video: „Die Komfortzone ist ein bahnbrechendes System der persönlichen Meditation, Achtsamkeit und Affirmation, basierend auf der unglaublichen Stärke der unverkennbaren Hähnchenpastete von KFC."[12]

Achtsamkeit ist mittlerweile eine 4-Milliarden-Dollar-Industrie, die durch den Medienhype und das geschickte Marketing der Eliten der Bewegung angekurbelt wird. Mehr als 100.000 Bücher, die bei Amazon erhältlich sind, haben eine Variation von „Achtsamkeit" im Titel. Sie preisen die Vorzüge von achtsamer Erziehung, achtsamem Essen, achtsamer Lehre, achtsamer Therapie, achtsamer Führung, eines achtsamen Finanzwesens, einer achtsamen Nation oder von achtsamen Hundebesitzer:innen an, um nur ein paar Beispiele zu nennen. Malbücher zu Achtsamkeit sind ein eigenständiges Genre, welches viele Bestseller umfasst. Neben Büchern gibt es auch Workshops, Onlinekurse, Hochglanzmagazine, Dokumentarfilme, Smartphone-Apps, Glocken, Kissen, Armbänder, Beautyprodukte und weiteres Zubehör. Darüber hinaus existiert eine wachsende lukrative Konferenzlandschaft. Achtsamkeitskonzepte haben ihren Weg zu Schulen, der Wall Street, Firmen im Silicon Valley, Anwaltskanzleien und staatlichen Institutionen, darunter auch das US-Militär, gefunden. Fast täglich werden in den Medien wissenschaftliche Studien zitiert, die von den zahlreichen gesundheitlichen Vorteilen von Achtsamkeit und den positiven Auswirkungen dieser einfachen Übung auf das Gehirn berichten.

Achtsamkeit unter dem Deckmantel der Wissenschaft zu vermarkten ist ein todsicherer Weg, um die Aufmerksamkeit der Öffentlichkeit zu gewinnen. Ein wichtiges Verkaufs- und Marketingargument für Achtsamkeitsprogramme ist, dass Meditation nach den neuesten neurowissenschaftlichen Erkenntnissen erwiesenermaßen „funktioniert". Aber das entspricht nicht der Wahrheit. Viele prominente kontemplative Neurowissenschaftler:innen geben zu, dass die wissenschaftliche Erforschung der Achtsamkeit und anderer Arten der Meditation noch in den Kinderschuhen steckt. Das Wissen um Veränderungen im Gehirn durch Meditation ist sogar als unbedeutend bezeichnet worden.[13] „Die öffentliche Begeisterung wächst schneller als die wissenschaftliche Faktenlage", sagt Willoughby Britton von der Brown University. „Die Menschen finden eher Unterstützung für ihre Überzeugungen als für das, was die Daten tatsächlich aussagen."[14] Das Leitprinzip der wissenschaftlichen Ethik ist es, unvoreingenommen und vorsichtig zu sein. Aber wenn Studien für die Verfechtung einer bestimmten Sache genutzt werden, wird ihre Glaubwürdigkeit infrage gestellt. So sorgt sich Britton, dass „die Befangenheit der Experimentierenden einen größeren Effekt haben könnte als die Behandlung selbst". Es gibt einen großen Impuls innerhalb der Achtsamkeitsbewegung, sich über die Vorsicht hinwegzusetzen, die die das Markenzeichen guter Wissenschaft ist. Wissenschaftler:innen auf der Suche nach Forschungsgeldern, Autor:innen auf der Suche nach Verlagsverträgen, Achtsamkeitslehrende, die Klient:innen suchen, und Workshopleiter:innen auf der Suche nach einem Publikum preisen gemeinsam eine Industrie an, die auf zweifelhaften Aussagen über wissenschaftliche Erkenntnisse aufbaut.

Für das Marketing ist auch eine entfernte Verbindung zu buddhistischen Lehren von zentraler Bedeutung, von denen Achtsamkeit ein Ausschnitt ist. Moderne Fachleute haben kein Problem damit, diese Verbindung als kulturelles Gütesiegel darzustellen, um sich die Exotik des Buddhismus und die Anziehungskraft von Ikonen wie dem Dalai Lama zunutze zu machen. Zugleich wird die buddhistische Religion als fremdes „kulturelles Gepäck" abgetan, das beseitigt werden muss. Oft wird mit Parolen wie „buddhistische Meditation ohne Buddhismus" oder „die Vorzüge des Buddhismus ohne den ganzen Hokuspokus" geworben. Mal abgesehen von dem beleidigenden Tonfall, der den meisten nicht bewusst zu sein scheint (obwohl es dasselbe ist wie zu sagen: „Ich mag säkulare Juden ohne all das Jüdische … Ihr wisst schon, all der Glaube, die Rituale, die Institutionen und das kulturelle Erbe des Judentums – all dieser Hokuspokus …"), sind sie in einem kolonialen Diskursmodus gefangen. Sie beanspruchen die wahre Essenz des Buddhismus für sich, um sich zu profilieren. Gleichzeitig behaupten sie, dass die Wissenschaft nun den Buddhismus überholt habe, indem sie einen universellen Zugang zur Achtsamkeit ermögliche.

Manche buddhistischen Antworten bestreiten diese Darstellung. Laut dem freimütigen amerikanischen Mönch Bhikkhu Bodhi kann die Macht von Meditationslehren sogar zu unserer Versklavung führen: „Ohne eine schneidende Gesellschaftskritik könnten buddhistische Praktiken durchaus zur Rechtfertigung und Stabilisierung des Status quo herhalten, und so zur Stärkung des Konsumkapitalismus beitragen."[15] Ich könnte noch diskutieren, ob Achtsamkeit eine buddhistische Praxis ist oder nicht (Spoileralarm: Sie ist es nicht!), aber das würde nur davon ablenken, was wirklich auf dem Spiel steht.

Als Professor für Management und langjähriger Praktizierender des Buddhismus habe ich eine moralische Verpflichtung verspürt, meine Stimme zu erheben, als Großkonzerne mit fragwürdiger Ethik und düsterer Erfolgsbilanz hinsichtlich der Übernahme von sozialer Verantwortung anfingen, Achtsamkeit als Methode zur Steigerung der Leistungsfähigkeit einzuführen. Mit David Loy habe ich bereits 2013 einen Artikel in der *Huffington Post* veröffentlicht und die Effektivität, die Ethik und die beschränkten Interessen von Achtsamkeitskonzepten infrage gestellt.[16] Wir waren überrascht, als der

Artikel viral wurde. Vielleicht lag es am Titel: „Beyond McMindfulness" („Jenseits von McAchtsamkeit").

Der Begriff „McMindfulness" wurde vom buddhistischen Lehrer und Psychotherapeuten Miles Neale geprägt, der von einem „Fressrausch spiritueller Praktiken" sprach, „die den Hunger sofort stillen, aber keinen langfristigen Nährwert bieten".[17] Obwohl diese Zuschreibung passend ist, erweckt sie tiefergründige Assoziationen. Der zeitgenössische Achtsamkeitstrend ist aus unternehmerischer Sicht McDonald's ebenbürtig. Der Gründer dieses Unternehmens, Ray Kroc, erschuf die Fast-Food-Industrie. Wie der Achtsamkeitsdirigent Jon Kabat-Zinn, ein Spiritualitätsverkäufer im Geiste von Eckhart Tolle und Deepak Chopra, war auch Kroc ein Visionär. Beim Verkaufen von Milkshakes erkannte Kroc schon früh das Franchisingpotenzial einer Restaurantkette im kalifornischen San Bernadino. Er schloss einen Vertrag ab, um als Franchisevertreter der McDonald-Brüder zu arbeiten. Bald danach kaufte er die Brüder aus und baute die Kette zu einem weltweiten Imperium um. Kabat-Zinn traf die Inspiration, nachdem er sein Doktorstudium der Molekularbiologie am Massachusetts Institute of Technology absolviert hatte. Als passionierter Meditierer hatte er während einer Freizeit plötzlich eine Vision: Er könnte buddhistische Lehren und Praktiken anpassen, um Patient:innen im Krankenhaus beim Umgang mit Schmerzen, Stress und Angst zu helfen. Sein Geniestreich war die Vermarktung von Achtsamkeit als säkulare, kryptobuddhistische Spiritualität.

Kroc und Kabat-Zinn teilen eine bemerkenswerte Begabung für das Erkennen von Chancen: die Fähigkeit, eine Marktlücke zu erkennen, neue Geschäftsmöglichkeiten zu schaffen und innovative Wege zur Bereitstellung von Produkten und Dienstleistungen zu finden. Kroc erkannte für sich die Chance, vielbeschäftigten Amerikaner:innen durch Automatisierung, Standardisierung und Disziplin sofortigen Zugang zu einheitlich gefertigtem Essen zu ermöglichen. Er rekrutierte ehrgeizige und engagierte Franchisenehmer:innen und bildete sie in seinen Trainingsprogrammen an der „Hamburger-Universität" in Elk Grove im Bundesstaat Illinois aus. Die Franchisenehmer:innen erwarben Zertifikate in „Hamburgerologie, mit einer Zusatzqualifikation in Pommes". Kroc baute die Reichweite von McDonald's immer weiter aus, indem er neue Märkte ausfindig machte, die sich von Fast Food zu günstigen Preisen angezogen fühlen würden.

In ähnlicher Weise sah Kabat-Zinn die Möglichkeit, gestressten Amerikaner:innen einen einfachen Zugang zu MBSR zu verschaffen, und zwar durch einen kurzen achtwöchigen Achtsamkeitskurs zur Stressreduzierung, der konsequent nach einem standardisierten Lehrplan unterrichtet würde. Lehrer:innen für MBSR können durch den Besuch von Lehrprogrammen an dem von Kabat-Zinn betriebenen Center for Mindfulness in Worcester im Bundesstaat Massachusetts eine Zertifizierung erhalten. Er baute die Reichweite von MBSR durch die Erschließung neuer Märkte wie Konzerne, Schulen, staatliche Institutionen und das Militär weiter aus. Gleichzeitig befürwortete er weitere Arten von „mindfulness-based interventions" (MBIs – „achtsamkeitsbasierten Interventionen"). Beide Männer haben Maßnahmen ergriffen, um sicherzustellen, dass sich ihre Produkte an allen Standorten ihres Franciseunternehmens weder in Inhalt noch in Qualität unterscheiden. Burger und Pommes von McDonald's sind erwartungsgemäß gleich, egal ob man sie in Dubai oder Düsseldorf isst. Ganz ähnlich gibt es wenig Variation im Inhalt, in der Struktur und im Lehrplan von MBSR-Kursen auf der ganzen Welt.

Seit der Veröffentlichung von „Beyond McMindfulness" beobachte ich mit großer Sorge, wie Achtsamkeit überverkauft und kommerzialisiert wird. Damit reduziert man sie auf eine Technik mit so ziemlich jedem instrumentellen Zweck. Sie kann Kindern aus sozialen Brennpunkten eine beruhigende Auszeit oder Hedgefonds-Manager:innen einen mentalen Vorteil verschaffen, oder den Stress von Drohnenpilot:innen des Militärs reduzieren. Ohne moralischen Kompass oder ethische Verpflichtungen und losgelöst von einer Vision des Gemeinwohls bleibt Achtsamkeit durch ihre Kommerzialisierung im Ethos des Marktes verankert.

Eine kapitalistische Spiritualität

Dieser Zustand ist zum Teil dem Umstand geschuldet, dass Befürworter:innen von Achtsamkeit sie als unpolitisch betrachten. Auf diese Weise sind der Verzicht auf moralische Fragen und die Abneigung gegen eine Vision des Gemeinwohls miteinander verwoben. Laissez-faire-Achtsamkeit lässt das dominante System über Fragen wie „Was ist das Gute?" entscheiden. Es wird einfach davon ausgegangen, dass sich ethisches Verhalten „natürlich" aus der Praxis und der „Verkörperung" der sanftmütigen Nettigkeit der Lehrperson oder durch den Zufall der induktiven Selbstentdeckung ergibt. Allerdings ist die Behauptung, dass bedeutende ethische Veränderungen notwendigerweise aus „wertfreier Aufmerksamkeit im gegenwärtigen Augenblick" folgen, offensichtlich falsch. Die Betonung der „nicht wertenden Aufmerksamkeit" kann genauso zur Ausschaltung der eigenen moralischen Intelligenz führen. Es ist unwahrscheinlich, dass das US-Militär in Achtsamkeit investieren würde, wenn achtsamere Soldat:innen sich massenhaft weigerten, in den Krieg zu ziehen.

Achtsamkeit ist die neueste Ausformung einer kapitalistischen Spiritualität, deren Ursprünge auf die Privatisierung der Religion in den westlichen Gesellschaften zurückgehen. Alles begann vor wenigen Jahrhunderten mit dem Versuch, Glaube und moderne Wissenschaft miteinander in Einklang zu bringen. Da private Erfahrungen nicht wissenschaftlich gemessen werden konnten, wurde Religion verinnerlicht. Zu den wichtigsten Vertretern dieses Prozesses gehört der Psychologe William James, der im 19. Jahrhundert maßgeblich an der Psychologisierung der Religion beteiligt war. Als ebenso einflussreich erwies sich Abraham Maslow, dessen humanistische Psychologie den Impuls für die New-Age-Bewegung gab. In ihrem Buch *Selling Spirituality: The Silent Takeover of Religion* argumentieren die Autoren Jeremy Carrette und Richard King, dass asiatische Weisheitstraditionen seit dem 19. Jahrhundert Kolonialismus und Kommerzialisierung ausgesetzt sind. Hierdurch sei eine hoch individualistische Spiritualität entstanden, die perfekt an vorherrschende kulturelle Werte angepasst ist und keine nennenswerte Veränderung im eigenen Lebensstil erfordert.[18] Eine solch individualistische Spiritualität ist offensichtlich mit einer neoliberalen Agenda der Privatisierung verbunden, insbesondere wenn dies durch die mehrdeutige Sprache der Achtsamkeit verhüllt wird. Die Marktkräfte machen sich die Dynamik der Achtsamkeitsbewegung bereits zunutze, indem sie ihre Ziele auf einen sehr begrenzten individuellen Bereich ausrichten.

Die privatisierte Achtsamkeitspraxis kann leicht instrumentalisiert und auf eine „verständnisvolle" Orientierung reduziert werden. Sie zielt darauf ab, „Angstgefühle und Unbehagen auf individueller Ebene zu lösen, anstatt soziale, politische und ökonomische Ungleichheiten anzugehen, die so viel Leid verursachen", wie Carrette und King kritisieren.[19] Der Einsatz für eine privatisierte und psychologisierte Achtsamkeit ist aber sehr wohl politisch. Byung-Chul Han bezeichnet dies als „Psycho-Politik", da der zeitgenössische Kapitalismus versuche, die Psyche als produktive Kraft nutzbar zu machen.[20] Achtsamkeitsbasierte Interventionen erfüllen diesen Zweck, indem sie Individuen therapeutisch optimieren, um sie „mental fit", aufmerksam und belastbar zu machen, damit sie weiterhin innerhalb des Systems funktionieren. Diese Kapitulation ist von einer Revolution weit entfernt.

Achtsamkeit wird als Kraft dargestellt, die uns einen Umgang mit den schädlichen Einflüssen des Kapitalismus ermöglicht. Aber weil das, was sie anbietet, so leicht vom Markt übernommen werden kann, wird ihr Potenzial für soziale und politische Veränderungen beschnitten. Einflussreiche Personen in der Achtsamkeitsbewegung glauben, dass Kapitalismus und Spiritualität in Einklang gebracht werden können. Sie wollen den Stress von Individuen reduzieren, ohne sich tiefergehend mit dessen sozialen, politischen und ökonomischen Ursachen auseinanderzusetzen.

Manche fragen sich vielleicht, was daran falsch sein sollte, Achtsamkeit an Manager:innen und den Rest der gesellschaftlichen Elite zu verkaufen. Stehen ihnen die Vorzüge der Achtsamkeit nicht genauso zu wie allen anderen? Die relevantere Frage ist aber, welche Art von Achtsamkeit angeboten wird. Manager:innen bekommen das gleiche Produkt wie alle anderen: ein nützliches Werkzeug, um Stress zu lindern, ohne dabei über Wissen und Einsichten zu dessen Ursprung verfügen zu müssen.

Eine wirklich revolutionäre Achtsamkeit würde westliches Anspruchsdenken nach Glück, unabhängig von ethischem Verhalten, infrage stellen. Achtsamkeitsprogramme fordern Manager:innen aber nicht dazu auf zu untersuchen, wie ihre Entscheidungen und Konzernrichtlinien zu einer Institutionalisierung von Gier, bösen Absichten und Verblendung geführt haben, deren Überwindung buddhistische Achtsamkeit eigentlich anstrebt. Stattdessen wird Achtsamkeit Manager:innen als Möglichkeit verkauft, Stress abzubauen sowie die Leistungs- und Konzentrationsfähigkeit zu steigern. Wie sollte man sich sonst von einer 80-Stunden-Arbeitswoche erholen können? Sie mögen „meditieren", aber die Wirkung ist wie die einer Aspirin-Tablette gegen Kopfschmerzen: Sobald die Schmerzen verschwinden, ist alles beim Alten. Selbst wenn Einzelne dadurch zu netteren Menschen werden, ändert sich nichts an der Profitmaximierungsagenda des Konzerns. Achtsamkeit nach dem Trickle-down-Prinzip ist wie die Trickle-down-Wirtschaft ein Deckmantel für den Machterhalt.

Neoliberale Denkstrukturen durchziehen die Achtsamkeitspraxis: Ihre „Funktionsfähigkeit" muss bewiesen werden und sie muss die gewünschten Ergebnisse liefern. Dadurch kann sie nicht als Mittel zum Widerstand dienen. Stattdessen wird Achtsamkeit auf eine Technik zur „Selbstfürsorge" reduziert. Sie wird zu einem therapeutischen Hilfsmittel, einem *universellen Elixier,* welches zur Überwindung von mentalen und emotionalen Hindernissen eingesetzt wird, um Leistung und höhere Effizienz zu fördern.[21] Diese

Logik durchdringt die meisten Institutionen, angefangen von staatlichen Stellen hin zu Großkonzernen. Die Suche nach Widerstandsfähigkeit wird von der Parole „Pass dich an oder stirb" geleitet.[22] Daraus resultiert eine obsessive Überwachung der eigenen Gefühle, die soziale Kurzsichtigkeit auslöst. Byung-Chul Han beobachtet, dass sich dabei die protestantische Arbeitsethik neu erfindet:

> *„Unendlich an Selbstverbesserung zu arbeiten ähnelt der Selbstbetrachtung und Eigenüberwachung im Protestantismus, welcher für sich genommen eine Technologie der Subjektivierung und Dominanz ist. Anstatt nach Sünden zu suchen, wird nun Jagd auf negative Gedanken gemacht."*[23]

Die erfolgreiche Vermarktung von Achtsamkeit lässt sie verlockend unverfänglich erscheinen. Sie erscheint so hilfreich, warum wird also auf ihr herumgehackt? Ist nicht ein bisschen Achtsamkeit besser als gar keine? Was ist denn daran verkehrt, wenn sich Angestellte vor einem stressigen Meeting über eine App eine dreiminütige Atemübung zur Entspannung anhören? Es spricht erst einmal nichts dagegen, aber wir sollten über die damit verbundenen Kosten nachdenken. Wenn Achtsamkeit Menschen nur dabei hilft, mit den toxischen Bedingungen zurechtzukommen, die ihren Stress überhaupt erst verursachen, können wir vielleicht etwas mehr erwarten. Warum sollten wir zulassen, dass Achtsamkeit für wirtschaftliche Zwecke missbraucht wird? Warum sollten wir uns darüber freuen, dass diese Pervertierung von Achtsamkeit Menschen bei der „Selbstausbeutung" hilft? Das ist das Kernproblem. Die Internationalisierung von Achtsamkeitspraktiken führt auch dazu, dass weitere Dinge verinnerlicht werden: angefangen von Arbeitsanforderungen hin zu Strukturen der Dominanz in der Gesellschaft. Das Schlimmste daran ist, dass diese unterwürfige Haltung noch als Freiheit dargestellt wird. Tatsächlich lebt die Achtsamkeit von der Doppeldeutigkeit der Freiheit: Selbstbezogene „Freiheiten" werden gefeiert, während gesellschaftlicher Verantwortung keine Beachtung geschenkt wird. Und auch die Kultivierung einer kollektiven Achtsamkeit, bei der sich wirkliche Freiheit innerhalb einer kooperativen und gerechten Gesellschaft entfaltet, findet keinen Zuspruch.

Natürlich sind Stressreduktion sowie die Verbesserung des eigenen Wohlbefindens und der eigenen Zufriedenheit viel einfacher zu verkaufen als eine ernsthafte Ursachenforschung zu Ungerechtigkeit, sozialer Ungleichheit und Umweltzerstörung. Letzteres fordert die soziale Ordnung heraus, während Ersteres die Schärfung des Blicks und die Verbesserung der Arbeits- und Prüfungsleistung priorisiert. Es wird sogar ein besseres Sexleben versprochen. Wenn man sich eine beliebige Ausgabe des neuen Magazins *Mindful* anschaut, findet man eine Vielzahl an Artikeln, welche die praktischen und irdischen Vorteile von Achtsamkeit anpreisen. Davon sollen sich Konsument:innen angesprochen fühlen, die in der Spiritualität eine Möglichkeit zur Verbesserung ihrer mentalen und physischen Gesundheit erkennen. Achtsamkeit wird nicht nur als neue Methode der Psychotherapie ausgegeben, sondern als Selbsthilfetechnik verkauft. Dies führt zu einer verstärkten Wahrnehmung von spirituellen Praktiken als individuelle Privatangelegenheit. Sobald diese Praktiken privatisiert sind, können sie zur Ausübung von sozialer, ökonomischer und politischer Kontrolle missbraucht werden.

Wie bereits in „Beyond McMindfulness" dargestellt, liegt dies an der Konzeption von Achtsamkeit durch heutige Lehrpersonen:

> *„Die Entkontextualisierung der Achtsamkeit von ihrem ursprünglichen, befreienden und transformativen Zweck sowie ihrer grundlegenden Sozialethik kommt einem faustischen Handel gleich. Statt Achtsamkeit als Mittel einzusetzen, um Individuen und Organisationen aufzuwecken und die unheilsamen Wurzeln von Gier, bösen Absichten und Wahnvorstellungen aufzuzeigen, wird sie in der Regel zu einer banalen therapeutischen Selbsthilfetechnik umfunktioniert, welche diese Ursachen sogar verstärken kann."*[24]

Das vorliegende Buch untersucht, wie das passiert und was man dagegen tun kann. Es gibt keinen Grund dafür, Achtsamkeit als Stütze sozialer Ungerechtigkeit zu verwerfen. Sie kann auch so gelehrt werden, dass diese Verquickungen unterbleiben. Das verlangt aber von uns, dass wir wahrnehmen, was tatsächlich passiert, und uns dazu verpflichten, kollektives Leid zu reduzieren. Der Fokus muss sich von „ich" zu „wir" verschieben, um Achtsamkeit von neoliberalen Denkmustern zu befreien.

Entsprechend ist meine Kritik kompromisslos und intolerant gegenüber Ungerechtigkeit, Egoismus, Gier sowie imperialistischen Illusionen. Sie beleuchtet die Teile der Achtsamkeitsbewegung, welche die Beziehung zwischen persönlichem Stress und gesellschaftlicher Unterdrückung zu verschleiern versuchen. Das Buch bietet ein kritisches Gegengewicht zur feierlichen und selbstgefälligen Darstellung von Achtsamkeit durch ihre Befürworter:innen. Ich möchte die Schattenseiten beleuchten, die durch den ganzen Hype um die Achtsamkeitsbewegung und deren antiintellektuelle Stimmung untergegangen sind. Es handelt sich um den Versuch, die soziale Amnesie zu bekämpfen, die Menschen zu achtsamen Diener:innen des Neoliberalismus macht. Achtsamkeit ist in Wahrheit ein Akt der Wiedererinnerung. Dabei geht es nicht nur darum, Erinnerungen abzurufen und achtsame Gegenwärtigkeit zu praktizieren, sondern vor allem um die kollektive Verbesserung unserer Lebensverhältnisse.

Kapitel 2: Neoliberale Achtsamkeit

David Gelles, ein langjähriger Wirtschaftsjournalist der *New York Times,* wurde durch seine regelmäßige Kolumne „Meditation for Real Life" („Meditation für das echte Leben") bekannt. In seinem Buch *Mindful Work* breitete er schließlich seine Plattitüden aus, die sich wie Botschaften auf Grußkarten lesen: „Achtsam die Steuererklärung ausfüllen", „Achtsam Sport treiben" oder „Achtsamkeit im Wartezimmer". Eine dieser Kolumnen mit dem Titel „Achtsames U-Bahn-Fahren" ist zu schön, um sie unkommentiert zu lassen. Man stelle sich Menschen in New York vor, die Gelles' Rat befolgen:

> *„Atme ein paar Mal tief ein, forme ein halbes Lächeln mit deinen Lippen, schaue eine andere Person in der U-Bahn sanftmütig an. Achte auf deine aufkommenden Gedanken und Gefühle, während du diese Person betrachtest. Versuche einen warmen und gutmütigen Blick aufzusetzen, zum Beispiel indem du dir eine befreundete Person vorstellst."*[25]

Diese Art von Achtsamkeit kommt stoischer Selbstberuhigung gleich. Kümmere dich nicht darum, was deine Ängste auslöst. Sei einfach achtsam im gegenwärtigen Augenblick und gib dein Bestes, um dich dabei einfach toll zu fühlen. Hoffentlich tut es dir dein Gegenüber gleich!

Der Achtsamkeitsguru Jon Kabat-Zinn gibt das Ziel vor, das darin besteht, „in größerer Harmonie mit sich selbst und der Welt zu leben".[26] Durch das Praktizieren von Achtsamkeit können Menschen lernen, ihre emotionalen Reaktionen und Impulse, rasenden Gedanken, Stress und Sorgen zu kontrollieren. Hierdurch soll eine Oase der Entlastung geschaffen werden.

Das klingt zunächst positiv, aber das Ganze hat auch ungewollte Folgen. Erstens fördert die Achtsamkeit die Konzentration auf sich selbst und die inneren Vorgänge des Geistes und lenkt die Aufmerksamkeit von den Stressquellen der massiven Ungleichheiten, Entbehrungen und Ungerechtigkeiten der modernen Gesellschaft ab. Infolgedessen verstärkt sie manche Ursachen von Leid. Zweitens bedeutet ein Leben in Harmonie mit der Welt, den Kapitalismus als gegeben hinzunehmen. Es bedarf also keinerlei Gesellschaftskritik oder Vision der gesellschaftlichen Veränderung. Als gut bezahlter Journalist der *New York Times* kann Gelles darin nichts Schlechtes erkennen: „Wir leben nun einmal in einer kapitalistischen Gesellschaft und daran kann Achtsamkeit nichts ändern."[27]

Natürlich nicht, wenn man sie so verkauft. Ihre Darstellung als marktkonformes Heilungsmittel erklärt auch, warum sie so gut bei den Menschen ankommt. Achtsamkeit fügt sich einfach nahtlos in die Denkweise der Arbeitswelt ein. Letztlich bildet das Versprechen einer höheren Geschicklichkeit im Konkurrenzkampf die einzige Bedrohung für den Status quo. Der neoliberale Grundkonsens der modernen Gesellschaft besagt, dass denjenigen, die über Macht und Reichtum verfügen, freie Hand gelassen werden soll, um noch mehr anhäufen zu können. Jene Achtsamkeitsverkäufer:innen, die diese Marktlogik akzeptieren, finden bei den CEOs des Weltwirtschaftsforums in Davos wenig überraschend großen Zuspruch. Dort kann auch Kabat-Zinn ungeniert die Steigerung von Konkurrenzfähigkeit durch Meditationspraktiken anpreisen.[28]

In den vergangenen Jahrzehnten ist der Neoliberalismus über seine konservativen Ursprünge hinausgewachsen. Er prägt den öffentlichen Diskurs so sehr, dass selbst progressiv auftretende Personen wie Kabat-Zinn in neoliberalen Kategorien denken. Die Marktlogik hat alle Bereiche des menschlichen Lebens durchdrungen und gibt daher ebenfalls vor, wie wir zusammenleben und die Welt um uns herum wahrnehmen.

Die Achtsamkeitsbewegung entstand unter neoliberaler Führung. Die Gründung der Klinik zur Stressreduktion an der Medizinischen Fakultät der Universität von Massachusetts im Jahr 1979 gilt als ihr Ausgangspunkt. Im gleichen Jahr wurde Margaret Thatcher zur Premierministerin des Vereinigten Königreichs gewählt, bald darauf folgte die Wahl Ronald Reagans zum US-Präsidenten. Beide forcierten neoliberale Programme. Thatcher sagte: „Die Ökonomie ist unsere Methode, das Ziel ist die Veränderung der Herzen und Seelen."[29] Könnte Achtsamkeit etwas Ähnliches bewirken und uns auf die Bedürfnisse des Neoliberalismus polen? Die Freundlichkeit der Achtsamkeitsindustrie sollte uns auf jeden Fall skeptisch machen.

Ich-AG

Die vielleicht unkomplizierteste Definition des Neoliberalismus stammt vom französischen Soziologen Pierre Bourdieu: „Ein Programm zur Zerstörung kollektiver Strukturen, welche die reine Marktlogik behindern könnten."[30]

Das geht weiter als eine Reihe von Maßnahmen, die von Regierungen, Zentralbanken oder der weltweiten Elite des IWF beschlossen werden. Vielmehr muss der Neoliberalismus als eine komplexe Ausformung kultureller Hegemonie verstanden werden. In dieser perfiden Weltanschauung werden Menschen als Selbstständige wahrgenommen, die ihr eigenes Unternehmen – die Ich-AG – in Konkurrenz zu allen anderen betreiben. In der Fachliteratur wird zwar von rationalen Wirtschaftsakteur:innen gesprochen, aber in Wahrheit werden Menschen in Geld hinterherjagende Tiere verwandelt, in *homi economici*. Die Marketingmentalität ist in den modernen sozialen Medien leicht zu erkennen, wo Profile auf Facebook, Twitter, Instagram oder LinkedIn ein gepflegtes persönliches Image vermitteln. Allgemein sind wir darauf konditioniert zu glauben, dass die Marktwirtschaft uns mit genügend Möglichkeiten ausstattet, um den Wert unseres „Humankapitals" zu erhöhen. Die ungleiche Verteilung dieser Möglichkeit stört dabei nicht. Denn um unsere persönliche Freiheit und unser Potenzial komplett entfalten zu können, müssen wir unser eigenes Wohlbefinden, unsere Freiheit und unser Glück maximieren, indem wir unsere inneren Ressourcen klug verwalten.

Da Wettbewerb in der neoliberalen Ideologie als zentral erachtet wird, werden alle Entscheidungen über die Gesellschaft dem Markt überlassen. Schließlich sei er das effizienteste System der konkurrenzbasierten Selbstoptimierung. Andere soziale Akteure, darunter der Staat oder Vereine, werden lediglich als Hindernisse im reibungslosen Ablauf der Marktlogik verstanden, die folglich abgeschafft oder ignoriert werden sollten. Zumindest in der Theorie fördert der Neoliberalismus das Unternehmertum, indem private Besitzrechte und Marktfreiheit in den Mittelpunkt gerückt werden. In der Praxis heißt das, dass manche wirtschaftliche Akteure – wie Banken, die als „zu groß zum Scheitern" gelten – das System austricksen dürfen, während andere – zum Beispiel Sozialhilfeempfänger:innen – als Schmarotzer betitelt werden.

Schauen wir mal, wie sich das entwickelt: Angenommen, man tendiert eher zu linken Ansichten und lehnt daher die meisten neoliberalen Konzepte ab, gleichzeitig teilt man aber unwissentlich ihre Grundannahmen. Angenommen, man ist zugleich fest von dem Wert von Achtsamkeit überzeugt und möchte dieses neue Konzept mit allen teilen. Beide Orientierungen ähneln sich und bestärken kapitalistische Prinzipien. Für Menschen in neoliberalen Gesellschaften ist Achtsamkeit eine Fähigkeit, die ausgebaut werden kann, um sie als Ressource einzusetzen. Wenn man diese Fähigkeit meistert, hilft sie beim Navigieren in den tückischen Gewässern des Kapitalismus. Unsere gesamte Aufmerksamkeit wird auf „Gegenwartsorientierung und Nicht-Urteilen" gelenkt, um mit unausweichlichen Ängsten und Stress als Folge von Konkurrenz umgehen zu können. Achtsamkeit hilft dabei, persönliches Wohlbefinden voll auszuschöpfen.

Das Ganze mag einem helfen, nachts besser zu schlafen. Aber die Folgen für die Gesellschaft könnten gravierend sein. Der slowenische Philosoph Slavoj Žižek hat diesen Trend sehr treffend analysiert. Aus seiner Sicht wird die Achtsamkeit „sich als vorherrschende Ideologie des weltweiten Kapitalismus etablieren", indem sie Menschen dabei hilft, „in Gänze an der kapitalistischen Dynamik teilzuhaben, während sie den Anschein bewahren, geistig gesund zu sein".[31] Kein Wunder also, dass Börsenmakler:innen und Hedgefonds-Manager:innen mittlerweile Achtsamkeit praktizieren, um ihre Leistung zu erhöhen und die Konkurrenz zu überflügeln.

Indem von sozialen, politischen und ökonomischen Strukturen abgelenkt wird, kann Achtsamkeit einfach instrumentalisiert werden. Die materiellen Bedingungen kapitalistischer Kultur werden einfach ausgeblendet. Promis schwärmen von Achtsamkeit, während „coole" kalifornische Unternehmen – darunter Google, Facebook, Twitter, Yahoo und Apple – sie in ihre Markenidentität integrieren. Googles ehemaliger konzerninterner Achtsamkeitszar Chade-Meng Tan trug jahrelang die Berufsbezeichnung „Jolly Good Fellow" („Prima Kerl"). Seinen Kolleg:innen und den Leser:innen seines Bestsellers riet er, „in sich selbst zu suchen", da die Ursachen ihrer Probleme dort – und nicht in der Unternehmenskultur –zu finden seien. So wird Achtsamkeit in eine kapitalistische Spiritualität umgewandelt, die perfekt auf neoliberale Selbstbilder zugeschnitten ist.

Eine Technologie der Selbstbezogenheit

Wie wird Achtsamkeit öffentlich beworben? Wenn man viele verschiedene Begriffe wie zum Beispiel Achtsamkeit in Schulen, Unternehmen, Krankenhäusern, Regierungen, Gefängnissen und sogar im Militär googelt, stößt man immer wieder auf das gleiche Bild: eine Einzelperson mit geschlossenen Augen in meditativer Haltung, die glückselig und abgekapselt ist von der Außenwelt. Diese subjektive Aktivität verinnerlicht die neoliberalen Vorschriften auf wirksame Weise: Jeder Mensch sollte für die eigene Selbstfürsorge verantwortlich sein, um arbeitsfähig zu bleiben. Der Abbau von Sozialschutz und die Liberalisierung des Marktes machen Menschen von Selbstregulierung abhängig, um ihren Stress zu bewältigen und Erfolg zu haben. Achtsamkeit übermittelt diese Botschaft mit einem Samthandschuh, aber darin verbirgt sich eine eiserne Faust.

Ungefähr zu der Zeit, als Jon Kabat-Zinn MBSR erfunden hat, kam Margaret Thatcher mit dem Versprechen an die Macht, „diejenigen zu befreien, die Reichtum schaffen".[32] Michel Foucault erkannte diese „neoliberale Wende". Der französische Philosoph erklärte, dass in dieser kulturellen Verschiebung ein doppelter Regierungsstil vorherrsche, der weit über politische Aktivitäten hinausreiche. Foucault bezeichnete dieses Konzept als „Gouvernementalität", welche Machtverhältnisse und Prozesse der Subjektivierung miteinander verbindet – was er als „conduire des conduites" („Führen von Führungen") beschrieb. In anderen Worten üben neoliberale Institutionen Macht auf Mikroebene aus und formulieren dadurch die Bedeutung des Menschseins um.

Foucaults Kritik und historische Analyse, die er von 1978 bis 1979 in seinen Vorlesungen am Collège de France darlegte, konzentrierte sich darauf aufzuzeigen, wie das funktioniert. Anhand des Konzepts der Gouvernementalität wird untersucht, wie Wissen, Expertise und Praxis genutzt werden, um freiwilliges Verhalten zu lenken.

Foucault unterscheidet zwischen zwei unterschiedlichen Methoden der Macht: „Techniken der Dominanz", die von außen einwirken, und „Techniken des Selbst", bei denen das Individuum von sich aus handelt. Beide sind entscheidend für die Herausbildung des Ich als neoliberales Subjekt. Sie beeinflussen sich auch gegenseitig. So erklärt Foucault: „Der Kontaktpunkt, an dem die Art und Weise, wie der Einzelne von anderen gesteuert wird, mit der Art und Weise verbunden ist, wie er sich selbst verhält, können wir als Regierung bezeichnen."[33]

Anders als bei früheren Arten der Machtausübung, bei denen strenge Strafen für verbotenes Verhalten verhängt wurden, erreicht die „Disziplinarkraft" des Neoliberalismus die Psyche der Menschen durch Berufe und Institutionen. Sie veranlasst freie und unternehmenslustige Personen, sich selbst zu regieren. Laut Foucault ist diese Verbindung zwischen Unternehmenskultur und individuellem Wohlbefinden am aussagekräftigsten: Die wirtschaftliche Tätigkeit soll durch die Förderung des Unternehmertums optimiert werden, während die Menschen davon überzeugt werden, dass sich ihr Leben verbessert, wenn sie die Freiheit haben, sich unternehmerisch zu betätigen.

Das ist ein großer Unterschied zu früheren Arten der Institutionalisierung, für die religiöse Autorität von zentraler Bedeutung war. Hier diente der Klerus als Mittler zwischen Kirchenlehre und kulturellen Verhaltensnormen. Trotz der Säkularisierung sind Reste der katholischen Beichte erhalten geblieben, die von den wissenschaftlich autorisierten Priester:innen der Achtsamkeit verwaltet werden. Hierzu stellt Foucault fest, dass „die Verpflichtung zur Beichte nun über so viele verschiedene Punkte übermittelt wird und so tief in uns drinsteckt, dass wir sie nicht mehr als Ausdruck einer uns einengenden Macht wahrnehmen".[34]

In einem typischen Achtsamkeitskurs gibt die Lehrperson Anweisungen für verschiedene Übungen. Dazu zählt, auf die Atmung zu achten, Körpergefühle zu untersuchen, den Moment ohne Wertung wahrzunehmen und vieles mehr. Nachdem eine Übung durchgeführt wurde, gibt es oft eine Zeit der „Fragen" und didaktischen Interaktionen zwischen der Lehrperson und den Teilnehmenden. Anstatt ihre Kardinalsünden zu bekennen, gestehen sie, wie sie mit ihren Gedanken abschweiften, wie sie sich in ihren Gedanken und Grübeleien verloren oder wie sie sich von einer emotionalen Reaktion mitreißen ließen. In dieser Hinsicht funktioniert die Beichte nicht als erzwungene Machtstruktur von oben nach unten. Stattdessen basieren achtsame Beichten auf einer vorgegebenen Palette an akzeptierten Reaktionen und Denkweisen. Eine Abweichung davon muss gebeichtet werden. Teilnehmende offenbaren ihr eigensinniges Verhalten und was ihnen noch so „aufgefallen" ist. Diese subtilen Machtverhältnisse geben den Machthaber:innen die Möglichkeit, ihre Forderungen durchzusetzen. Durch die Beichte lernen Menschen, sich selbst in pflichtbewusste, achtsame Subjekte zu verwandeln, die sich selbst überwachen, kontrollieren und versorgen.

Der achtsamkeitswissenschaftliche Komplex

Als Selbsttechnik stützt sich die Achtsamkeit in hohem Maße auf verschiedene Formen des institutionellen Fachwissens, um Verhaltensweisen instrumentell zu steuern und zu verwalten. Mittlerweile existieren zahlreiche Zentren an Universitäten, die zu Achtsamkeit und ähnlichen Feldern forschen, etwa in Massachusetts, Wisconsin, Kalifornien und dem Vereinigten Königreich. Darüber hinaus gibt es das Mind & Life Institute unter Schirmherrschaft des Dalai Lama, welches Diskussionen zwischen Wissenschaftler:innen und Meditierenden organisiert. Diese akademischen Zentren führen nicht nur wissenschaftliche Studien zu achtsamkeitsbasierten Interventionen durch, sondern bieten auch Kurse für die Ausbildung und Zertifizierung von Achtsamkeitslehrkräften an. Die aufstrebende „Achtsamkeitswissenschaft" bietet neue Technologien der Subjektivität, einen neuen Wortschatz für die Selbstregulierung des Einzelnen und neue Methoden für die Normalisierung und Anpassung von individuellen Affekten, die mit der vorherrschenden Unternehmenskultur im Einklang sind. Als Neuzugang unter den psychologischen Disziplinen bietet der neue Komplex aus Achtsamkeit und akademischer Wissenschaft Expert:innenwissen und Praktiken, die individuelle psychologische Freiheit, Wohlbefinden und Glück versprechen.

Diese Zentren sind auf große Summen staatlicher Mittel und Zuschüsse angewiesen und konkurrieren um dieselben, um ihre Existenz zu sichern. Das fördert wiederum eine unternehmerische Mentalität. So versuchen Wissenschaftler:innen mehrere Projekte aus jedem Forschungsergebnis herauszupressen und ihren Ertrag zu maximieren, indem sie Bücher schreiben und ihre Arbeit bestmöglich am Markt platzieren. Das Hauptziel dieses Engagements ist die Möglichkeit, Geld einzuwerben, ohne sich darum zu kümmern, aus welchen Quellen es stammt.

In ihrem Buch *America the Anxious: How Our Pursuit of Happiness Is Creating a Nation of Wrecks* zeigt Ruth Whippman auf, dass die Bewegung der Positiven Psychologie Spendengelder von den rechtskonservativsten Organisationen des Landes erhielt.[35] Die von einem protestantischen Milliardär gegründete John Templeton Foundation verfolgt das Ziel, Religion und Wissenschaft ebenbürtig aufzustellen. Auf ihrer Internetseite heißt es, sie wolle „das menschliche Wohlergehen fördern, indem sie die Forschung zu den großen Fragen unterstützt und die Entwicklung des Charakters, die individuelle Freiheit und freie Märkte fördert".[36] Daher rührt die Förderung von Studien, die das Individuum als primäre Stütze von Veränderung und Wohlbefinden ausgeben. Mit einem Kapital von 1,1 Milliarden US-Dollar hat die Stiftung Dutzende von Millionen US-Dollar in Form von Stipendien und Preisen an Professor:innen der Positiven Psychologie vergeben. Das Mind & Life Institute, bei dem es sich um eine der führenden Organisationen handelt, die Forschung zu Achtsamkeit betreibt, erhielt bereits mehr als 1,2 Millionen US-Dollar.

Durch die Produktion eines organisierten Wissenskörpers und die institutionelle Weitergabe von wissenschaftlichen Studien, Praktiken, Diskursen und professionellem Fachwissen haben universitäre Achtsamkeitszentren ein

Wahrheitsregime geschaffen. Dieses macht sich Mikroebenen der Macht zunutze, um das achtsame Subjekt zu formen. Margaret Thatcher wäre darauf stolz. Sie sind zu „Ingenieur:innen der menschlichen Seele" geworden, die eine wichtige Rolle in der neoliberalen Verwaltung der Subjektivität spielen, findet der britische Soziologe Nikolas Rose. Und doch wird Achtsamkeit als harmlose therapeutische Methode dargestellt. In *Governing the Soul: The Shaping of the Private Self* zeigt Rose auf, wie die Psychologiejünger:innen die „Selbststeuerungsneigungen von Subjekten" geformt haben, um sie „mit den Bestrebungen von Autoritäten in Einklang zu bringen".[37]

Ähnlich wie die Selbsthilfeliteratur heroisiert ein Großteil des Achtsamkeitsdiskurses individuelle Autonomie, Freiheit, Entscheidungen und Authentizität, und zwar sowohl in wissenschaftlichen Fachzeitschriften als auch in den Massenmedien. Die neoliberale Vereinnahmung wird gut kaschiert, aber es ist kein Zufall, dass sowohl der Neoliberalismus als auch die Achtsamkeitsbewegung soziales Wohlbefinden unter individualistischen und psychologisierten Gesichtspunkten betrachtet.

Die Rhetorik der „Selbstbeherrschung", des „Durchhaltevermögens" und des „Glücks" unterstellt, dass Wohlbefinden lediglich von der Entwicklung bestimmter Fähigkeiten abhänge. Achtsamkeitspromoter:innen lieben diese Erzählung und sagen, dass wir unser Gehirn wie einen Muskel trainieren können, um glücklich zu sein. Glück, Freiheit und Wohlbefinden werden so zu Produkten individueller Anstrengung erklärt. Diese sogenannten „Fähigkeiten" können unabhängig von äußeren Faktoren, Beziehungen oder sozialen Bedingungen entwickelt werden. Der therapeutische Diskurs um Achtsamkeit stellt Probleme als Resultate von Entscheidungen dar. Persönliche Probleme werden nie politischen oder sozioökonomischen Bedingungen zugeschrieben. Stattdessen sind sie stets psychologischer Natur und werden immer als Pathologien behandelt. Folglich braucht die Gesellschaft Therapie, keine radikale Veränderung. Vielleicht liegt darin der Grund, warum Achtsamkeitsinitiativen für politische Entscheidungsträger:innen so attraktiv geworden sind. Gesellschaftliche Probleme, die in sozialer Ungleichheit, Rassismus, Armut, Sucht und Drogenmissbrauch sowie abnehmender geistiger Gesundheit wurzeln, können dann als individuelles Krankheitsbild abgetan werden, das sich mithilfe einer Therapie behandeln ließe. Personen in prekären Verhältnissen können folglich dazu angehalten werden, sich selbst um ihre Behandlung zu kümmern.

Achtsamkeit als fantasieraubende Maschine

Der Neoliberalismus teilt die Menschen in Gewinner:innen und Verlierer:innen ein. Diese Unterteilung wird aufgrund seiner Kernforderung vorgenommen: die Individualisierung aller Lebensbereiche. Da das freie Individuum der Dreh- und Angelpunkt der Gesellschaft ist, werden soziale Veränderungen nicht durch politische Proteste, Organisation und kollektives Handeln erreicht. Stattdessen wird auf den freien Markt und die Entscheidungen von Einzelpersonen gesetzt. Von jedem Versuch der kollektiven Veränderung wird abgeraten, da dies ganz allgemein die neoliberale Ordnung stört.

Ein gutes Beispiel dafür ist Recycling. Das eigentliche Problem ist die Massenproduktion von Plastik durch Großkonzerne und seine Verbreitung im Einzelhandel. Konsument:innen wird aber vorgegaukelt, dass persönliche Verschwendung für das Plastikproblem verantwortlich sei und entsprechende Verhaltensänderungen beim Konsum zu einer Lösung beitragen könnten. In einem Artikel von Matt Wilkins in der Fachzeitschrift *Scientific American* heißt es dazu: „Das Recyceln von Plastik ist für die Erde so nützlich wie das Einhämmern eines Nagels für einen zusammenstürzenden Wolkenkratzer."[38] Doch die neoliberale Doktrin der individuellen Verantwortung hat uns von der wahren Ursache mithilfe eines Taschenspielertricks abgelenkt. Dieser wird schon länger genutzt. In den 50er-Jahren hielt die Kampagne „Keep America Beautiful" („Amerika soll schön bleiben") Menschen dazu an, ihren Müll aufzusammeln. Sie wurde von Konzernen wie Coca-Cola, Anheuser-Busch und Philip Morris finanziert. Die Kampagne wurde in Zusammenarbeit mit dem gemeinnützigen Verein Ad Council organisiert, der für seine Öffentlichkeitsarbeit bekannt ist. Dieser erfand den umgangssprachlichen Begriff „litterbug" („Müllkäfer"), um Umweltverschmutzer:innen zum Gespött zu machen. Zwei Jahrzehnte später wurde im Fernsehen ein nach wie vor beliebtes Werbevideo ausgestrahlt, in dem ein Ureinwohner Nordamerikas weint, als er sieht, wie ein Autofahrer Müll aus dem Auto wirft. Der Slogan lautete: „Menschen verursachen Umweltverschmutzung, Menschen können sie daher auch verhindern." Der Essay von Matt Wilkins im *Scientific American* durchschaut solche Scharaden:

> *„Diese Bemühungen scheinen oberflächlich zunächst gut, aber sie verschleiern das echte Problem, nämlich die Umweltverschmutzung, die von Konzernen ausgeht. Dieses schlaue Ablenkungsmanöver hat die Journalistin und Autorin Heather Roger dazu veranlasst, die ‚Keep America Beautiful'-Kampagne als erstes ‚Greenwashing' von Konzernen zu bezeichnen, da sie mit zur Verschiebung öffentlicher Aufmerksamkeit hin zu Konsumverhalten bei Recycling beigetragen und aktiv Gesetzesinitiativen unterbunden hat, die Produzent:innen zu mehr Verantwortung für die Abfallentsorgung verpflichtet hätten."*[39]

Uns wird immer wieder das Gleiche gesagt: Individuelle Handlungen seien die einzige Möglichkeit, um soziale Probleme zu beheben, also liege es an uns, diese Verantwortung zu übernehmen. Wir sind in einer neoliberalen Trance gefangen, die der Pädagogikforscher Henry Giroux als „fantasieraubende Maschine" bezeichnet, da sie kritisches und radikales Denken unterbindet.[40] Wir werden dazu angehalten, unseren Blick nach innen zu richten und uns selbst zu managen. Die Beraubung unserer Vorstellungskraft zwingt uns, kreative Ideen und Zukunftsvisionen aufzugeben. Anstatt den Kapitalismus abzuschaffen oder dessen schlimmste Auswüchse zu zügeln, sollen wir die Anforderungen des Marktes widerspruchslos erfüllen. Mehr Selbstdisziplin soll uns dazu anhalten, innerhalb dieses Marktes effektiver agieren zu können.

Die Entpolitisierung von Achtsamkeit hat zur Folge, dass deren therapeutischer Ethos den Neoliberalismus stützt, da auf individuelle Handlung gesetzt wird. Wenn dem Individuum die alleinige Verantwortung für persönliches Glück und Wohlbefinden zugesprochen wird, werden Rückschläge stets als persönliches Scheitern interpretiert. Andere Ursachen für Rückschläge werden ausgeblendet. Uns wird gesagt, dass wir an uns selbst arbeiten müssen, um die Welt zu verändern. Dass wir unser Denken ändern müssen, um achtsamer, urteilsfreier und akzeptierender gegenüber den gegebenen Verhältnissen zu werden. Neoliberale Achtsamkeit entspricht einer fantasieraubenden Maschine. Das Selbst wird dazu angehalten, die eigene Identität zu einem persönlichen Dauerprojekt zu machen. Dabei wird das eigene Verhalten konstant beobachtet und angepasst. Angestrebt wird das Ideal uneingeschränkter Handlungsmacht, die persönliche Freiheit als absolut versteht. Aber absolute Freiheit ist nie in Gänze möglich. Das „Verweilen im gegenwärtigen Augenblick" ist für einen neoliberalen Handlungsträger ein unerreichbarer Zustand, da ein Teil unserer Aufmerksamkeit stets mit Selbstüberwachung beschäftigt ist.

Viele bleiben daher skeptisch gegenüber unbelegten Behauptungen, denen zufolge Achtsamkeitskurse die Gesellschaft transformieren werden. Der Buddhismusforscher Richard Payne merkt an, dass neoliberale Imperative dazu führen, dass zeitgenössische Meditierende oft von Gefühlslagen und deren Bewältigung abgelenkt werden. Dennoch wird die Praxis der Innenschau als tägliche „mutige und heroische Tat" gefeiert, die Frieden und Harmonie schaffe. Die Verwandlung hin zu einer achtsameren Welt beruht auf der Annahme, dass soziale Veränderung nur auf Grundlage individueller Handlungen möglich sei. Dabei wird „die massive, gefestigte Macht von kapitalistischen Institutionen ignoriert und die mystische Vorstellung gefördert, dass sämtliche Weisheit in einem selbst stecken würde", wie Payne weiter ausführt.[41]

Das führt uns zurück zu einem der zentralen Glaubenssätze neoliberaler Achtsamkeit, nach dem die Ursachen aller Menschheitsprobleme bei uns selbst zu suchen seien. Diese Vorstellung wird durch die Pathologisierung und Medikalisierung von Stress verschärft. Zur Behandlung wird ein Heilmittel oder eine Expert:innenbehandlung in Form einer Achtsamkeitsintervention angeboten. Die ideologisch verblendete Botschaft lautet, dass man die eigenen Reaktionen verändern kann, selbst wenn man den das Leid hervorrufenden Umständen machtlos gegenübersteht. In mancher Hinsicht mag das hilfreich sein, da vieles im Leben nicht unserer Kontrolle unterliegt. Aber warum sollten wir aufhören, die Welt um uns herum verbessern zu wollen? Die Vorstellung „Solange ich achtsam bin geht's mir gut" ist auch eine Art des Wunschdenkens. Sie hypnotisiert Menschen und macht sie unterwürfig, indem sie Stress als psychophysiologische Reaktion der Anpassungsunwilligen darstellt. Folglich gibt es keinen Grund, strukturelle Ursachen zu hinterfragen. Aber wie wir auf individuelles und soziales Leid antworten, ist am Ende immer eine ethische und politische Frage. Die derzeit konzipierte und gelehrte Achtsamkeitspraxis lässt keine Kritik oder Diskussion darüber zu, was ungerecht, kulturell schädlich oder umweltzerstörerisch sein könnte. Vielmehr wirkt das Gebot der Achtsamkeit, „die Dinge so zu akzeptieren, wie sie sind", und zugleich ein „urteilsfreies, gegenwärtiges Gewahrsein" zu praktizieren, wie eine die herrschende Ordnung bewahrende soziale Betäubung.

Die Privatisierung der Ursachen von Stress passt hervorragend zu den neoliberalen Prioritäten und untergräbt die Konzepte der Öffentlichkeit und des Gemeinwesens. Im Neoliberalismus weicht der öffentliche Diskurs privatem Gewinn. Diese entpolitisierte Praxis der Selbstfürsorge kann kollektives Handeln und unseren Einsatz für demokratische Werte beeinträchtigen. Das Versprechen des „menschlichen Gedeihens", das ebenso von der Positiven Psychologie geteilt wird, kommt der Definition einer Vision des sozialen Wandels am nächsten. Allerdings bleibt diese Vision individualisiert und hängt von der persönlichen Entscheidung ab, ob man achtsamer sein möchte.

Achtsamkeitspraktizierende müssen sich nicht zwangsläufig für den Neoliberalismus einsetzen. Es besteht aber das Risiko, dass sie sich in ihre eigenen privaten Welten und spezifischen Identitäten zurückziehen – und das ist genau das, was die neoliberalen Machtstrukturen von ihnen wollen.

Eine nach innen gerichtete Therapie

Die rhetorischen Strategien von Achtsamkeitsmissionierenden sind geschickt. Ähnlich wie Selbsthilfeautor:innen sind sie geübt darin, Menschen an sich zu binden, indem sie sich als Kritiker:innen der modernen Gesellschaft positionieren. In seinem Buch *The Therapeutic Turn: How Psychology Altered Western Culture* geht der Autor Ole Jacob Madsen auf das Beispiel des beliebten US-Fernsehmoderators und Autors Dr. Phil ein, der seine Bücher oft mit düsteren Warnungen vor dem „Niedergang der Gesellschaft" beginnt und dabei eine ganze Reihe von Problemen aufzählt.[42] Jon Kabat-Zinn greift ebenfalls auf solche Schreckensszenarien zurück. So erzählt er seinen Gefolgsleuten gerne, dass unsere gesamte Gesellschaft am Aufmerksamkeitsdefizitsyndrom leide und süchtig nach ihrem Smartphone sei. Die Menschheit würde sich daher immer weiter voneinander und der Natur entfernen. Als Vordenker der Achtsamkeitsbewegung preist Kabat-Zinn sein Konzept als individualistisch an. In seinem Buch *Full Catastrophe Living* (dt. Titel: *Gesund durch Meditation*) definiert er sowohl das Problem als auch die „Lösung" auf diese Weise. Dort heißt es: „Um eine positive Wirkung auf die Probleme in der größeren Umgebung zu haben, werden wir durchgehend unseren inneren Kern neu abstimmen sowie Achtsamkeit und Harmonie in unseren individuellen Leben fördern müssen."[43]

Die Diagnose ist simpel: Unsere Gedanken sind schuld, und zwar jedes Mal! Wir untergraben uns selbst, indem wir achtlos und emotional reaktiv sind oder zu viel Grübeln. Dies impliziert, dass wir gescheitert sind und moralisch verurteilt werden sollten. Kritisches Denken wird in der Achtsamkeit pathologisiert. Es wird als Ablenkung von der Praxis gesehen. Doch die Wiederholung dieser Botschaft hat politische Auswirkungen. Wie der Philosophieprofessor Chris Goto-Jones feststellt, ist das vorherrschende Achtsamkeitsnarrativ zu einem komischen Schluss gelangt: „Die Mehrheit der Gesellschaft ist irgendwie konfus und krank."[44]

Anstatt tatsächlich über Möglichkeiten zur Lösung sozialer Probleme zu sprechen oder auch nur anzudeuten, dass dies erforderlich sein könnte, bleiben Achtsamkeitsbefürworter:innen ihrem Mantra treu. Egal ob Kabat-Zinn oder Dr. Phil: Die Antwort lautet, dass man in sich kehren müsse, um an sich selbst zu arbeiten und persönlich zu wachsen. Dabei ist es egal, ob es darum geht, Selbstwertgefühle zu steigern oder achtsamer zu werden.

Uns wird gesagt, dass wir unsere Umstände und unser bedrückendes Schicksal im Leben „neu wahrnehmen" können. Dies mag bei der Bewältigung von Krisen sinnvoll sein, aber als Antwort auf die Probleme dieser Welt ist es untauglich. Als Experte meint Kabat-Zinn, dass unser kulturelles Unbehagen durch eine Verschiebung von einem Modus des „Handelns" hin zu einem des „Seins" gelöst werden könne. Man wird allerdings nie den Vorschlag hören, die gesellschaftlichen Rahmenbedingungen an sich zu verändern.

Achtsamkeit mag zunächst wie ein Schutzschild zwischen einem selbst und den Herausforderungen des Lebens erscheinen – wie eine Rückkehr zu einem nobleren Dasein, ähnlich Rousseaus romantischen Vorstellungen von einem menschlichen Naturzustand, der durch soziale Konditionierung korrumpiert werde. Aber diese träumerische Vision ist mit hohen politischen Kosten verbunden. Indem „reine Achtsamkeit" im Modus des „Seins" in den Vordergrund gerückt wird, werden öffentliche Debatten verdrängt, auf die unsere Demokratie angewiesen ist. Das „Handeln" an sich wird als Ablenkung dämonisiert. Beschreibungen von Achtsamkeit als unser „natürliches Geburtsrecht" – ein Zustand, zu dem wir alle Zugang hätten – verschleiern diesen Umstand. Das klingt natürlich besser als zu sagen, dass wir uns jeden Tag nach den Anforderungen des Neoliberalismus richten sollen.

Die dabei mitschwingende politische Vision fordert einen Rückzug in das „authentische", private Selbst. Dem Individuum stehe es frei, sich auf die Suche nach Glück zu begeben. Dies wird aber stets außer Reichweite bleiben. Das neoliberale Subjekt wird immer dazu angehalten, „ein wenig tiefer" in das eigene Innere vorzudringen und sich besser um sich selbst zu kümmern.

Je mehr diese Selbstverwaltung in den Vordergrund rückt, desto mehr gerät das kollektive Leben in den Hintergrund. Achtsamkeit passt daher gut zu politischen Erzählungen, die uns an Wettbewerbsprinzipien festhalten lassen. Julie Wilson beschreibt in ihrem Buch *Neoliberalism,* wie diese Narrative „uns dazu anhalten, unsere unzufriedene Einwilligung nach innen gegen uns selbst zu wenden, um den gegenwärtigen Augenblick in den Vordergrund zu rücken und uns selbst vor anderen zu schützen und abzusichern".[45]

Achtsame Korrektheit

In einem Artikel über „die Strukturen des Fühlens" aus den 70er-Jahren erklärt Raymond Williams, wie größere historische, politische und wirtschaftliche Kräfte die „affektiven Elemente von Bewusstsein und Beziehungen" formen.[46] Angesichts der Verflachung der politischen Landschaft im Neoliberalismus wird durch die Achtsamkeitspraxis ein gewisser neoliberaler Affekt hervorgerufen. Da Stress pathologisiert wird, fokussieren sich Achtsamkeitsprogramme auf das Innenleben von Subjekten. Emotionale Reaktionen werden problematisiert und einer achtsamen Kontrolle unterzogen. Laut Achtsamkeitswissenschaft sind bestimmte Emotionen wie Wut, Ekel, Traurigkeit, Verachtung, Frustration und Aggression „destruktiv" und müssen daher kontrolliert werden. Aber was ist, wenn man sich über Ungerechtigkeit aufregt? Dann soll man sich nicht daran stören, sich auf die eigene Atmung und den gegenwärtigen Augenblick konzentrieren. Natürlich machen sich Achtsamkeitspraktizierende auch außerhalb der Übungspraxis Gedanken, aber sie werden dazu konditioniert, diese als Problem wahrzunehmen, sobald starke Emotionen im Spiel sind. Dadurch wird politisches Denken unterbunden. Auch wenn wir nicht aus Wut heraus handeln sollten, müssen wir immer noch etwas tun, sofern wir die Dinge um uns herum verändern wollen. Wie Joshua Eisen feststellt, behandeln die plattitüdenhafen Anleitungen der Achtsamkeitsprogramme Emotionen stattdessen als „frei schwebend" und „losgelöst von jeglicher ideologischen Verankerung", außer natürlich vom Diktat der herrschenden Gesellschaftsordnung:

> *„Diese Form der entsozialisierenden Logik ist zentraler Bestandteil neoliberaler Ausformulierungen der Subjektivität. Sie ist auch ein zentrales Element bei vielen beliebten Arten der Achtsamkeit.*

> *Wenn negative Emotionen als etwas gesehen werden, das anerkannt und dann losgelassen werden muss, aber nie auf sie eingegangen wird, verlieren sie ihre Relevanz. Daraus folgt die Neutralisierung des politischen Schaffungspotenzials von Emotionen, indem Gefühle wie Wut, Trauer oder Enttäuschung in den Bereich der persönlichen Pathologie verwiesen werden."*[47]

Dieses Verhalten wird von Lehrkräften gefördert, indem sie langsam und deutlich in sanften Tönen sprechen und erwarten, dass man sie nachahmt. In vielerlei Hinsicht ähnelt das Streben nach „achtsamer Korrektheit" der Entwicklung von Benimmregeln und gesellschaftlicher Etikette durch Adelige im mittelalterlichen Europa. In seinem Forschungsband *Über den Prozeß der Zivilisation* beschreibt der Soziologe Norbert Elias, wie das einst barbarische Mittelalter sich durch die Entwicklung der Gefühle von Sensibilität, Scham, Raffinesse und Abscheu nach und nach transformierte und zivilisierte.[48] Um in der sozialen Hierarchie aufzusteigen, musste man sich zivilisiert bewegen, gestikulieren und sprechen. Wer mit dem Vergleich zur modernen Achtsamkeitsbewegung noch hadert, sollte sich die Internetseite „Manners and Mindfulness" („Manieren und Achtsamkeit") zu Gemüte führen. Dort heißt es in der Selbstdarstellung: „ein Lehrangebot zu Etikette, das Kindern und Jugendlichen ein grundlegendes Training bietet, das ihnen hilft, die sozialen Fähigkeiten im Leben zu beherrschen".[49] Auch der Blog der Protocol School of Washington stellt eine Empfehlung zu „achtsamen Manieren am Arbeitsplatz" zur Verfügung.[50] Zudem werden zahlreiche Tipps zu achtsamer Korrektheit angeboten. Es wird dazu geraten, „das eigene Temperament zu beherrschen" und „keine beleidigende oder herabwürdigende Sprache gegenüber Kolleg:innen und Mitarbeiter:innen zu verwenden". Stattdessen sollte man stets „Dankbarkeit zeigen". Achtsamkeitskonferenzen illustrieren die prätentiöse Fassade der Selbstgefälligen am eindrucksvollsten. Lautes Sprechen sowie Anzeichen einer starken Emotion oder Kritik führen in der Regel zu argwöhnischen Blicken. Wenn man als Besucher:in dagegen zugibt, dass man Achtsamkeit nicht praktiziert, wird der Missionierungseifer der Anwesenden geweckt.

Die Achtsamkeitspraxis ist eingebettet in das, was Jennifer Silva die „Stimmungsökonomie" nennt. In ihrem Buch *Coming Up Short: Working-Class Adulthood in the Age of Uncertainty* erklärt sie, dass eine Stimmungswirtschaft „den Individuen alleinige Verantwortung für ihre emotionalen Schicksale" übertrage.[51] In einer solchen politischen Ökonomie des Affekts würden Emotionen reguliert, um das eigene „emotionale Kapital" zu erhöhen. Im Lehrplan des Achtsamkeitsprogramms „Search Inside Yourself" („Such in dir selbst") von Google steht emotionale Intelligenz mit an vorderster Stelle. Das Programm wird den Google-Ingenieur:innen als entscheidend für ihren beruflichen Erfolg angepriesen. So sei es durch das Praktizieren von Achtsamkeit und emotionaler Selbstregulierung möglich, einen Profit für sich selbst zu erzeugen. Die Stimmungswirtschaft setzt eine affektive Resilienz voraus, also das Vermögen, sich von Rückschlägen zu erholen und trotz prekärer Wirtschaftsverhältnisse produktiv zu bleiben. Wie zuvor die Positive Psychologie hat sich auch die Achtsamkeitsbewegung der „Wissenschaft des Glücks" angenähert. Ihre Methoden sollen zu Selbstoptimierung genutzt werden, doch schirmen sie Individuen zugleich von ihrer sozialen Umgebung ab.

Ein grausamer Optimismus

Die Versprechen der Achtsamkeitsbewegung gleichen einem „grausamen Optimismus", in welchem Lauren Berlant das prägende Merkmal des Neoliberalismus erkennt.[52] Er ist grausam, weil emotionale Investitionen in Fantasien getätigt werden. Uns wird gesagt, dass wir glücklich und sicher sein können, wenn wir Achtsamkeit üben und unser individuelles Leben in Ordnung bringen. Dabei wird suggeriert, dass eine stabile Beschäftigung, Wohneigentum, soziale Mobilität, beruflicher Erfolg und Gleichberechtigung selbstverständlich seien. Uns wird auch versprochen, dass wir Selbstbeherrschung sowie Kontrolle über unsere Gedanken und Emotionen erlernen können, um unser Leben zu bereichern. Joshua Eisen schreibt dazu: „Wie Grünkohl, Açaíbeeren, Mitgliedschaften in Fitnessstudios, Vitaminwasser und Neujahrsvorsätze steht Achtsamkeit für einen tiefgreifenden Wunsch nach Veränderung, der jedoch auf einer grundlegenden Überwindung neoliberaler Fantasien von Selbstkontrolle und uneingeschränkter Handlungsfähigkeit beruht."[53] Wir sollen einfach still sein, auf unsere Atmung achten und abwarten. Ein solcher Zustand ist gleich auf zweifache Weise grausam, da diese genormten Fantasien eines „guten Lebens" im Neoliberalismus bereits bröckeln und wir alles nur schlimmer machen, wenn wir uns auf unsere individuellen Gefühle konzentrieren. Durch das Ignorieren unserer Verletzlichkeit und gegenseitigen Abhängigkeit verlieren wir die Vorstellungskraft für neue kollektive Arten des Miteinanders. Und obwohl es sich bei diesen Fantasien um leere Versprechen handelt, klammern wir uns weiterhin an ihnen fest.

Achtsamkeit ist nicht per se grausam. Sie ist nur dann grausam, wenn sie fetischisiert und mit überzogenen Versprechen verbunden wird. In diesem Fall, so Berlant, „behindert das Objekt, das sie anzieht, aktiv das Ziel, das sie ursprünglich zu ihm geführt hat".[54] Die Grausamkeit besteht darin, die herrschende Ordnung zu unterstützen und gleichzeitig von einer Veränderung zu sprechen. Auf diese Weise fördert die neoliberale Achtsamkeit eine individualistische Vision des menschlichen Gedeihens. Sie verleitet uns dazu, die Dinge so zu akzeptieren, wie sie sind, und die Verwüstungen des Kapitalismus achtsam zu ertragen.

Kapitel 3: Das Stress-Mantra

Ohne das Stressproblem wäre die Achtsamkeit nicht da, wo sie heute ist. Die zwei Phänomene bilden zwei Seiten derselben Medaille. Der Diskurs über Stress ist so allgegenwärtig und der Profitverlust aufgrund von damit verbundenen Krankschreibungen so hoch, dass ein Professor für Psychologie Stress als „die Pest des 21. Jahrhunderts" bezeichnet hat.[55] Ähnliche Übertreibungen werden genutzt, um Achtsamkeit zu vermarkten. Im Klappentext von Kabat-Zinns Buch *Full Catastrophe Living* (dt. Titel: *Gesund durch Meditation*) heißt es etwa: „Stress kann uns auslaugen, unsere Gesundheit gefährden und sogar unsere Leben verkürzen, wenn wir das zulassen. Er macht uns anfälliger für Angst, Depression, Vereinsamung und Krankheit."[56]

Obwohl Menschen klar erkennbar an Angstgefühlen und Depressionen leiden, ist nicht geklärt, ob die Ursache dafür ausschließlich bei ihnen liegt. Allerdings ist genau das die Diagnose, die Kabat-Zinn ausstellt. Ihm zufolge sind wir „so sehr in unseren Köpfen und in dem gefangen, was wir für wichtig halten, dass wir leicht in einen Zustand chronischer Anspannung und Angst verfallen, der unser Leben ständig bestimmt".[57] Als einer der bekanntesten Wortführer der Achtsamkeitsbewegung vermittelt er eine Botschaft der Angst und Unsicherheit. Angeboten wird nur eine entfernte Aussicht auf Abhilfe. Stress, so sagt er, ist ein schädlicher Einfluss. Es läge an uns als Individuen, achtsamer zu sein. Nichts anderes könne helfen:

> *„Es gibt keine Arzneimittel, die einen immun gegen Stress oder Schmerzen machen oder die für sich genommen auf magische Weise Lebensprobleme beheben oder Heilung fördern. Es liegt an dir, eine bewusste Anstrengung in Richtung Heilung und inneren Frieden zu unternehmen."*[58]

Das ist ein verlockendes Angebot. Es hat aber auch starke Nebenwirkungen. Achtsamkeit hilft Menschen dabei, auf Schmerz mit Gelassenheit zu reagieren. Aber sie konditioniert uns auch dazu, in problematischer Weise über Stress nachzudenken.

Erstens wird gesagt, dass wir an der Schwelle einer Epidemie stehen würden, die schlicht ein unausweichlicher Teil des Lebens in der Moderne sei.

Da Stress endemisch sei, wird zweitens behauptet, dass es an uns allen läge, ihn unter Kontrolle zu bringen, indem wir uns so gut es geht an die bestehenden Verhältnisse anpassen. Es klingt, als sei von einem Mittel zur Selbstermächtigung die Rede. Tatsächlich aber werden alle Quellen von Leid außerhalb unserer Köpfe ignoriert, etwa das kapitalistische System, das so viel Druck auf uns im Alltag ausübt. Daraus folgt eine Pathologisierung von Stress, dessen Behandlung daran scheitert, die eigentlichen Ursachen von Leid zu berücksichtigen.

Der Stressdiskurs

Stress lässt sich wie Achtsamkeit selbst nur schwer definieren. Die Vieldeutigkeit von Stress macht ihn allgegenwärtig, aber sie sollte uns auch davor warnen, manchen Annahmen im öffentlichen Diskurs Glauben zu schenken, insbesondere wenn er als unausweichlich dargestellt wird. Der Stressdiskurs hat ideologische Komponenten und die Achtsamkeitsbewegung macht sie sich zu eigen, um eine ganze Industrie zu schaffen, die um das gestresste Subjekt kreist. Dieses Subjekt ist jedoch auch ein Objekt äußerer Kräfte. Berufstätige – einschließlich Akademiker:innen, Praktiker:innen und Journalist:innen – tragen zu dieser Beeinflussung bei, „indem sie uns etwas über uns selbst und unsere Welt erzählen, beispielsweise durch Diskurse über Psychiatrie, Psychologie, Biologie, Medizin oder Ökonomie, die das Geheimnis unseres Ich offenbaren", wie Tim Newton in seinem Buch *Managing Stress* ausführt.[59]

Die meisten von uns beziehen ihr Wissen über Stress aus wissenschaftlichen Diskursen. Deren biomedizinische Beschreibungen des Problems neigen zur Individualisierung und kommen ohne eine Betrachtung historischer, sozialer oder politischer Kontexte aus.

Führungsfiguren der Achtsamkeitsbewegung stellen diesen wissenschaftlichen Diskurs über Stress selten infrage. Als Verkäufer:innen einer Therapie, die als einziges Heilmittel gegen ihn angepriesen wird, haben sie ein hohes Eigeninteresse, sie ebenfalls als solche wahrzunehmen. Natürlich steht es einem frei zu entscheiden, ob man Achtsamkeit erlernen möchte oder nicht. Aber genau diese Betonung der individuellen Handlungsmacht macht Stressdiskurse und Achtsamkeit überhaupt erst attraktiv.

Das Problem ist die dabei vorgenommene Verschleierung. Indem soziale Probleme individualisiert werden, benachteiligt die Achtsamkeitspraxis jene, die am meisten unter den herrschenden Verhältnissen zu leiden haben. Als Kritik an solch begrenzten Definitionen von Stress hat Dana Becker den Begriff „Stressismus“ eingeführt. Darunter versteht sie die

> *„vorherrschende Überzeugung, dass die Spannungen zeitgenössischen Lebens in erster Linie individuelle Lifestyleprobleme sind, die sich durch Stressbewältigung lösen lassen – im Gegensatz zu der Überzeugung, dass diese Spannungen mit sozialen Kräften verbunden sind und primär durch soziale oder politische Mittel gelöst werden müssen“.*[60]

Die Achtsamkeitsbewegung hat sich die Doktrin des Stressismus zu eigen gemacht und preist sich selbst als Heilmittel für ein breites Spektrum von „stressbedingten“ Beschwerden an. Der Fokus liegt allein auf dem Individuum, von dem erwartet wird, die von Kabat-Zinn beschriebene „Denkkrankheit“ zu überwinden. Er sagt, dass wir durch das Praktizieren von Achtsamkeit von einer verzweifelten Fixierung auf das „Tun“ zu einer harmonischeren Art des „Seins“ übergehen können. Dadurch sei es uns möglich, von unseren Hoffnungen, Sorgen und stressvollen Situationen im Allgemeinen Abstand zu nehmen. Um es in achtsamkeitswissenschaftlicher Sprache auf den Punkt zu bringen: Die Achtsamkeitspraxis wirkt wie eine mentale Impfung, die uns hilft, „Erfolg zu haben“.

Amerikanische Nervosität

Wie sind wir an diesem stressvollen Moment in der Geschichte angelangt? Vor dem Zweiten Weltkrieg wurde psychologischer Stress kaum behandelt. Selbst in wissenschaftlichen Kreisen wurde dem Konzept wenig Beachtung geschenkt. Vorläufer gab es aber durchaus. In der zweiten Hälfte des 19. Jahrhunderts war „Nervosität“ in der amerikanischen Gesellschaft weitverbreitet. Als die Motoren der Industrialisierung und Urbanisierung an Fahrt gewannen, war sie die modische Diagnose für Ängste, die mit der Modernisierung von Lebensstilen verbunden waren: die Anpassung an den Schienenverkehr, Telegrafen, Börsenticker, Tageszeitungen und die Verbreitung von Uhren.

Der New Yorker Neurologe George M. Beard veröffentlichte 1869 einen Artikel im *Boston Medical and Surgical Journal,* in dem er das Krankheitsbild der „Neurasthenie" (Nervenschwäche) beschrieb. Unter den kräftezehrenden Symptomen fanden sich physische und mentale Erschöpfung, Trägheit, Kopfschmerzen, Herzklopfen, Depression, Angst, Schlaflosigkeit, Konzentrationsstörungen, mangelnde Antriebskraft und sogar Zahnfäule. Alle Symptome ließen auf die gleiche Diagnose schließen. Es handelte sich um einen Sammelbegriff für Unbehagen angesichts des technologischen Fortschritts.

Der Begriff der Neurasthenie stammt aus dem Griechischen und bezeichnet einen „Mangel an Nervenenergie". Da kein klares physisches Leiden festgestellt werden konnte, glaubte man, dass Nervenschwäche aufgrund eines Mangels an Nervenenergie entstehe. Man dürfe nur eine bestimmte Menge davon verbrauchen, sonst würden die Nerven versagen. Diese Theorie wurde oft mit dem Stromfluss durch Elektrokabel verglichen.

Die Mehrheit derer, denen Nervenschwäche attestiert wurde, stammte aus der Mittel- und Oberschicht, darunter vor allem Frauen. Über den Einfluss sozialer und technologischer Veränderungen hinaus hielt Beard die Frauen deshalb für anfälliger, weil sie durch ihre zunehmende Beteiligung an der Gesellschaft einer größeren Belastung ausgesetzt seien. Die meisten Ärzte im späten 19. Jahrhundert vertraten dieselbe Ansicht. In Übereinstimmung mit dem Sozialdarwinismus der damaligen Zeit nahm sich die Oberschicht als biologisch höher entwickelt wahr und schrieb sich daher ein sensibleres Nervensystem zu. Und basierend auf der Annahme, dass Frauen besonders empfindlich seien, wurden sie als anfälliger für Nervenschwäche betrachtet als Männer. Wie andere Neurologen sah Beard Nervenschwäche als medizinischen Beleg für Probleme bei der Anpassung an die Anforderungen der Moderne.

Zur Jahrhundertwende war die Neurasthenie in der amerikanischen Kultur in aller Munde.[61] Viele Personen des öffentlichen Lebens erkrankten an ihr, darunter der Psychologe und Philosoph William James, die Friedensnobelpreisträgerin Jane Addams und die Schriftstellerin und Frauenrechtlerin Charlotte Perkins Gilman. In der Presse wurde das Leiden oft als Nervenerschöpfung oder schlicht als „Nerven" bezeichnet. Statt als Stigma wurde die Diagnose Nervenschwäche von Männern und Frauen der Mittel- und Oberschicht oft als eine Art Ehrenabzeichen betrachtet. Sie erklärte ihre Symptome medizinisch und wies sie auf die Opfer hin, die sie im Streben nach amerikanischer Wettbewerbsfähigkeit gebracht hatten. Später vertrat Beard in seinem Buch *American Nervousness* (dt. Titel: *Die Nervenschwäche*) die Ansicht, dass die Neurasthenie nicht nur ein typisch amerikanisches Phänomen sei, sondern auch ein Beweis für die Größe der Nation als Hochkultur, die sich durch Bürger:innen (vorzugsweise der Oberschicht) mit einem aktiven Geist, einem wettbewerbsfähigen Charakter und einer Liebe zur Freiheit auszeichne.

Diese Rationalisierung der durch die Oberschicht verrichteten „mentalen Arbeit“ erfüllte den Zweck, dass sie sich besser mit ihren eigenen Anpassungsproblemen im Kapitalismus anfreunden konnte. Ein wenig Unbehagen schien Beard ein geringer Preis für hervorragende Leistungen zu sein. Seine sozialdarwinistische Gesinnung schloss Arbeiter:innen von dieser Diagnose aus. Schließlich mussten sie nicht die gleiche Last tragen wie die Elite, deren geistig anstrengendere Verpflichtungen sie angeblich anfälliger für nervliche Erschöpfung machten. Die unteren Gesellschaftsschichten, darunter all jene, die nicht weiß oder protestantisch waren, mussten sich mit Stärkungsmitteln oder Pillen von „Schlangenöl“-Verkäufer:innen und anderen dubiosen Patentrezepten gegen „schlechte Nerven“ zufrieden geben.

Was war das Heilmittel für diese mysteriöse Krankheit? Die Behandlung von Frauen und Männern unterschied sich erheblich. Anzeichen von Nervenschwäche zu zeigen oder einen Arbeitstag zu verpassen war für Männer im 19. Jahrhundert unmöglich. Ihre Behandlung umfasste oft beherzte Aktivitäten in der Natur, anstrengende körperliche Übungen und Ausflüge in die Wildnis. Viele Männer wurden in die westlichen Bundesstaaten der USA geschickt, um auf Rinderfarmen zu leben und zu arbeiten. Auch bei Theodore Roosevelt, der als „Präsident der Umweltschützer“ bekannt war, wurde eine Nervenschwäche diagnostiziert.

Frauen wurde von Ärzten üblicherweise eine „Ruhekur“ verschrieben. Je nach der diagnostizierten Stärke des Leidens mussten sie sechs bis acht Wochen im Bett bleiben. Währenddessen wurden sie von ihrer Familie und ihren Kindern getrennt. Patientinnen durften keine Bücher oder Zeitschriften lesen, da man glaubte, dass mentale Aktivitäten die Nervenenergie von Frauen aufbrauchen würde. Nervöse Frauen galten auch als zu dünn und ihr Blut als zu schwach. Der prominente Arzt Silas Weir Mitchell aus Philadelphia wurde sehr bekannt für die Patentierung der Ruhekur. Seine Methode empfahl ein Mindestmaß an mentalen Aktivitäten.

Beard ergänzte diese Behandlungen durch Elektrotherapie in der Annahme, dass man menschliche Nerven wie eine Batterie aufladen könne. Er platzierte eine Elektrode auf dem Kopf der Patient:innen und fuhr dann mit der anderen Hand über deren Körperteile. Viele gaben an, sich nach der Elektrotherapie erfrischt zu fühlen, selbst in Fällen, in denen ihnen ihre vorherige Ausgelaugtheit gar nicht bewusst gewesen war. Beard nannte seine mit einem Placeboeffekt vergleichbare Methode „mentale Therapie".

Mit der Zeit geriet die Neurasthenie in Vergessenheit, nur um durch etwas fast ebenso Nebulöses ersetzt zu werden: Stress.

Die Höhlenmensch-Theorie

Die meisten zeitgenössischen Erklärungsansätze für Stress und folglich auch Achtsamkeit greifen auf die Vorstellung zurück, dass wir schlecht angepasste Höhlenmenschen sind, die im 21. Jahrhundert leben. Wenn es uns möglich ist einige Standardreaktionen neu zu programmieren, kann unser Gehirn so optimiert werden, dass es mit der Gegenwart zurechtkommt. Wenn wir das nicht tun, leiden wir an Stress. Diese biologische Erzählung lässt sich folgendermaßen zusammenfassen: Unsere Vorfahr:innen mussten auf Zusammentreffen mit furchterregenden Raubtieren wie Säbelzahntigern vorbereit sein. Daher entwickelten sie die Fähigkeit, schnell auf große Mengen an Energie zurückzugreifen, um auf potenzielle Bedrohungen reagieren zu können. Für Steinzeitmenschen war die durch Adrenalin ausgelöste „Kampf-oder-Flucht-Reaktion" ein Überlebensmechanismus, der in die menschliche DNA fest „eingepflanzt" wurde. Und da sich unsere Gehirne über die letzten Jahrhunderte nur gering entwickelt haben, kommt es immer noch zu dieser Überreaktion, sobald wir uns verunsichert fühlen.

Allerdings ziehen wir uns nicht wie relativ bequeme Jäger:innen und Sammler:innen in unsere Höhle zurück und nehmen uns eine Auszeit, um uns von dem Adrenalinschub zu erholen. Wenn wir das täten, hätten wir keine Probleme. Stattdessen leben wir unser Leben weiter, wodurch sich Stress anstaut. Wir sind so gestresst (ein Ausdruck, der erst in den 1980er-Jahren populär wurde), weil unser Kampf-oder-Flucht-Alarm so oft ausgelöst wird, was unser homöostatisches System aus dem Gleichgewicht bringt. Dies wiederum laugt unseren Körper und unser Immunsystem aus und zehrt an unserer natürlichen Widerstandsfähigkeit. Durch Achtsamkeit können wir jedoch die Fähigkeit zur Selbstregulierung erlernen. Und indem wir der gegenwärtigen Erfahrung Aufmerksamkeit schenken, lernen wir, uns zu entspannen. So zumindest lautet die grundlegende Theorie.

Obwohl sie mit den neuesten neurowissenschaftlichen Erkenntnissen aufgepeppt wird, sind viele ihrer Bestandteile ein Jahrhundert alt. Natürlich hat sie eine gewisse Berechtigung, vor allem hinsichtlich der Behandlung von posttraumatischem Stress. Aber viel zu oft wird sie als allgemeine Antwort bemüht, wodurch andere Ursachen des modernen Unbehagens verschleiert werden. Das ursprüngliche Konzept stammt aus dem Jahr 1914. In diesem Jahr verwendete der damalige Havard-Medizinprofessor Walter B. Cannon zum ersten Mal den Begriff „Stress" in einem wissenschaftlichen Artikel. Cannon führte Experimente an Hunden und Katzen durch. Sie wurden in die gleichen Käfige gesetzt, um Stress bei ihnen auszulösen. Cannon interessierte sich für ihre Erholungsfähigkeit. Die Physiologie des Stresses schien weniger wichtig zu sein als die von Instinkten, Emotionen und biologischen Mechanismen, die für die Homöostase verantwortlich sind. Er wollte wissen, wie Tiere nach einer Bedrohung wieder ins Gleichgewicht kommen.

Cannons Theorien bezogen sich hauptsächlich auf biologische Bedingungen wie „Kälte, Sauerstoffmangel, Unterzuckerung, Blutverlust". Er beobachtete, wie notleidende Katzen das Hormon Adrenalin ausschütteten, wenn sie bellenden Hunden gegenübergestellt wurden. Daher wertete er Reaktionen wie Angst und Wut als Teil unserer biologischen Evolution und nahm an, dass instinktive Reaktionen entstanden seien, „um im Kampf ums Dasein schnelle Dienste zu leisten".[62]

Cannons Ansichten waren stark vom Sozialdarwinismus, der Eugenik und der Instinkttheorie beeinflusst. Um der Entartung der Bevölkerung vorzubeugen, plädierte er für eine Befriedigung unserer „Kampfinstinkte", vor allem wenn man einen Krieg vermeiden wolle. Er kam zu dem Schluss, dass Aggression biologischer Natur sei und nicht in einem sozialen Kontext entstehe. Damit legte er den Grundstein für die im Achtsamkeitsdiskurs beliebte Vorstellung, dass soziale Probleme biologisch bedingt seien. Ungeachtet der sozialen Komplexität, mit der sich die Menschen heute auseinandersetzen müssen, wird die Wurzel ihrer Probleme auf überholte Instinkte von Höhlenmenschen reduziert.

Die Naturalisierung von Stress

In dieser oft wiederholten Geschichte über einen ständigen Kampf zwischen der steinzeitlichen Physiologie und dem modernen Lebensstil schwingt eine seltsame Vorstellung mit. Auch wenn es in Achtsamkeitsliteratur nicht expliziert ausformuliert wird, ist die grundlegende Andeutung dahinter, dass es in kapitalistischen Gesellschaften keinen Stress oder Konflikte gäbe, wenn wir uns biologisch weiterentwickelt hätten. In der Zwischenzeit kann uns Achtsamkeit dabei helfen, unsere Gehirne zu verändern, um diese antiquierten Probleme aus der Welt zu schaffen. Mit anderen Worten: Es gibt nichts, was an unserer modernen Zeit grundsätzlich falsch wäre. Es sind nur unsere unangepassten Reaktionen, die uns unglücklich machen. Da wir eine schlechte Biologie geerbt hätten, läge es an uns, sie zu kompensieren und Korrekturen vorzunehmen. Dieser auf Cannon zurückgehende biologische Reduktionismus überträgt die Verantwortung für die Verwaltung widerspenstiger Emotionen auf Individuen. Die kapitalistische Wirtschaft wird als eine Gegebenheit hingestellt, an die sich alle anpassen müssen. Diese Ideologie beruht auf der Prämisse des Überlebens des Stärkeren. Stress wird dabei naturalisiert und die das Problem verursachenden strukturellen Faktoren ignoriert.

Es dauerte noch einige Jahrzehnte, bis Cannons Forschung zur Stresstheorie ihre heutige Form annahm. Erst der Zweite Weltkrieg brachte derlei Theorien stärker ins öffentliche Bewusstsein. Das US-Militär interessierte sich für Methoden zum Antrainieren von Resilienz bei Soldaten sowie der Behandlung emotionaler Wunden von Kriegsheimkehrern. Diese Gelegenheit nutzte der Arzt und Biochemiker Hans Selye, indem er Begriffe wie „Stressreaktion", „Stresssyndrom" und „Stressoren" erfand, um Interesse an seiner Forschung zu wecken.

Selye floh in den 30er-Jahren als Tscheche vor den Nazis und führte Experimente an der Universität von Montreal durch. Als ambitionierter Forscher wollte Selye neue weibliche Sexualhormone identifizieren. Als Assistent des Endokrinologen James B. Collop ging er jeden Tag ins Schlachthaus und füllte einen Eimer mit den Gebärmüttern von Kühen, um sie dann zu zermahlen und mit Formaldehyd als Konservierungsmittel zu einem Extrakt zu verarbeiten. Anschließend spritzte er weiblichen Ratten diese Gewebeextrakte. Die Autopsien der Ratten zeigten keine Veränderung in ihren Sexualhormonen.

Selye bemerkte allerdings etwas Seltsames. Jede der Versuchsratten zeigte die gleichen drei Reaktionen: eine Vergrößerung der Nebennieren, eine Schrumpfung der Thymusdrüsen, Milz und Lymphknoten sowie Blutungen und Magengeschwüre. Anfangs glaubte Selye, die Sexualhormone entdeckt zu haben, nach denen er suchte. Nach einigen Monaten testete er Extrakte aus der Plazenta, den Nieren, der Milz und der Hirnanhangsdrüse von Rindern. Dabei erzielte er andere Ergebnisse, als erwartet. Die Ratten zeigten alle die gleichen Symptome, egal welche Substanz ihnen gespritzt worden war. Aus einer Laune heraus probierte er etwas anderes und injizierte einer Ratte eine tödliche Formaldehydlösung. Zu seiner großen Überraschung trat die gleiche Trias von Symptomen bei dieser Ratte auf, nur stärker. Er war verblüfft und glaubte, seine Arbeit sei gescheitert.

Ein paar Tage später erwachte Selya aus seinem Trübsinn und hatte einen Geistesblitz: Könnte es sein, dass die Ratten keine spezifische hormonelle Reaktion auf die Extrakte zeigten, sondern eine unspezifische, allgemeine Reaktion auf schädliche Stoffe? Um seine Hypothese zu überprüfen, führte Selye zahlreiche Experimente an Ratten durch, indem er sie im Wesentlichen mit verschiedenen Mitteln quälte. Egal ob die Ratte Kälte, Hitze, Lärm, endlosen Laufrädern oder hellem Licht mit hochgenähten Augenlidern ausgesetzt wurde, stellte Selye die gleichen drei Reaktionen fest.

Er postulierte, dass dies als grundlegende Reaktionen auf alles zu werten sei, was die Anpassungskapazitäten der Ratten überstieg. Seinen Befund bezeichnete er als Allgemeines Anpassungssyndrom (AAS). Die erste Alarmstufe löse das körpereigene Kampf-oder-Flucht-System mit physiologischer Erregung aus. Die Hormondrüsen würden dann Hormone freisetzen, die zu Herzrasen, Schweißausbrüchen und einem Anstieg des Blutzuckerspiegels führen. Es folge die Widerstandsphase, in der der Körper versuche, sich selbst zu reparieren und zur Homöostase zurückzukehren. Wenn das scheitert und die Stressfaktoren weiterbestehen, könne die finale Erschöpfungsphase zu Krankheit oder zum Tod führen.

Der Vater des Stresses

Im Jahr 1956 veröffentlichte Selye sein viel beachtetes Buch *The Stress of Life* (dt. Titel: *Stress beherrscht unser Leben*), in dem er seine AAS-Theorie um eine psychologische Erklärung ergänzte.[63] In seinen Schriften behauptete er, die Verbindung zwischen Stress und Krankheit gefunden zu haben. Er wies die Öffentlichkeit und Mediziner:innen darauf hin, dass die Bewältigung von Stress, beziehungsweise die erfolgreiche Anpassung an die Umgebung, der Schlüssel zu guter Gesundheit und zur endgültigen Vermeidung von Krankheiten und Unglücklichsein sei. Seine Theorien stießen auf große Resonanz.

Im Laufe seiner Karriere veröffentlichte Selye um die 1.700 wissenschaftliche Aufsätze, 40 Bücher und richtete eine Bibliothek zur Stressforschung mit etwa 110.000 Artikeln in vielen verschiedenen Sprachen ein. Als rastloser Selbstvermarkter seiner Ideen hielt Selye zahlreiche öffentliche Vorträge, trat in Fernsehsendungen auf und wurde sogar im Nachrichtenmagazin *Time* als „Vater des Stresses" bezeichnet. Er war enorm erfolgreich darin, Gelder für sein Forschungslabor einzuwerben, sowohl aus dem öffentlichen wie dem privaten Bereich. In den späten 50er- und den frühen 60er-Jahren war er eine prominente Figur und seine Meinung zu Stress enorm gefragt. Die Wissenschaft zeigte sich jedoch weniger überzeugt von seinen Theorien.

Viele von Selyes wissenschaftlichen Kolleg:innen fanden seine Konzeptualisierung von Stress zu ungenau. Andere stellten seine Methoden infrage und sogar die Verbindung zwischen Stress und Krankheit. Obwohl Selyes Stresstheorie auf Laborexperimenten mit Ratten beruhte, weitete er seine Befunde in seinen Schriften auf Menschen aus und psychologisierte Stress. Der Anthropologe Kristian Pollock sprach sich in einem Fachartikel gegen die Verallgemeinerungen von Selyes konzeptionellem Schritt aus: „Durch einen zweifellos unbeabsichtigten Kunstgriff wurde eine sozialpsychologische Theorie durch ein fundiertes, aber grundsätzlich nicht vergleichbares physiologisches Modell ersetzt, welches dennoch als deren Legitimationsgrundlage dient."[64]

Trotz dieser Kritik machte Selye unbeirrt weiter. Seine Schriften wurden pathetischer, utopischer und politischer. Er ging sogar so weit, eine nationale und internationale Leitlinie zu entwerfen, die Gesellschaften zu einer „besseren, gesünderen Philosophie" führen sollte. In den 80er-Jahren wurde seine Stresstheorie als etwas völlig Selbstverständliches angesehen, obwohl sie, wie Pollock es nannte, „ein konstruiertes Konzept darstellt, das jetzt zu einer ‚sozialen Tatsache' geworden ist".[65]

Wie die zugrunde liegende Höhlenmensch-Theorie haben auch Selyes Thesen eine gewisse Bedeutung für das Verständnis körperlicher Reaktionen bei komplexen Traumata. Sie erklären jedoch bei Weitem nicht alle Formen psychischer Anspannung, da sie kulturelle Einflüsse außer Acht lassen. Sie definieren auch nicht klar, was als Stress gilt, sondern weiten das Netz aus, um viele moderne Probleme zu psychologisieren. Dies ist wichtig, wie Dana Becker in ihrem Buch über den Stressdiskurs feststellt:

> *„Wie bei Nervenschwäche wurde der ‚Wahrheitsgehalt' des Stresskonzepts und dessen Akzeptanz durch die amerikanische Öffentlichkeit nicht durch wissenschaftlichen Konsens oder*

> *medizinische Heilmittel für ‚stressbezogene' Krankheiten erreicht. Es war die Beliebtheit von Stress, die es wahr werden ließ."*[66]

Selyes Vermarktung des Themas Stress spielte mit den Ängsten der Öffentlichkeit. Und der umstrittene Zusammenhang zwischen Stress und Krankheit war ein psychologischer Faktor, der seine Theorie in den Köpfen der Menschen lebendig hielt und neue Behandlungen inspirierte. Seine Thesen porträtierten die gestressten Personen als Opfer: schwach, verletzlich und biologisch schlecht ausgestattet für die täglichen Herausforderungen des Lebens in der Moderne. Die Medien griffen Selyes Botschaft auf und spielten die Gefahren von Stress hoch, wodurch einer neuen Industrie für Stressmanagement und psychoaktive Medikamente gegen Ängste Tür und Tor geöffnet wurde.

Stress und Tabakkonzerne

Selyes Arbeit hat eine dunkle Seite. Sie lässt ernsthafte Zweifel an der Glaubwürdigkeit und Integrität der Stressforschung aufkommen, insbesondere mit Blick auf die Gesundheitspolitik. Zwischen den 50er- und 70er-Jahren wurde Selyes Forschung von der Tabakindustrie finanziert. Dies war den wenigsten bekannt, bevor im Jahr 2002 14 Millionen interne Dokumente von Tabakkonzernen durch einen Gerichtsbeschluss öffentlich gemacht wurden. Mark Pettigrew und seine Kolleg:innen von der London School of Hygiene and Tropical Medicine durchforsteten die Dokumente in einem Onlinearchiv der Universität von Kalifornien in San Francisco. Sie deckten das Ausmaß des Einflusses der Tabakkonzerne auf Selye auf, dessen Forschungen über Stress und Gesundheit ihren Zwecken dienten.[67] „Er hatte eine sehr, sehr enge Beziehung zur Tabakindustrie. Sie formte seine Gedankengänge mit und er im Gegenzug auch ihre", führt Pettigrew aus.[68]

Die Tabakhersteller waren daran interessiert, das Rauchen als eine Form des Stressabbaus zu vermarkten, während sie gleichzeitig Wissenschaftler:innen rekrutierten, um die Zusammenhänge zwischen Tabak und chronischen Krankheiten zu verschleiern und zu verzerren. Nachdem Selye mehrmals für den Nobelpreis nominiert worden war, sahen Führungskräfte und Anwälte der Industrie eine Gelegenheit, sich seine wissenschaftliche Stressforschung für ein konkurrierendes Narrativ zunutze zu machen. Um die Botschaft vermitteln zu können, dass Stress und nicht Zigaretten die Ursache sei, kehrten sie sämtliche epidemiologischen Studien unter den Tisch, die das Rauchen mit Herz-Kreislauf-Erkrankungen, Krebs, chronischer Bronchitis und Emphysemen in Verbindung brachten.

Selye nahm erstmals Kontakt auf und bemühte sich erfolglos um eine Finanzierung durch die amerikanische Tabakindustrie. Anwälte der Hersteller und das Council for Tobacco Research (CTR – Rat für Tabakforschung) baten ihn jedoch schon bald, als Sachverständiger aufzutreten. Der Auftrag des Rates bestand ausdrücklich in der Finanzierung von Forschung mit erheblichem „Konfliktwert", oder einfach ausgedrückt: die Öffentlichkeit und die Regulierungsbehörden in die Irre zu führen. Selye und anderen industriefreundlichen Wissenschaftler:innen wurde untersagt, die Finanziers ihrer Forschungsprojekte zu benennen. Zudem durften sie nicht durchsickern lassen, dass Forschungsergebnisse vor ihrer Veröffentlichung von der Industrie genehmigt werden mussten.

Selye veröffentlichte zunächst eine Pressemitteilung, in der er den Zusammenhang zwischen Rauchen und Krebs herunterspielte. 1967 erhielt er 2.000 US-Dollar, um über Stress zu schreiben. Da er sich unsicher war, was er sagen sollte, bat er Anwälte der Tabakindustrie um Hilfestellung. William Shinn, der Rechtsbeistand von Philip Morris und einem anderen Tabakunternehmen, gab folgende Anweisung: „Selye sollte sich zu der Unwahrscheinlichkeit äußern, dass es einen Mechanismus gibt, durch den Rauchen Herz-Kreislauf-Krankheiten verursachen könnte."[69] Shinn lieferte Selye außerdem das Argument, dass öffentliche Anti-Raucher-Botschaften selbst „Stress" auslösen würden.

Selye behauptete, dass Rauchen „prophylaktische und heilende" Wirkungen haben könnte, da Rauchen eine der vielen nützlichen „Ablenkungen" von Stress sei. In einem Pamphlet der Tabakindustrie schrieb er: „Es ist erschreckend, dass niemand die Vorteile von Tabak erwähnt. Ich bin mir sicher, dass oft mehr Schaden angerichtet wird durch gut gemeinte Kampagnen der Aufklärung, die zahllose Hypochonder:innen hervorbringen."[70] Fünf Monate später verfasste Shinn einen als „Ideen zu Selye"-Schreiben bekannt gewordenen Brief an seine Branchenkolleg:innen, in dem er seine Aufgabe präzisierte. „Zu etablieren wäre der Grundgedanke, dass es wünschenswert ist, sich durch die Suche nach Ablenkungen an ein stressiges Leben anzupassen", schrieb Shinn. Des Weiteren solle „diese Theorie durch Artikel, Bücher, das Fernsehen etc." Verbreitung finden.[71]

Da seine Finanzierung durch die Tabakindustrie öffentlich nicht bekannt war, trat Selye häufig als Experte bei staatlichen Anhörungen auf und sprach sich gegen Antirauchergesetze, Werbebeschränkungen sowie Gesundheitshinweise aus. Selyes Zusammenarbeit mit der Tabakindustrie intensivierte sich ab 1969, als er ein dreijähriges Budget in Höhe von 50 000 US-Dollar pro Jahr vom CTR für ein „besonderes Projekt" erhielt. Eine Gruppe der kanadischen Tabaklobby zahlte ihm weitere 50.000 US-Dollar. Daraufhin sagte Selye vor kanadischen Staatsausschüssen aus, betonte als Gast häufig im Radio die Vorzüge des Rauchens und trat sogar in PR-Filmen des von den Herstellern gegründeten Tobacco Institutes auf. Er wohnte 1972 auch einer berüchtigten Konferenz auf den französischen Antillen bei, welche von Philip Morris organisiert und finanziert wurde. Die sechs größten Tabakkonzerne waren bei dieser Konferenz vertreten. Dieses Treffen wurde schließlich in einem Verfahren des US-Justizministeriums zur Bekämpfung der Kartellbildung als Beweismittel gegen sie verwendet.

Obwohl die Tabakindustrie schließlich ihr Interesse an Selye verlor, legte sie ihr Augenmerk weiterhin auf Stress. Das Tobacco Institute Research Committee (TIRC – Forschungskomitee des Tabakinstituts) hatte großes Interesse an Meyer Friedman und Ray Roseman, deren Forschung auf einen ursächlichen Zusammenhang zwischen Herzkrankheiten und Verhaltensmustern von Menschen hinwies, die sie später als „Typ-A-Persönlichkeiten" bezeichneten. Sie konzentrierten sich auf Männer und beschrieben Typ-A-Subjekte als angetrieben sowie „stets pünktlich und sehr genervt, wenn sie warten müssen".[72] Diese sehr spezifische Stressreaktion wurde als Ursache chronischer Krankheiten ausgegeben.

Philip Morris war ein wichtiger Geldgeber für diese Forschung. Im Laufe eines Jahrzehnts flossen über elf Millionen Dollar in das Meyer Friedman Institute, einschließlich der Finanzierung eines Stiftungslehrstuhls an der medizinischen Fakultät der University of California in San Francisco. Diese Ideen wurden von den meisten Forscher:innen hinterfragt. In den 90er-Jahren wurde in systematischen Untersuchungen kein signifikanter Zusammenhang zwischen Typ-A-Persönlichkeiten und koronaren Herzkrankheiten festgestellt. Doch trotz des Mangels an Beweisen ist diese Theorie in den Medien weiterhin beliebt.

Das Geschäft mit Stress

Achtsamkeit verdankt einen Großteil ihrer Popularität Ideen, die auf „Junk Science" („Ramschwissenschaft") beruhen. Obwohl die meisten Menschen im Laufe ihres Lebens in verschiedener Intensität Stress erleben, ist er im wissenschaftlichen Sinne noch nicht erforscht. Achtsamkeit greift daher auf Junk-Wissenschaft zurück, um eine Glücksvision zu verkaufen und Profit aus stressverbundenen Ängsten zu schlagen. Verweise auf die schädlichen Wirkungen von Stress haben die Wahrnehmung verstärkt, dass er physische Leiden verursacht. Ein erheblicher Teil dieses Leidens soll uns aber selbst zuzuschreiben sein. Achtsamkeit mag zur Leidenslinderung beitragen, aber die Reduzierung von Stress auf biologische Faktoren hindert uns daran, soziale Leiden anzugehen. Die unvorhersehbaren Zyklen und Krisen des Kapitalismus sowie die groben Ungleichgewichte in Bezug auf Reichtum und Macht erzeugen Stress. Doch das wird selten von Achtsamkeitsaktivist:innen anerkannt. Zudem macht uns die von ihm geförderte Aktivierung von primitiven Kampf-oder-Flucht-Reaktionen für psychologische Beeinflussungen anfällig.

Obwohl MBSR dafür konzipiert wurde, um Menschen mit chronischen Krankheiten zu helfen, hat sich dessen Zielgruppe auf alle Menschen ausgeweitet. Dies wäre ohne die kritiklose Übernahme von Stressdiskursen nicht möglich gewesen. Das Skandieren ihres Mantras hilft Achtsamkeitsverkäufer:innen dabei, sich Ängste zunutze zu machen. Sie haben ein erhebliches Interesse daran, Stress zu psychologisieren, zu pathologisieren und zu normalisieren. Daher preisen sie Behandlungen an, die angeblich den magischen Schlüssel zur Bekämpfung der Ursachen unserer Leiden bereitstellen. Allerdings bleiben die durch äußere Umstände bedingten Quellen des kollektiven Leidens unangetastet.

Kapitel 4: Die Privatisierung der Achtsamkeit

Die Meditationspraxis, die bei Achtsamkeit angewendet wird, stammt aus dem Buddhismus. Allerdings ist sie dekontextualisiert worden, um sie in eine pragmatische Vorgehensweise zu verwandeln, die mit moderner Wissenschaft und Psychologie kompatibel ist. Das ist laut Jon Kabat-Zinn eines ihrer zentralen Verkaufsargumente: „Von Anfang an habe ich mich darum bemüht über sie so sprechen, dass sie nicht als buddhistisch, ‚New Age', ‚östliche Mystik' oder schlicht exzentrisch abgestempelt werden kann."[73]

Der erste Kurs von Kabat-Zinn fand 1979 als „Stressreduktions- und Entspannungsprogramm" statt. Er wurde in einem Keller der medizinischen Fakultät der Universität von Massachusetts abgehalten und wäre ohne seinen Ruf als Wissenschaftler undenkbar gewesen. Über diese Erfahrung reflektierte er mehr als 30 Jahre später in einem Interview mit dem Nachrichtenmagazin *Time:*

> *„Die Idee, buddhistische Meditation ohne Buddhismus in den medizinischen Mainstream zu bringen, ließ an die Westgoten denken, die vor den Toren Roms standen, um die Hochburg der westlichen Zivilisation niederzureißen. Menschen hatten die Erwartung ‚er muss ja wissen, was er tut', da ich einen Doktortitel in Molekularbiologie vom MIT erhalten und im Labor eines Nobelpreisträgers studiert hatte. Also ließen sie es mich tun."*[74]

Die Unterbringung seiner „Stressreduktionsklinik" in der medizinischen Abteilung einer Universität verlieh Kabat-Zinn die Glaubwürdigkeit, die er benötigte, um Achtsamkeit zum Mainstream zu machen. Er entledigte sie ihrer religiösen Konnotationen und verlieh Achtsamkeit das Image einer universellen und wissenschaftliches Methode, die von historischen und kulturellen Gegebenheiten losgelöst ist. Obwohl ihm die Idee für seine Klinik während einer buddhistischen Freizeit gekommen war, wurden alle Verweise auf den Buddhismus entfernt und dessen Vokabular durch biomedizinische Begriffe ersetzt. „Wenn man sich in den medizinischen Bereich integrieren möchte, muss man in der Lage sein, die eigene Dienstleistung den Krankenversicherungen in Rechnung zu stellen", erklärte er 1997 bei einer Konferenz zum Buddhismus in den USA.[75]

Aus Angst vor der Ablehnung seitens des medizinischen Establishments war Kabat-Zinn zunächst vorsichtig und vermied den Gebrauch von Begriffen wie Achtsamkeit oder Meditation. Sogar als seine Klinik bereits eingerichtet war, sprach er von Achtsamkeit nur als grundlegende phänomenologische Technik des „momentbezogenen Bewusstseins". Dabei knüpfte er an seinen wissenschaftlichen Vorgänger Herbert Benson an, dessen Forschung aus biomedizinischer Perspektive Erklärungen für die Effektivität von Transzendentaler Meditation (TM) geliefert hatte. Wie Kabat-Zinn bei MBSR beschrieb auch Benson die „Entspannungsreaktion" als „universelle Kapazität des Körpers", die keinen besonderen Bezug zu einer Religion oder spirituellen Tradition habe.[76]

Kabat-Zinn ist mit der Tochter des verstorbenen Historikers und Aktivisten Howard Zinn verheiratet. Doch obwohl er in den späten 60er-Jahren an Protesten gegen den Vietnamkrieg teilnahm, widmete er sich bald nur noch dem menschlichen Inneren. Als Student am MIT entdeckte er während eines Vortrags von Philip Kapleau den Zenbuddhismus für sich. Bei dem koreanischen Zenbuddhismus-Lehrer Seon Sahn vom Cambridge Zen Center führte er seine Meditationsstudien fort. Später praktizierte er bei der Insight Meditation Society in Barre im Bundesstaat Massachusetts Theravada-Methoden. Hier lernte er aus erster Hand modernistische Ideen innerhalb der buddhistischen Tradition kennen.

Die reine Achtsamkeitslehre

Die Methoden, die Kabat-Zinn bei der Insight Meditation Society erlernte, sind durch Erweckungsbewegungen aus Burma, Thailand und Sri Lanka importiert worden. Während der Besatzung durch das British Empire hatten sich theravada-buddhistische Mönche mithilfe von Vipassana, eine Lehrtradition der Erkenntnismeditation, gegen christliche Missionierungsversuche gewehrt. Vor dem späten 19. Jahrhundert meditierten nur wenige Laien. Unter der Führung von Reformern wie Ledi Sayadaw und Mahasi Sayadaw in Burma entwickelte sich eine große Bewegung, welche durch westliche Student:innen und einflussreiche Lehrer:innen wie S. N. Goenka weltweite Verbreitung fand. Sie spielten die Bedeutung buddhistischer Lehren sowie schwierigerer Konzentrationsübungen herunter. Stattdessen stellten sie die Achtsamkeit als das „Herz des Buddhismus" dar, da sie mit der Wissenschaft und westlichen Rationalitätsvorstellungen vereinbar sei.

Diese „reine Achtsamkeitslehre", wie Richard King sie nennt, setzte sich gegen den Kolonialismus zur Wehr, indem sie westliche Sichtweisen übernahm. Buddhistische Meditationslehren wurden als von Ritualen und vormodernen Ideen losgelöste „Wissenschaft des Gehirns" präsentiert. Dadurch konnten Reformer:innen zum Teil durchaus erfolgreich behaupten, dass die christliche Lehre abergläubig sei, während die asiatische Kultur Ideen enthalte, die mit den neuen westlichen Werten harmonisierten. Die Kolonisierten waren also nicht rückständig, wie seitens des Westens gerne angenommen, sondern verdienten die Unabhängigkeit.

Allerdings weißt King darauf hin, dass „dies keine wertneutrale Dekontextualisierung buddhistischer Lehren und Praktiken war, wie oft von modernen, säkularen Fürsprecher:innen achtsamkeitsbasierter Praktiken behauptet wird".[77] Stattdessen handelte es sich um eine kulturelle Verteidigung gegen die koloniale Hegemonie. Die Propagierung der praktischen, weltlichen Vorteile von Achtsamkeit war nur ein Nebeneffekt.

MBSR: Die Gründung einer neuen Traditionslinie

Die theravadische Reformbewegung und westliche Ableger der Erkenntnismeditation waren trotz ihrer Verbindungen zu buddhistischen Autoritäten und Traditionen sehr beliebt. Aber MBSR konnte sich diese Nähe nicht erlauben, wenn sie die Anerkennung innerhalb nicht-buddhistischer klinischer und medizinischer Kreise gewinnen wollte. Kabat-Zinn erklärt die Abkehr vom Dharma – ein Sammelbegriff für die Lehren Buddhas – damit, dass er „das Dharma niemals ausbeuten, fragmentieren oder dekontextualisieren, sondern es vielmehr rekontextualisieren wollte". In „dharmischer" Terminologie beschreibt er dies als seine „karmische Mission". Weiter sagt er, dass er den „Rahmen von Wissenschaft, Medizin (inklusive Psychiatrie und Psychologie) sowie des Gesundheitswesens" wählte, „damit das Dharma einen maximalen Nutzen haben würde für diejenigen, die nicht durch traditionellere Pforten davon hören oder daran teilhaben können".[78]

Geschichten erfolgreicher Vermarktung sind oft durch Unterbrechungen charakterisiert, die etablierte Industrien oder Meinungen auf den Kopf stellen. Die MBSR-Marke hat das Zeug, eine solche Umwälzung auszulösen. Dazu hat Kabat-Zinn auch ulkige Sprüche auf Lager: „Der Buddha war kein Buddhist" oder Buddhisten „besitzen keine Achtsamkeit", da sie eine „angeborene, universelle menschliche Kapazität" sei. Hierdurch wird potenziellen

Kund:innen versichert, dass MBSR ein nicht-religiöses Produkt ist, welches dennoch die besten Elemente buddhistischer Lehren enthält. Kabat-Zinn stellt heraus, dass seine Version der Achtsamkeit ein „Platzhalter für das gesamte Dharma“ sei.[79]

Mit dieser Behauptung wird das Markenimage aufpoliert und mit starken emotionalen Bezügen versehen. Kein Geringer als der Dalai Lama soll MBSR befürwortet und als eine Art „universelles Dharma“ gebilligt haben. Laut Kabat-Zinn hat sich das so zugetragen:

> *„Ich habe seine Heiligkeit den Dalai Lama bei der 13. Mind-and-Life-Konferenz 2005 in Washington D. C. explizit gefragt, ob es einen grundlegenden Unterschied zwischen dem Buddhadharma und dem universellen Dharma gäbe und er antwortete mit ‚nein.‘“*[80]

Ein Video dieses Austauschs erzählt aber eine andere Geschichte. Die Frage wurde auf einer Folie während eines Vortrags für den Dalai Lama über die Geschichte und Erfolge von MBSR eingeblendet. Der Dolmetscher des Dalai Lama Thupten Jinpa übersetzte: „Können wir eine valide Unterscheidung zwischen dem Buddhadharma auf der einen Seite und dem universellen Dharma auf der anderen Seite treffen?“ Die Antwort des Dalai Lama folgte mit einem Schmunzeln: „Oh ja. Angenommen, wir versuchen universelles Dharma für Wissenschaftler:innen … [Pause mit Gelächter] … wir können es nicht einfach auf das gesamte Dharma anwenden.“[81] Dies war mitnichten das durchschlagende „Nein“, das Kabat-Zinn andeutet. Der Dalai Lama scheint mit seiner Aussage eher ausdrücken zu wollen, dass das sogenannte universelle Dharma vielleicht nützlich für die Wissenschaft, aber keinesfalls gleichwertig mit allen Lehren des Buddha ist. Nichtsdestotrotz scheint es Kabat-Zinn weiterhin wichtig zu sein, von buddhistischer Seite Anerkennung für sein MBSR-Konzept zu finden. Gleichzeitig aber leugnet er für Marketingzwecke jegliche Verbindungen zum Buddhismus.

Dieser komische Widerspruch zieht sich durch die gesamte Bewegung. Die langjährige MBSR-Lehrerin Margaret Cullen glaubt, dass achtsamkeitsbasierte Interventionen ein „neues amerikanisches Dharma“ hervorbringen, das allgemein zugänglich, demokratisch, undogmatisch, pragmatisch und utilitaristisch sei. Sie sagt, dass „die Intentionen von MBSR deutlich weiter gehen als einfache Stressreduktion".[82] Durch solche Aussagen stellen Kabat-Zinn und Gleichgesinnte ihre Lehre als eine neue Schule des Buddhismus dar, die mit den alten Traditionen vereinbar ist, was auch immer sie selbst darüber denken mögen. Jede Traditionslinie des Buddhismus basiert auf der Lektüre der heiligen Schriften und einer Ausrichtung auf bestimmte ausgewählte Praktiken, um diese Lesart dann als richtige Interpretation der wahren Intentionen des Buddha auszugeben. Aus buddhistischer Sicht tut Kabat-Zinn nichts anderes, als sich zum Gründer einer neuen Traditionslinie zu ernennen.

Wenn MBSR, wie er behauptet, „ein universelles Dharma repräsentiert, das sich mit den Lehren des Buddha deckt, wenn nicht sogar mit ihnen identisch ist", dann sollte es auch als solches hinterfragt werden.[83] Für vielbeschäftigte Abendländer:innen bietet Achtsamkeit eine bequeme Anlaufstelle für verwässerten Buddhismus. Kabat-Zinn beschreibt sie als „hauptsächlich *vipassanische* Praxis (im theravadischen Sinne, wie sie von Joseph Goldstein oder Jack Kornfield gelehrt wird) mit einer Zenattitüde", die sowohl von der Soto- als auch von der Rinzai-Tradition sowie von Ideen des koreanischen Seon und des chinesischen Chan beeinflusst ist.[84]

Auf die Verbindungen zum Buddhismus angesprochen sagen Achtsamkeitslehrende oft, dass ihre Lehrpläne genauso solide sind wie traditionelle Arten buddhistischen Trainings. Dabei werde auch nichts ausgelassen. MBSR soll auf den vier Grundlagen der Achtsamkeit aufbauen, die vom Buddha in der Schrift *Satipatthana Sutta* festgehalten wurden. Der „Bodyscan", bei dem Praktizierende die Wahrnehmung von Kopf bis Fuß rotieren lassen und zugleich ihre Empfindungen beobachten, wird als Anwendung der ersten Grundlage der Achtsamkeit („den Körper beobachten") ausgegeben. Eine kurze, im Sitzen durchgeführt Meditation beinhaltet angeblich die anderen drei Grundlagen (Gefühle, Geisteszustände und die grundlegenden Eigenschaften aller Dinge beobachten). Die vierte Grundlage wird einfach als „geistige Inhalte" zusammengefasst. Sogar ethische Grundlagen, die traditionell Übung im Bereich der Körperkontrolle, Sprache und des Geistes verlangen, und die *Brahmaviharas* (Liebe, Nettigkeit, Mitgefühl, sympathisierende Freude und Gelassenheit) sollen alle „nahtlos" in dieser Praxis zusammengeführt werden. Ein wenig *Hatha* Yoga und Dichtung wurden auch noch eingebaut. Da offizielle buddhistische Lehren keinen Platz in einem säkularen Umfeld haben, kommt es für MBSR-Lehrer:innen angeblich vor allem auf die geheimnisvolle Fähigkeit an, die Essenz des Dharma in ihrem Verhalten zu verkörpern und zu vermitteln.

Ohne die frühen buddhistischen Modernisierungsbemühungen seitens *vipassanischer* Erweckungsbewegungen, die auch einige von Kabat-Zinns Lehrer:innen ausbildeten, wäre es kaum vorstellbar, dass MBSR Fuß gefasst hätte. Allerdings ist Kabat-Zinn kein Traditionalist. Auch wenn er sich gerne bei buddhistischen Quellen bedient und seine früheren buddhistischen Erfahrungen zur Schau stellt, ist seine Mission die Modernisierung von Achtsamkeit für die breite Masse. Wie andere westliche und säkulare Buddhist:innen spricht Kabat-Zinn oft so, als hätte er die wesentlichsten Erkenntnisse des Buddha herausgelöst und den religiösen Schrott drumherum beseitigt. Der Zenlehrer und existenzielle Psychotherapeut Manu Bazzano aus London erinnert sich an ein vierstündiges Gespräch mit Kabat-Zinn bei einer akademischen Konferenz:

> *„Ich habe ihm gesagt, dass MBSR so weit in Ordnung ist, aber ohne Traditionslinie und Eins-zu-eins-Übertragung (von Lehrpersonen zu Lernenden) hat er kein echtes Dharma. Seine Antwort überraschte mich. Er sagte: ‚Was ich mit MBSR schaffe, ist eine neue Traditionslinie.' Ich war enttäuscht, sowohl von seiner Vermessenheit als auch von der Andeutung, dass seine zweckmäßige Methode mit dem reinen Ausmaß des Dharma verglichen werden könnte."*[85]

Als selbsternannter Gründer einer Traditionslinie bezieht Kabat-Zinn seine Autorität nicht von traditionellen buddhistischen Institutionen, sondern aus seinem persönlichem Charisma. Im Grunde genommen behauptet er, besonderen Zugang zum Wunder der Achtsamkeit zu haben, um sie für die Welt zu interpretieren und mit ihr zu teilen. Eine charakteristische Eigenschaft neuer religiöser Bewegungen ist die charismatische Führung. Kabat-Zinns absichtliche Beibehaltung buddhistisch angelehnter Sprache, wie etwa „Traditionslinie", signalisiert seinen guruartigen Status bei der Ausbildung von Anhänger:innen und der Vermittlung von Achtsamkeit.

Das buddhistische Outing: MBSR gleich Dharma?

MBSR hat seine Gründungsphase überstanden und mittlerweile unternehmerische Reife und weitläufige Akzeptanz erreicht. Daher versteckt sich auch das Center for Mindfulness (wie die Stressreduktionsklinik heute heißt) nicht mehr. Um die Behauptung zu entkräften, es handele sich bei MBSR um ein Dharma für Dumme, wird die folgende Selbstbeschreibung bemüht: „MBSR ist ein Mittel zur Verkörperung und Übermittlung des Dharma in einer komplett säkularen und universellen Ausdrucksweise. Es rekontextualisiert das Dharma, dekontextualisiert es aber nicht." Diese Aussage hört man häufiger. Eine der hochrangigsten MBSR-Lehrpersonen sagte mir: „Ich habe echt das Gefühl, dass MBSR nicht säkular ist, mir gefällt dieser Begriff nicht und ich möchte nicht, dass MBSR zu dieser Kategorie gezählt wird. Säkular impliziert, dass es nicht heilig oder geistlich, dass es von ‚der Kirche' getrennt ist und aus meiner Sicht ist MBSR sehr spirituell und heilig."

Ein gekürztes und dekontextualisiertes Achtsamkeitsmodell ist problematisch, egal was diese Lehrperson „fühlen" mag. Es wird angenommen, dass Achtsamkeit eine kontextfreie Essenz besitzt und dass sie durch die Herauslösung dieser Essenz besser verstanden, erforscht und praktiziert werden kann. Aber die Achtsamkeitsbewegung hat einen eigenen Kontext. Dieser ist unverkennbar US-amerikanisch: Er basiert auf dem Narrativ des wissenschaftlichen Fortschritts, dem Glauben an das Individuum als einziger Bedeutungszusammenhang, einem unternehmerischen Geist und weiteren, allgemein nicht hinterfragten Annahmen. Diese sind keinesfalls universell und erst recht nicht buddhistisch, sondern spiegeln schlicht eine Anpassung an die US-amerikanische Gesellschaft wider. Das Achtsamkeitsnarrativ stellt also einen radikalen Bruch mit der Vergangenheit dar. Es wird dazu verwendet, die Ansicht zu untermauern, dass Achtsamkeit außerhalb statt innerhalb sozialer und historischer Kontexte stehe. In dieser Hinsicht ist die Achtsamkeitsrevolution ein typisch amerikanischer Big-Bang-Innovationsmythos.

Kabat-Zinn wurde von der Öffentlichkeit erst nach einem Auftritt bei einer Sondersendung über *Heilung und Geist* von Bill Moyers beim Fernsehsender PBS im Jahr 1993 stärker wahrgenommen. Bis zu diesem Auftritt hatte Kabat-Zinn viele Artikel in Fachzeitschriften veröffentlicht, um die Vorzüge der Achtsamkeitspraxis zu belegen. Ab den 80er-Jahren wurden viele medizinische Studien zu MBSR durchgeführt, welche die Wirksamkeit der Therapie bei der Behandlung von stressbedingten Krankheiten nachwiesen. Mittlerweile gelten diese Studien als qualitativ minderwertig. Weitere positive Ergebnisse reichten von einer Verkürzung der Genesungszeit für Patient:innen mit Schuppenflechte hin zu besseren Immunreaktionen nach Grippeimpfungen.

Durch die wissenschaftliche Anerkennung ermutigt, benannte Kabat-Zinn seine Klinik um und begann sein Programm Mindfulness-Based Stress Reduction zu nennen. Der standardisierte achtwöchige Kurs wird heute weltweit in mehr als 600 Kliniken angeboten. In drei Jahrzehnten haben 20.000 Menschen das Programm an der Universität von Massachusetts absolviert und 9.000 weitere Personen haben Ausbildungskurse für die Lehre von MBSR am Center for Mindfulness besucht. Die weitverbreitete Akzeptanz von MBSR in der Wissenschaft und Medizin hat viele Kliniker:innen wie auch Unternehmer:innen dazu ermutigt, zahlreiche achtsamkeitsbasierte Programme zu entwickeln. Dazu gehört die Mindfulness-Based Cognitive Therapy (MBCT – Achtsamkeitsbasierte Kognitive Therapie), bei der es sich um eine Gruppenintervention handelt, die auf eine Verhinderung von Rückfällen bei wiederkehrenden Depressionen abzielt. Heute ist sie eine vom National Health Service (das staatliche Gesundheitssystem in Großbritannien und Nordirland) anerkannte Behandlungsmethode.

Achtsamkeit als Selbsthilfe

Das Charisma von Kabat-Zinn spielt eine große Rolle bei dem Hype um Achtsamkeit. Er ist Autor von drei Bestsellern. Von seinem ersten Buch *Full Catastrophe Living* (dt. Titel: *Gesund durch Meditation*) sind bisher mehr als 400.000 Exemplare verkauft worden. Es erscheint mittlerweile in 15. Auflage. Er hat die Achtsamkeitsbotschaft zusätzlich über Audiokurse, internationale Vorträge und häufige Medienauftritte verbreitet. Das Selbsthilfeunternehmen von Kabat-Zinn erreicht heute Millionen von Menschen, weit mehr als jene, die bereits einen MBSR-Kurs an seinem Zentrum absolviert haben. Die Mehrheit der Menschen kommt durch Bücher und CDs mit Achtsamkeitsprodukten in Berührung, wodurch einer Do-it-yourself-Version der medizinischen Praxis Tür und Tor geöffnet wird. Wie bei den meisten Selbsthilfetechniken suggeriert der Autor, man könne sie selbstständig lernen und praktizieren. Ein bisschen Achtsamkeit sei schließlich besser als gar keine. Die Verheißung und Anziehungskraft dieser einfach zugänglichen Methode führt dazu, dass sie sich nicht weiter an die Normen und Maßstäbe der Schulmedizin gebunden fühlt.

Dieses Selbsthilfenarrativ ist ein wichtiger diskursiver Bestandteil der privatisierten Achtsamkeit, egal in welchem Kontext man sie erlernt. Kabat-Zinn behauptet in seinen Schriften und Audiokursen, dass Gesundheit und Glück von einem tiefen Blick ins Innere abhängen würden, der es uns ermögliche, unsere „inneren Ressourcen" für Heilung wiederzufinden. Die Soziologin Kirstin Barker hat Kabat-Zinns beliebteste Bücher und Aufnahmen analysiert, um herauszufinden, wie Achtsamkeit medikalisiert wird. Viele menschliche Probleme und Erfahrungen sind mittlerweile so pathologisiert worden, dass sie nur noch mithilfe von Interventionen behandelt werden können. Der erste Schritt dabei war die Identifizierung von Stress als persönliches Krankheitsbild. Barker stellt dazu fest, dass durch die Medikalisierung von Achtsamkeit „ein immer größerer Teil der menschlichen Existenz" mit den Etiketten „gesund" und „krank" versehen wird.[86] Störungen werden zu einem allgegenwärtigen Risiko erklärt, gegen das Achtsamkeit eine therapeutische Ordnung ins Feld führt. Wir werden alle zu potenziell Kranken erklärt und zur regelmäßigen Vorsorge angehalten. Dazu merkt Barker an, dass „das alltägliche Unwohlsein ein kranker Zustand ist" und „Achtsamkeit unsere unzureichende Aufmerksamkeit als Hauptursache hierfür herausstellt".[87]

Kabat-Zinn wiederholt regelmäßig, dass Stress omnipräsent und unausweichlich sei, da wir unsere Grundfähigkeit zur Achtsamkeit verloren hätten. Die Lenkung der Aufmerksamkeit auf den gegenwärtigen Moment sei folglich der medizinische Weg zur Behandlung einer Krankheit der Unachtsamkeit. Die Prämisse von MBSR lautet, dass wir leiden, weil wir zulassen, dass unsere Emotionen Überhand nehmen. Wie andere Selbsthilfemethoden zielt Achtsamkeit auf das Individuum ab und scheint soziale, politische und ökonomische Dimensionen des Leidens nicht zu kennen. Kabat-Zinns Verlag verortet seinen Bestseller *Wherever You Go, There You Are* im Genre der „Selbsthilfe und Spiritualität". Dessen Einband verrät sogar noch mehr: „Möchtest du den interessantesten und aufregendsten Menschen aller Zeiten kennenlernen? Lass Jon Kabat-Zinn dich DIR vorstellen. Nirgendwo sonst in der Meditationsliteratur wirst du einen so einfachen und allgemeinverständlichen Pfad zu dir selbst finden."

Wenn wir uns an die versprochene Revolution erinnern, ist die Achtsamkeitsbewegung weit davon entfernt, eine kulturelle Gegenbewegung darzustellen. Die Bekräftigung des westlichen Individualismus scheint mehr ein privilegierter, selbstbezogener und kurzsichtiger Pfad in Richtung Glück zu sein. Uns wird ein stressfreies Leben in einer geschützten Blase geboten, in der uns die Hilfeschreie der äußeren Welt nicht erreichen. Das Achtsamkeitsprodukt wird mit dem Versprechen erfüllenderer und sinnlicherer Erfahrungen vermarktet. Unerwähnt bleibt die Entwicklung von Tugenden, ethischem Verhalten, Mut und Mitgefühl.

Selbstbezogene Achtsamkeit

Angesichts einer Epidemie der sozialen Isolierung, welche in den USA und anderen kapitalistischen Ländern wütet, ist die Privatisierung der Achtsamkeit besorgniserregend. Trotz relativem Wohlstand berichten viele Menschen, sie seien einsam und hätten keine bedeutungsvollen Beziehungen, wie Ruth Whippman in ihrem Buch *America the Anxious* festhält. Sie steht dem Trend zur privatisierten Selbsthilfe skeptisch gegenüber. „Inmitten dieser sozialen Isolierung wird die Botschaft übermittelt, dass der Schlüssel zum Glück darin bestehe, gemeinsam in absoluter Ruhe zusammenzusitzen, während jede Person einzeln ihren eigenen Weg zur persönlichen Glückseligkeit beschreitet", beklagt Whippman.[88] Sie unterstreicht die Ironie dahinter: Menschen beschweren sich über zu viel Stress, Hektik, Einsamkeit, fehlende Zeit für ihre Kinder oder Freudinnen und Freunde. Zugleich scheinen sie genug Zeit zu haben, um an langen Schweigeexerzitien teilzunehmen oder achtsam zu meditieren.

Die Achtsamkeitsbewegung ist beispielhaft für eine ideologische Verschiebung, bei der eine obsessive Konzentration auf Wellness und Glück zu einem moralischen Imperativ erhoben wird. In ihrem Buch *The Wellness Syndrom* (dt. Titel: *Das Wellness-Syndrom*) beschreiben Carl Cederström und André Spicer diese Entwicklung als „Gesundheitsismus". Sie beschreiben sie als eine Art Biomoralität, welche Individuen dazu anhält, flexibler und vermarktbarer in prekären Wirtschaftsverhältnissen aufzutreten, indem sie die „richtigen" Lebensentscheidungen treffen hinsichtlich Sport, Ernährung oder Meditation.[89] Achtsamkeitsbefürworter:innen machen sich auch gerne buddhistische Vergänglichkeitslehren zu eigen, um die Akzeptanz von Veränderungen angesichts spätkapitalistischer Unsicherheiten wie Langzeitarbeitslosigkeit zu zelebrieren (der traditionelle Fokus auf die Überwindung von Gier wird hierbei gerne weggelassen). Zudem schwingt im ideologischen Subtext der zeitgenössischen Achtsamkeitslehre mit, dass die Veränderung der Welt mit einem selbst beginne. Schließlich wird die Verantwortung für den Umgang mit dem eigenen Körper, den eigenen Emotionen und der eigenen Gesundheit auf das Individuum übertragen. Und diese Veränderung wird in erster Linie als persönliche Lifestylefrage betrachtet, statt sich direkt mit der Gesellschaft und Politik auseinanderzusetzen.

Die Aufforderung, „achtsamer" zu sein, impliziert die Annahme, dass es dem Einzelnen an Selbstbeherrschung, Disziplin und Willenskraft mangele. In vielerlei Hinsicht ist die dem Individuum aufgezwungene Selbstverwaltung des „Wellnesssyndroms" mit dem kontinuierlichen Scheitern und den wiederkehrenden Schuldgefühlen bei Diäten vergleichbar: Beide Formen der Selbstdisziplinierung verinnerlichen die strafenden Befehle des Über-Ich. Das Individuum muss immer wachsam sein und sich davor hüten, aus dem Rhythmus zu fallen und von Schamgefühlen überwältigt zu werden.

Je mehr sich MBSR aus dem klinischen Setting herauslöst, desto hedonistischer werden die Versprechen hinsichtlich Wohlbefinden und Glückseligkeit. Das Angebot setzt nicht voraus, dass man sich selbst und die eigenen Annahmen, Werte, Prioritäten oder den eigenen Lebensstil hinterfragen muss (dies gilt allerdings nicht, wenn etwas davon im Widerspruch zur Achtsamkeitslehre steht). Ob die eigene Weltanschauung oder eigene Entscheidungen unangemessen sind, scheint keine Rolle zu spielen. Denn Achtsamkeit ermöglicht es einem, unerwünschte Symptome wie Stress, Depressionen und Ängste zu verringern, selbst wenn die eigene Lebensweise mit der Realität nicht im Einklang steht. Man denke einfach an Börsenmakler:innen.

Kabat-Zinn scheint damit einverstanden zu sein. Als er gefragt wurde, ob Stressreduktion notwendigerweise mit einer Veränderung des Lebensstils einhergeht, antwortete er:

> *„Ich glaube nicht, dass man irgendetwas aufgeben muss. Ich glaube es heißt, Erfahrungen ganzheitlich zu betrachten und zu entscheiden, was einem selbst am Herzen liegt, und der eigenen Intuition zu folgen. Das wird für jeden unterschiedlich sein. Manche blühen an der Börse auf, andere wiederum in der Wildnis. In vielerlei Hinsicht liegt Stress im Auge des Betrachters."*[90]

Die Bedeutung der Ethik ist seitens von MBSR und anderer Strömungen innerhalb der Achtsamkeitsbewegung zumeist heruntergespielt oder gar ignoriert worden. Sie vernachlässigen die langfristige Kultivierung der Achtsamkeit und des Sinns, des Zwecks sowie der Ziele dieser Praxis.Daher stellt sich die Frage: Wofür soll Achtsamkeit gut sein? Ist sie nur dazu da, um eine bessere Gesundheit, bessere Noten, eine höhere Konzentration bei der Arbeit oder ein ausgeprägteres „Selbstmitgefühl" zu erreichen? Ist sie ein medizinisches Werkzeug zur Selbstverbesserung? Im Endeffekt sind diese Fragen gleichbedeutend mit jener nach dem „guten Leben", die traditionelle Grundlage der Philosophie.

Achtsamkeitstraining kann nicht von einer ethischen Entwicklung abgekoppelt werden, zumindest laut der buddhistischen Tradition. Die Kultivierung der „rechten Achtsamkeit" ist nur ein Teil des achtfachen Pfades des Buddha. Die anderen sind rechtes Verstehen, rechte Absicht, rechte Rede, rechtes Handeln, rechter Lebensunterhalt, rechte Anstrengung und rechte Konzentration. Dazu gibt es kein westliches Äquivalent. Jeder dieser Faktoren ist miteinander verwoben, aber keiner von ihnen entspricht in direkter Weise jüdisch-christlichen Lehren, geschweige denn westlichen Vorstellungen vorgeschriebener Pflichten, die Menschen erfüllen „sollten", um moralische Erhabenheit zu erlangen. Diese anderen Dimensionen, die zu einer „rechten Achtsamkeit" führen, werden bei MBSR jedoch ausgelassen. Und das, obwohl diese durch die Entwicklung einer gesunden Geisteshaltung zu Weisheit führen. Daraus lässt sich schließen, dass MBSR-Lehrer:innen die buddhistische Ethik missverstanden haben.

Angesichts dieser säkularen Vorgaben argumentieren Kabat-Zinn und viele andere Lehrende, dass ein ethischer Rahmen eine unangemessene Zumutung sei. Um diese Lücke zu schließen, berufen sich manche MBSR-Apologet:innen schwach auf den hippokratischen Eid. Dabei handelt es sich um ein begrenztes Konzept: Es gilt nur für MBSR-Lehrende in Kliniken, nicht aber für jene, die beispielsweise für Konzerne oder das Militär arbeiten. Zudem hat der hippokratische Eid keine Relevanz für die Teilnehmer:innen von MBSR-Kursen. Darauf angesprochen fallen Achtsamkeitsverkäufer:innen immer wieder auf die gleiche Behauptung zurück: Der ethische Pfad sei in der Praxis implizit vorhanden, weil es um mehr Freundlichkeit sich selbst gegenüber gehe und man stressige Denkmuster hinter sich lasse.

Man könnte natürlich wie Kabat-Zinn argumentieren, dass die Rekontextualisierung des Dharma für westliche Bedürfnisse begrüßenswert ist. Schließlich stellt die Geschichte des Buddhismus seit seiner Migration aus Indien eine des Wandels dar. Dabei kam es oft zu größeren Veränderungen, um sich neuen Gastkulturen anzupassen. Man könnte daher mit gewisser Berechtigung behaupten, dass zeitgenössische Achtsamkeit sich nicht sonderlich von der Reduktion indischer Scholastik, ihrer Götterwelten, ihrer Kosmologie und anderer Kulturmerkmale durch chinesische Übersetzungen unterscheidet, die zur Konzentration auf meditative Praktiken im Chanbuddhismus führte.

Einzigartig an dieser Situation ist, dass die Umwandlung des Dharma innerhalb kapitalistischer Gesellschaften viele Risiken und Möglichkeiten mit sich bringt. Das Risiko ist nicht wie im Falle von MBSR, ob Achtsamkeit von der modernen Wissenschaft akzeptiert, sondern ob sie auf eine schädliche Weise psychologisiert wird. Da das Dharma im Wesentlichen auf eine „privatisierte Spiritualität" reduziert wird, verfügt es nur über begrenzte Möglichkeiten, um Individuen dabei zu helfen, sich anzupassen, klarzukommen und effektiver zu funktionieren, trotz der stetig wachsenden Anforderungen in neoliberalen Gesellschaften.

In seiner Geschichte war der Buddhismus nur dann eine Kraft der persönlichen Verwandlung *und* radikalen sozialen Veränderung, wenn er sich als marginalisierter Gegensatz zu den Normen einer bestehenden Gesellschaftsordnung positionierte. Die Gesellschaft selbst könnte ein verstörendes Muster kollektiver Pathologie aufweisen, wie Erich Fromm eloquent in seinem Essay *Die Pathologie der Normalität* beschreibt. Im antiken Griechenland bedeutete wahre Liebe zur Weisheit, dass der Philosoph *atopos,* also „fehl am Platz" war. Er wurde als unzeitgemäßer Kritiker betrachtet, der gegen den Strom schwimmt. Die buddhistische Mönchsgemeinschaft *(Sangha)* vermittelt nicht nur buddhistische Lehren, sondern sie bietet auch einen gemeinsamen Rahmen. Dieser ist entscheidend für die Hinterfragung der Normalität und der konventionellen Lebensformen, die zu Leid und sozialer Disharmonie führen.

Aus Sicht von Jon Kabat-Zinn hat Achtsamkeit „nichts mit Buddhismus zu tun, sondern mit Freiheit".[91] Diese sogenannte Freiheit wird allerdings nicht unter sozialen Gesichtspunkten betrachtet. Statt sich mit dem Gemeinwohl oder normativen Erwartungen der Öffentlichkeit zu belasten, kann man sich einfach mit einer Meditations-App fürs Smartphone achtsam zurückziehen. Schließlich ist Achtsamkeit nur eine Frage der Ausstoßung von Neuronen, also der mentalen Fitness. Und dafür muss man nicht mal ein Fitnessstudio besuchen. Die privatisierte Spiritualität der Achtsamkeitsbewegung hat das kollektive Bestreben innerhalb des Dharma aus den Augen verloren. Genau wie die Vorstellung, dass gesellschaftliches Wohlergehen die Voraussetzung für authentisches Glück und *eudaimonia,* das griechische Wort für „Aufblühen“, ist. Dieser Begriff wird oft unter Positiven Psycholog:innen verwendet.

Das Fehlen eines Pfades für ethische Weiterentwicklung innerhalb der säkularen Achtsamkeitsbewegung schafft ein moralisches Vakuum. Die arbeitsintensive Selbstüberwachung und das Verweilen im Hier und Jetzt verdrängen eine ethische Reflexion. Hierdurch wird die Verbindung zwischen Vergangenheit und Zukunft gekappt. Die buddhistischen Ziele der Voraussicht und Vorsicht, das Achten auf die Konsequenzen eigener Handlungen und das Streben nach der Beseitigung unliebsamer geistiger Eigenschaften treten in den Hintergrund gegenüber „Achtsamsein“, „Präsentsein“ und anderen Plattitüden wie „radikale Akzeptanz“. Ohne erhabene Visionen und Zielvorstellungen scheint die Achtsamkeitsbewegung haltlos und auf eine Do-it-yourself-Mentalität reduziert zu sein. Die Mehrdeutigkeit von Kabat-Zinns Sammelbegriff „Achtsamkeit“ ist zur neuen „Marke X“ geworden und lädt zu Kommerzialisierung und Selbstbereicherung ein. Die kleinsten gemeinsamen Nenner der vorherrschenden westlichen Konsumkultur, nämlich Konzernkapitalismus, krasse Instrumentalisierung und wissenschaftlicher Materialismus, werden leider zum neuen „Platzhalter für das gesamte Dharma“.

Kapitel 5: Achtsamkeit und Kolonialismus

Zunächst möchte ich eine Sache klarstellen: Ich stelle keineswegs den Nutzen angepasster Varianten von Achtsamkeit im therapeutischen Bereich infrage. Genauso wenig bestreite ich, dass sie Menschen helfen kann. Was mich stört ist die Tatsache, dass die Befürworter:innen die Dinge drehen und wenden, wie es ihnen gerade passt: Erst ist die Achtsamkeit eine Wissenschaft, weil sich das so gut verkauft, dann steht sie für den Buddhismus, denn das lässt sie tiefgründig klingen. Es ist widersprüchlich und irreführend, das „buddhistische" Label nach eigenem Gutdünken ein- und auszuschalten. Ein weiteres Problem besteht darin, Achtsamkeit als universalistisch darzustellen: als grundlegende Essenz des menschlichen Daseins oder dessen transzendenter Kern. Mystische Begriffe schützen Achtsamkeitspromoter:innen vor Kritik. Denn wenn sie etwas verkaufen, das jenseits aller Sprache ist, sollten alle dagegen argumentierenden Zweifler:innen lernen, achtsam zu sein und zu schweigen.

Die von den Medien verstärkte MBSR-Rhetorik ist antiintellektuell. Obwohl durch einen breiteren Zugang zu Achtsamkeitstherapien einiges erreicht worden ist, ist das Streben nach wissenschaftlicher Legitimität mit einem Preis verbunden, der selten diskutiert wird. Der Buddhismus wird in einer Weise entlehnt und ausgebeutet, die auf den Kolonialismus zurückgeht und das moderne westliche Verständnis der buddhistischen Traditionen verzerrt. Mein Einwand ist nicht, dass Buddhist:innen ein Exklusivrecht auf Achtsamkeit haben. Meine Kritik richtet sich gegen die Art und Weise, wie Menschen die Achtsamkeit für ihre eigenen Zwecke missbraucht haben, während sie gleichzeitig so tun, als ob ihre Achtsamkeitsversionen dem Buddhismus gleichkämen.

Die Redegewohnheiten von Achtsamkeitsbefürworter:innen sind oft abfällig gegenüber tatsächlichen Buddhist:innen, deren Traditionen als altmodisch abgetan werden. Ein Beispiel dafür ist der Autor Sam Harris, der sich über die „unheimliche Metaphysik und die ungerechtfertigten Behauptungen des Buddhismus" lustig macht, gleichzeitig aber seine Praktiken lobt und seinen Meditationskolleg:innen sagt, dass „wir uns aus dem Geschäft mit der Religion heraushalten müssen".[92] In ähnlicher Manier regte sich der Fernsehmoderator Dan Harris, der Autor des Bestsellers *10% Happier* (dt. Titel: *Wie ich die entscheidenden 10% glücklicher wurde*), über die „massiven PR-Probleme der Meditation" auf. Dies lässt sich als eine Umschreibung für Verknüpfungen zu Buddhismus und New-Age-Sprachbildern verstehen, die Harris darin zu erkennen glaubt. „Ich dachte immer, dass Meditation – auch als Achtsamkeitspraxis bekannt – etwas für Menschen sei, die in Jurten leben und Kristalle sammeln“, sagt er. „Aber es stellt sich heraus, dass es viele Stimmen in der Wissenschaft gibt, die sagen, dass es dein Immunsystem verbessern, deinen Blutdruck verringern und Schlüsselelemente deines Gehirns neu konfigurieren kann.“[93] Achtsamkeit braucht medienaffine Unternehmer:innen wie Sam und Dan Harris, um sich erfolgreich zu vermarkten.

Ein weiterer Fernsehmoderator entschloss sich für eine subtilere Herangehensweise bei der Sendung *60 Minutes,* die 2014 einen Sonderbericht zu Achtsamkeit ausstrahlte. Anderson Cooper von CNN nahm an einer kurzen Freizeit im Meditationszentrum Spirit Rock teil, die von Jon Kabat-Zinn angeleitet wurde.[94] Obwohl sie sich an einem Ort befanden, der für seine buddhistische Traditionen bekannt ist und an dem Kabat-Zinn einen Teil seiner Ausbildung absolviert hatte, wurde mit keiner Silbe das „B-Wort“ erwähnt. Allerdings zoomte die Kamera an Kabat-Zinn heran, der in meditativer Haltung im Schneidersitz auf einem *Zafu*-Kissen saß, eine tibetische Zimbel erklingen ließ und seine Hände in religiösen *Mudra*-Gesten zeigte. Diese buddhistischen Gegenstände sollten Authentizität vermitteln. Aber die Achtsamkeitswissenschaft hatte ja irgendwie die Essenz des Dharma erkannt, also bestand kein Grund, darüber zu sprechen. Stattdessen ging Cooper in ein Labor, um sein Gehirn von einem funktionellen Magnetresonanztomografie-Gerät (fMRT) scannen zu lassen, während er sich mit Neurowissenschaftler:innen in weißen Laborkitteln unterhielt. Wie der Religionswissenschaftler Jeff Wilson zu bedenken gibt, kombinierten diese Darstellungen die Mystifizierung und Medikalisierung der Achtsamkeit und kolonisierten den Buddhismus zu Werbezwecken:

> *„Die Sendung bei* 60 Minutes, *bei der es sich im Grunde genommen um eine Werbung für den angeblich entbuddhifizierten Zweig der Achtsamkeitsbewegung handelte, hätte kaum positiver sein können, wenn Kabat-Zinn selbst für deren Kosten aufgekommen wäre. Sowas kommt häufiger vor, aber es ist trotzdem ärgerlich. Wie von ihren Promoter:innen behauptet wird, mag Achtsamkeit manche Vorzüge haben. Aber Amerikaner:innen haben es verdient, über den gesamten Kontext von dem informiert zu werden, was ihnen verkauft wird.“*[95]

Erkenntnistheoretische Gewalt

Prozesse der kulturellen Aneignung sind nicht immer etwas Negatives. Der Buddhismus veränderte sich im Zuge seiner Ausbreitung von Indien nach China, Tibet und Südostasien. Zwar ist es unausweichlich, dass er sich auch an die westliche Modernität anpasst, aber die Art dieser Umwandlung ist nicht vorherbestimmt. Seine kulturelle Übertragung in den Westen wird jedoch häufig aus dem öffentlichen Diskurs ausgeblendet und ist durch ein komplexes Zusammenspiel von Machtverhältnissen, Interessenkonstellationen und Interpretationsentscheidungen geprägt. Idealerweise würden sich ebenfalls die westliche Kulturen durch diesen Kontakt verändern und nicht nur die buddhistischen Lehren und Praktiken. Aber bisher findet dieser Achtsamkeitsprozess nur in eine Richtung statt: Indem meditative Praktiken bewertet und ihre Vorzüge „bewiesen" werden, soll die Wissenschaft sie von der Religion „befreien".

Diese Perspektive wird nicht von allen Wissenschaftler:innen geteilt, selbst wenn ihre Arbeit dafür herhalten kann. „Es gibt viele in unserer Kultur, die nicht auf jemanden in Mönchskutte hören, aber durchaus auf wissenschaftliche Beweise reagieren", sagt Richard Davidson, der als Pionier im Bereich der kontemplativen Neurowissenschaften gilt.[96] Ein ähnlicher, wenn auch weniger respektvoll formulierter Gedanke findet sich auf dem Einband des *New York Times*-Bestsellers *Search Inside Yourself: The Unexpected Path to Achieving Success, Happiness (and World Peace)* (dt. Titel: *Search Inside Yourself: Optimiere dein Leben durch Achtsamkeit*). Dort heißt es, dass Achtsamkeit „nicht Glatzköpfen in komischen Roben überlassen werden darf".[97] Der Autor dieser Zeilen ist der ehemalige betriebsinterne Google-Guru Chade-Meng Tan. Er zitiert eine Studie nach der anderen, um seine Behauptung zu untermauern, dass Achtsamkeit zu mehr Glück, Gesundheit, beruflichem Erfolg und Reichtum führe und dass „alles völlig säkular sein" könne. Seine Version der Achtsamkeit lautet, mit einem spielerischen Geist alles mitzunehmen, was man kann. Diese Art des Denkens, welche an Wohlstandevangelien denken lässt, wird oft mit einem naiven Vertrauen in wissenschaftliche Autorität als einzige Vermittlungsinstanz von Wahrheit, Bedeutung und Werten kombiniert.

Anfangs nutzten Befürworter:innen von buddhistischen Lehren wissenschaftliche Metaphern, um sie moderner klingen zu lassen. So wurde der Buddha im 1894 erschienen Buch *The Gospel of Buddha* (dt. Titel: *Das Evan-*

gelium Buddhas) von Paul Carus als „erster Prophet der Religion der Wissenschaft“ angepriesen.[98] Zeitgenössische Achtsamkeit greift auf diese Rhetorik zurück. Während eines Interviews im Jahr 2013 an der New York Academy of Sciences sagte Kabat-Zinn: „Man könnte den Buddha eher als großen Wissenschaftler wie Galileo oder Einstein betrachten, als jemand mit tiefen Einblicken in das Wesen unserer eigenen Erfahrungen“, dessen „Laborwerkzeuge“ nun in der Achtsamkeitslehre zum Einsatz kommen.[99]

Der buddhistische Modernismus, welcher auch als protestantischer Buddhismus bekannt ist, bietet eine privatisierte Spiritualität, die sich problemlos an die westliche Kultur anpassen lässt. Um Akzeptanz im klinischen, betrieblichen, staatlichen und schulischen Bereich zu erreichen, ist selbst ein Hauch von Buddhismus zu viel. Also wird MBSR trotz seiner Ursprünge in der theravadischen Einsichtsmeditation als entschieden säkulare Intervention präsentiert. Diese Taschenspielertricks kritisiert die Religionswissenschaftlerin Candy Gunther Brown. Sie sagt, dass die Befürworter:innen von Achtsamkeit selten definieren, was sie unter „säkular“ oder „Religion“ verstehen, wodurch sie „Code-Switching“ betreiben können.[100]

Der buddhistische Schalter wird ausgeschaltet, wenn Investitionsagenturen für den öffentlichen Bereich angesprochen werden und Säkularität vonnöten ist. Er wird wieder angeschaltet, wenn das Publikum dem Buddhismus wohlwollender gegenübersteht. Buddhist:innen gegenüber geben sich Achtsamkeitsverfechter:innen als Anbieter:innen von „geschickten Mitteln“ und benutzen Achtsamkeit als „trojanisches Pferd“, um das Dharma zu lehren. In einem Interview für den *Buddhist Geeks Podcast* konnte man im Hintergrund die säkulare Achtsamkeitstrainerin Tracy Goodman kichern und darüber scherzen hören, dass Achtsamkeit im Grunde genommen „heimlicher Buddhismus“ sei.[101]

Der langjährige Dolmetscher des Dalai Lama Thupten Jinpa zeigt sich davon unbeeindruckt. Er findet „Code-Switching“ irreführend und rät Achtsamkeitspromoter:innen davon ab, auf der Bühne das eine und dahinter das andere zu verkünden:

> *„Ich habe ihnen schon häufig gesagt und sie wissen es schon, dass man nicht beides haben kann. Entweder ist sie säkular oder sie ist die Essenz des Buddhismus und daher eine buddhistische Praxis. Beides gleichzeitig ist nicht möglich.“*[102]

Die Ursache für dieses Problem ist ein Unbehagen gegenüber fremden Ideen. Der Religionswissenschaftler Richard King erklärt, dass die westliche Kultur mit intellektuellen Grenzwärter:innen arbeitet. Diese verlangen von anderen Wissenssystemen „die Offenbarung" der verborgenen Glaubenssätze, die sie religiös machen, während westliche Dogmen nicht hinterfragt werden:

> *„Bevor ihnen Zutritt zum öffentlichen Raum intellektueller, westlicher Diskurse gewährt wird, müssen solche Denksysteme entweder einen Großteil ihrer Fremdheit aufgeben (also sich empfänglich für die Assimilation an westliche intellektuelle Paradigmen zeigen) oder aber als Objekt und nicht als Subjekt in die Debatte eintreten."*[103]

Die janusköpfigen Angewohnheiten im Achtsamkeitsdiskurs sind Teil dieses erkenntnistheoretischen Gewaltprozesses. Sich als „Buddhist:in" zu bekennen wird zu etwas, vor dem man sich hüten oder für das man sich sogar schämen sollte, weil es „kulturellen" oder „religiösen" Ballast mit sich bringe. Das symbolische Gütesiegel des Buddhismus kann weiterhin für kommerzielle Zwecke herhalten, solange das Dharma durch Eingliederung in das wissenschaftliche Paradigma von „fremdartigen" Elementen bereinigt wird (ausgenommen davon ist die „Exotik", welche sich gut verkauft). Stattdessen sollte die beschämende Geschichte des westlichen Imperialismus und seiner brutalen Verbrechen zu kulturellem Ballast erklärt werden. Wenn darauf nicht aufmerksam gemacht wird, beeinflussen diese zugrunde liegenden Denkmuster die Achtsamkeitslehre, welche danach strebt, das neue wissenschaftliche Erbe des Dharma zu sein.[104]

Zeitgenössische Achtsamkeitsbefürworter:innen scheint das nicht zu kümmern. Ihre Rhetorik macht von einem „An und Aus" des Buddhismus als Markenzeichen Gebrauch. Die negativen Konsequenzen, die in der Veränderung der öffentlichen Wahrnehmung des Wesenskerns des Buddhismus liegen, scheinen sie nicht zu bemerken.

Aufgrund der mittlerweile erfolgten Etablierung von MBSR kann Kabat-Zinn ungeniert zugeben, dass er eine bewusste Entscheidung getroffen hat, die buddhistischen Grundlagen seines Meditationskonzepts zu verheimlichen. Dieses sei „so banal, dass es jeden anzieht". An und für sich wäre das kein Problem, wenn er sich nicht zugleich damit brüsten würde, dass es den Buddhismus auf den Punkt bringt, „ohne jemals das Wort Dharma in den Mund zu nehmen".[105] Um seine Behauptung zu untermauern und sich buddhistische Symbole aneignen zu können, sagt Kabat-Zinn, dass MBSR etwas Zeitloses lehre: ein „universelles Dharma" des „reinen Gewahrseins", das ein „Geburtsrecht" jedes Menschen sei. Als Ergebnis kann er es sowohl als säkular als auch als wahre Essenz der buddhistischen Meditation ausgeben.

Diese dubiose universalistische Sichtweise ist religiös, egal was Kabat-Zinn denkt. Es wird nicht nur das Wort „Dharma" verwendet, ein sanskritischer Begriff antiker indischer Religionen, sondern es wird auch behauptet, dass der essenzielle „Kern" dieser Wissenssammlung gefunden wurde. Gleichzeitig wird alles abgelehnt, was nicht zu ihrem sektiererischen Blickwinkel passt. „Dharma als universell und über jeder Religion schwebend zu definieren ist natürlich selbst eine religiöse Aussage über die Natur des Dharma", merkt Jeff Wilson an. Es lohnt sich, seine Kommentare in voller Länge zu lesen:

> *„Aussagen zur Natur und zum Wert des Menschen sind religiös, oder zumindest sind sie philosophische Behauptungen, die klare Überschneidungen mit religiösen Anliegen haben. Und was mich immer wieder überrascht, ist, wie religiös diese ‚säkulare' Achtsamkeit wirklich ist."*[106]

Kabat-Zinn neigt dazu, Kritiker:innen als buddhistische Fundamentalist:innen abzuschreiben oder ihre Aussagen als „reaktionären Gegenwind" überhitzter Gemüter darzustellen.[107] Allerdings dienen beide Taktiken der allgemeinen Strategie, Besitzansprüche an der „universellen Essenz" eines nicht-religiösen und nicht-sektiererischen Dharma geltend zu machen. Diese Art der Rhetorik ist schon lange ein fester Bestandteil des buddhistischen Modernismus. Nachdem sie Bekanntschaft mit ihm gemacht haben, sind Menschen aus dem Westen oft schnell dabei, sich als Expert:innen für die wahre Bedeutung des Dharma auszugeben. Sie stellen verkürzte Behauptungen über seine natürliche Vereinbarkeit mit dem wissenschaftlichen Rationalismus auf, der sie von den traditionellen religiösen Linien des Buddhismus unterscheidet.

Gegenwärtiger Momentismus

Obwohl er MBSR als „potenziell transformatives Instrument des Dharma" bezeichnet, behauptet Jon Kabat-Zinn auch gerne, dass es nichts mit dem Buddhismus zu tun habe.[108] „Wir appellieren nie an Autoritäten oder Traditionen", sagt er, „sondern nur an den Reichtum des gegenwärtigen Augenblicks, der sanft im Bewusstsein gehalten wird, und an die tiefe und authentische Autorität der eigenen Erfahrung eines jeden Menschen, die ebenfalls mit Freundlichkeit im Bewusstsein gehalten wird."[109] Bei MBSR ist der gegenwärtige Augenblick eine heilige Dimension. Laut Kabat-Zinn soll er eine „Art des Seins" lehren, was an die Bezeichnung von Meditation als „Lebenskunst" durch den buddhistischen Lehrer S. N. Goenka denken lässt.

Anstatt wie bei einem christlichen Gebet direkt mit Gott zu kommunizieren, haben Achtsamkeitspraktizierende unmittelbaren Zugang zum gegenwärtigen Augenblick. Dies soll den Geist in einen Zustand des „Seins" verwandeln und dabei helfen, aus dem „Handlungsmodus" auszubrechen, welcher Menschen ablenke. Die meiste Zeit hätten sie den Autopiloten eingeschaltet. Sie seien gefangen in gewohnheitsmäßigen emotionalen Reaktionen, Überlegungen über die Vergangenheit und die Zukunft sowie zwanghaften Forderungen nach ständiger Erreichbarkeit. Für Kabat-Zinn besteht das Wunder der Achtsamkeit darin, dass wir uns in das „Sein" (ein Ausdruck, den er sehr gerne verwendet) „fallen lassen" und einfach nur präsent sein können. Das Verweilen in diesem nicht-diskursiven Zustand wird mit einer Art spiritueller Befreiung gleichgesetzt. MBSR-Enthusiast:innen verstehen diese Verschiebung als Gegenkultur, da die Praxis eine friedliche Rückzugsmöglichkeit vor den unaufhaltbaren Anforderungen und konstanten Ablenkungen des digitalen Kapitalismus biete.

Auch wenn ein klarer therapeutischer Wert darin besteht, aus dem von Kabat-Zinn als „Aufmerksamkeitsdefizitsyndrom" bezeichneten Strom – zumindest temporär – auszutreten, wird das „Sein" bei Achtsamkeit überromantisiert. Uns wird gesagt, dass es Menschen im Westen anspricht, weil wir (angeblich) den Kontakt zu Erfahrungen verloren haben. Unsere Leben seien zu stressvoll und unsere Sorgen zu überwältigend, um die einfachen Freuden des Lebens zu genießen. MBSR könne uns dabei helfen, unsere Körperlichkeit wiederzuentdecken sowie unsere sinnlichen Erfahrungen zu vertiefen und zu bereichern. Dafür müsse man lediglich all das, was auf einen zukommt, radikal akzeptieren, darunter auch die Launen der Moderne.

MBSR-Neulinge erhalten eine Einführung in das „Sein" durch das achtsame Verspeisen einer Rosine. Zunächst inspizieren sie die Rosine und rollen sie dann in ihrem Mund umher, bevor sie sie schließlich kauen. Diese Übung soll reichhaltige Erfahrungen durch achtsame Beschäftigung mit einfachen Tätigkeiten bieten. Dabei hervorgerufene Empfindungen und Freuden soll man bewusst wahrnehmen und sie vielleicht sogar als Wunder begreifen. Du wirst die Rosine auf eine andere Art und Weise *begreifen,* weil du den Akt des Essens zum Leben erweckt hast, wird uns gesagt. Dieser erkenntnistheoretische Aspekt der Meditationen baut auf Erfahrung als Wissensfundament auf. Es gibt jedoch keinen grundlegenden *ontologischen* Wandel im Sein, keine radikale Verwandlung des Selbst oder der Wissenden. Anders ausgedrückt macht uns diese Erfahrung zwar begierig, sie zu vertiefen (sie wieder zum Leben zu erwecken). Doch sie regt uns nicht dazu an zu hinterfragen, ob das, was vermittelt wurde, stimmt. Es wird auch nicht zur Diskussion gestellt, ob das langsame Kauen einer Rosine vielleicht langweilig sein könnte. Wir sind offen dafür, das, was geschieht, besser zu verstehen, aber nicht dafür, unser Verständnis dessen, was wirklich geschieht, infrage zu stellen. Achtsamkeitslehrer:innen raten von dieser Art des Nachfragens ab und feiern stattdessen einfach den Akt der vollen Präsenz in der Welt, wie sie ist – ohne Fragen zu stellen.

Kabat-Zinn vergleicht seinen Ansatz mit den antiintellektuellen Strängen innerhalb des nördlichen Chan (chinesischer Zenbuddhismus). Er behauptet, dass konzeptionelle Landkarten „unsere Fähigkeit als Achtsamkeitslehrende, die Umgebung auf originelle und direkte Weise zu sehen und darüber zu kommunizieren, stark einschränken können – wenn man will eine direkte Übertragung außerhalb der formalen Lehren und daher eine Verkörperung der wirklichen Lehrinhalte".[110] MBSR-Lehrkräfte müssen zwar mehrere traditionelle buddhistische Meditationsfreizeiten besuchen und über fundiertes Grundlagenwissen zu buddhistischen Lehren verfügen, aber das Einzige, was in MBSR-Klassenzimmern gelehrt wird, ist „die Essenz des Buddhismus". Für Kabat-Zinn und seine Traditionslinie gilt: „Unsere Aufgabe ist es, uns um das Gebiet der direkten Erfahrung im gegenwärtigen Moment und um das daraus resultierende Lernen zu kümmern."[111]

Er sagt uns immer wieder, dass Achtsamkeit „das Bewusstsein ist, welches aus dem absichtlichen Aufpassen im gegenwärtigen Augenblick erwächst, ohne dabei urteilend zu sein". Kabat-Zinns praktische Definition ist zum Goldstandard in der klinischen Literatur geworden und wird von kontemplativen Neurowissenschaftler:innen institutionell unterstützt. Auch die Medien und sogar die Öffentlichkeit haben sich auf sie als endgültiges Konzept eingeschossen. Sie vermengt jedoch die Wahrnehmung des gegenwärtigen Augenblicks mit der Achtsamkeit und macht Letztere zu einer eigenständigen Praxis – und zu einem Selbstzweck.

Es ist schwer, die Einflüsse von Ram Dass und Eckhart Tolle – den Autoren von *Be Here Now* (dt. Titel: *Denke daran, sei jetzt hier*) und *The Power of Now* (dt. Titel: *Jetzt! Die Kraft der Gegenwart*) – in Kabat-Zinns Ausführungen zu übersehen. Auch sie sakralisieren die Gegenwart in ihren Schriften. Natürlich kann es angenehm sein, „das Gehirn abzuschalten, zu entspannen und flussabwärts zu treiben", um Timothy Leary vermittelst John Lennon zu zitieren. Das Klischee des Einfach-nur-präsent-Seins – der heilige Gral der Achtsamkeit und die Essenz von Kabat-Zinns „essenziellem Dharma" – erhebt das Ruhen im „Sein" zum funktionalen Äquivalent des spirituellen Erwachens. Aber so hat der Buddha Befreiung nicht definiert. Er lehrte einen mittleren Weg zwischen den Extremen des Seins und Nicht-Seins, ohne an einem von beiden festzuhalten. Die Fetischisierung gegenwärtiger Erfahrungen bringt das Risiko mit sich, Achtsamkeit auf eine Pop-Philosophie zu reduzieren, die an einer *amoralischen Unmittelbarkeit des Seins* Gefallen findet. Sie untergräbt kritisches Vorausdenken und ethisches Bewusstsein, wodurch die Folgerichtigkeit vergangener und zukünftiger Handlungen verschleiert wird.

Gegenwärtige Bewusstheit hat therapeutische Vorteile, kann aber auch auf subtile Weise das Gefühl verstärken, ein separates Selbst zu sein, das unabhängig von anderen Phänomenen existiert (laut buddhistischer Lehre handelt es sich hierbei um eine Hauptursache von Leid). Dies geschieht, weil MBSR eine Spaltung voraussetzt zwischen dem beobachtenden Subjekt, das sich „hier" befindet, und der „Gegenwart", auf die es achten soll und die sich „dort" befindet. In diesem dualistischen Schema wird das observierende Subjekt vom gegenwärtigen Augenblick getrennt. Es muss sich bemühen, ihn zu erfassen und festzuhalten, indem es seine Aufmerksamkeit auf dessen scheinbaren Ort richtet.

Man könnte den Einwurf des „Im-Hier-und-Jetzt-Seins" als meditative Anstrengung interpretieren, das „Hier" des Subjekts und das „Drüben" der Gegenwart in einem Ort zusammenzubringen. Lehrkräfte ermutigen allerdings zu Selbstorientierung durch Leistung und verstärken dadurch die Wahrnehmung abgetrennter Bereiche. Praktizierende befinden sich in einem konstanten Modus der Selbstüberwachung und verfolgen ihren Fortschritt auf dem Weg zum „Präsentsein" (oder dessen Fehlen). Dies ist das ultimative Ziel bei MBSR, aber nur der erste Schritt in den buddhistischen Achtsamkeitslehren, die auf der Schrift *Satipatthana Sutta* basieren. Tiefere Stufen der Praxis zielen auf eine klare Einsicht in alle Bestandteile der zeitlichen Erfahrung als unbeständig und unbefriedigend ab. Wenn der gegenwärtige Moment klar als das gesehen wird, was er tatsächlich ist, ist er wie jedes andere geistige Objekt – eine vergängliche Konstruktion, die mit Mitgefühl betrachtet und nicht fetischisiert werden sollte.

Achtsamkeit und immerwährender Transzendentalismus

Die Mystifizierung persönlicher Erfahrungen des „Präsentseins" hat mehr mit der Religionsgeschichte der USA als mit dem Buddhismus zu tun. Das ist zum Teil von Kabat-Zinn so gewollt. Schließlich bezieht er sich in seinen Büchern immer wieder auf Henry David Thoreau und andere Transzendentalisten des 19. Jahrhunderts. In *Coming to Our Senses* (dt. Titel: *Zur Besinnung kommen*) zitiert er aus Thoreaus Klassiker *Walden; or, Life in the Woods* (dt. Titel: *Walden oder Leben in den Wäldern*):

> *„Ich ging in den Wald, weil ich bewusst leben wollte, mich nur mit den essenziellen Fakten des Lebens konfrontieren und sehen wollte, ob ich nicht daraus lernen konnte, um nicht am Ende zu merken, dass ich nie gelebt habe."*[112]

Kabat-Zinn vergleicht dies mit seiner eigenen Philosophie des „Lebens in Harmonie mit sich selbst und der Welt", während man „etwas Dankbarkeit für die Erfüllung jeden Augenblicks, in dem wir leben, entwickelt". Weiter führt er aus: „Thoreau erkannte 1846 in New England das gleiche Problem mit unserem gewöhnlichen Geisteszustand und schrieb mit großer Leidenschaft über dessen bedauernswerte Folgen."[113]

Thoreau kehrte dem Schrecken der Industrialisierung und Ungerechtigkeit den Rücken, indem er sich in eine Hütte auf einem Grundstück seines Mentors Ralph Waldo Emerson zurückzog. Dort konzentrierte er sich auf ein einfacheres Leben und versuchte das Banale durch Kontemplation zu transzendieren. Kabat-Zinn bezeichnet Thoreaus Erfahrung als „persönliches Experiment in Achtsamkeit". Weiter heißt es: „Er entschied sich dazu, sein Leben aufs Spiel zu setzen, um das Wunder und die Einfachheit des gegenwärtigen Augenblicks zu genießen."[114] Wie bereits Thoreau und Emerson zählt Kabat-Zinn Gründe auf, warum man vom Leben in der Moderne enttäuscht sein sollte. Gleichzeitig zeigt er einen Weg zur Wiederverzauberung durch einen wenn nicht physischen, so aber doch psychischen Rückzug in die Achtsamkeit auf.

Die transzendentalistische Konzentration auf direkte Erfahrungen lässt sich auf morgenländische Einflüsse zurückführen. Thoreau hat im heutigen Schutzgebiet um den Toteissee Walden Pond in Massachusetts die hinduistische Schrift *Bhagavad Gita* gelesen. Wie Emerson und der als einer der einflussreichsten US-amerikanischen Lyriker geltende Dichter, Essayist und Journalist Walt Whitman griff er auf deren Lehren zurück, um eine universelle Freiheit im Einssein mit der Natur zu finden. Frühe westliche Übersetzungen anderer asiatischer Texte hatten bereits ein begeistertes Publikum in New England gefunden und konnten auf dem fruchtbaren Boden des Transzendentalismus Wurzeln schlagen. „Für Emerson besteht die Bedeutung der asiatischen Religionen wie die der gesamten Menschheitsgeschichte darin, dass sie sich in die Gegenwart, in das Hier und Jetzt einfügen", schreibt der Religionsgelehrte Arthur Versluis.[115] Der US-amerikanische Historiker Rick Fields, der sich auf den Buddhismus spezialisiert hat, führt weiter aus, dass am Ende des 19. Jahrhunderts „die Salons von Boston von Mystizismus, okkulten Vorlieben und östlichen Religionen überschwemmt wurden".[116]

Eine Manifestation dieses Trends war die Theosophie, bei der es sich um eine Mischung aus westlicher Esoterik und mystischen Lehren aus dem Hinduismus und Buddhismus handelt. Die 1875 in New York gegründete Theosophical Society strebte die Erarbeitung einer universellen Lehre an, die auf Wissenschaft und experimentellen Einsichten beruhte. Eine weitere bedeutende Entwicklung stellte das New Thought (Neue Denken) dar, ein „geistiges Heilungsmittel", dessen positive Psychologie die modernen Kulte um das „Gesetz der Anziehungskraft" inspirierte.

Der allgemeine Fokus auf die Förderung von Wohlbefinden durch geistige Kräfte beeindruckte den Psychologen William James, der dies eine „Religion des gesunden Geistes" nannte. „Die größte Entdeckung meiner Generation ist, dass der Mensch lediglich durch eine Änderung der geistigen Haltung sein Leben verändern kann", schrieb er in seinem Buch *The Varieties of Religious Experience* (dt. Titel: *Die Vielfalt religiöser Erfahrungen*).[117] Wie Kabat-Zinn begrüßte James „das intensive Interesse, welches das Leben hervorrufen kann, wenn es auf eine Ebene des Nicht-Denkens heruntergefahren wird, die Ebene der reinen Sinneswahrnehmung".[118] Damit schuf er die Grundlage für New-Age-Denker:innen, welche James' Einsichten auf „billigen Mystizismus" reduzieren, wie Emmanuel Lévinas kritisiert.

Ähnlich wie das „universelle Dharma" von Kabat-Zinn beschrieb James in *The Varieties of Religious Experience* direkte Begegnungen mit der gemeinsamen mystischen Basis aller Religionen. Diese Anspielung auf eine „ewige Philosophie", eine Redewendung, die später von Aldous Huxley aufgegriffen wurde, löst die Meditationspraxis aus ihrem kulturellen Kontext. Stattdessen wird gesagt, dass sie einen privilegierten Zugang zu „reinem Bewusstsein" biete, welches frei von historischen und sektiererischen Grenzen sei. James half dabei, persönliche *Erfahrungen* zur Hauptquelle von Wahrheit und religiöser Autorität zu machen. Dieser rationalisierte Glaube schuf einen privaten Bereich für Religion jenseits wissenschaftlicher Messungen. Der radikale Empirismus verschob die Macht von Institutionen zu Individuen. Auf diese Weise konnten New-Age-Gurus und Meditationslehrer:innen Autorität aus eigener Erfahrung beanspruchen und gleichzeitig ein „universelles Dharma" gegen Kritik verteidigen.

Die ewige Philosophie beeinflusste auch den revisionistischen Zenbuddhismus von D. T. Suzuki. Dieser beeinflusste wiederum die US-Nachkriegsautoren der Beat Generation und machte buddhistische Meditation in den 50er-Jahren in der Öffentlichkeit bekannt. So wie einst Suzuki behauptete, dass der Zenbuddhismus einen Zugang zu einer reinen, unmittelbaren und zeitlosen Essenz mystischer Erfahrungen biete, hat Kabat-Zinn dasselbe für die Achtsamkeit getan und sie als den wesentlichen Kern des Buddhismus herausgestellt. Dies entflechtet das Konzept, sodass leichter eine „quelloffene" Praxis übernommen werden kann. David McMahan beschreibt in *The Making of Buddhist Modernism* einen roten Faden, der die Ideen des Transzendentalismus, von Suzuki und des MBSR miteinander verbindet:

> *„Diese Internalisierung der Religion, die Zuschreibung religiöser Bedeutung an die Natur, die Betonung der einzelgängerischen Kontemplation in der Natur und die Betrachtung solcher Kontemplation als Heilmittel für den exzessiven Materialismus*

> *der modernen Welt dienten alle als wesentliche Bestandteile der Interpretation des Buddhismus im Westen, insbesondere in Nordamerika."*[119]

Das Ganze hat nur einen Nachteil. Bisher haben bei meditativen Praktiken meist Lehrkontexte die Erfahrung bestimmt. Die Prioritäten sind oft ganz anders als bei uns. „Es ist nicht nur so, dass fortgeschrittene Meditationspraktizierende in traditionelleren asiatischen Umgebungen möglicherweise nicht die Arten von Verhalten an den Tag legen, die wir mit geistiger Gesundheit assoziieren", stellt der Buddhismusforscher Robert Sharf fest. „Es ist nicht klar, ob sie überhaupt unser Modell von geistiger Gesundheit anstreben."[120] Zugleich ist die Vorstellung eines „reinen Bewusstseins", die entkontextualisierte Grundlage der ewigen Philosophie, umstritten. Obwohl wir die Lautstärke unserer Gedanken verringern können, läuft unsere geistige Konditionierung im Hintergrund weiter. In *Beyond Enlightenment* erklärt Richard Cohen, dass „Sinneserfahrungen niemals unmittelbar stattfinden". Er führt weiter aus, dass das, „was als direkte Wahrnehmung weltlicher Objekte erscheint, in Wahrheit immer eine Mischung aus Sinneseindrücken und Verständnisprozessen ist".[121] Ohne den traditionellen Kontext, der ihr einen Sinn verleiht, wird Meditation nun jedoch durch einen reinen „Achtsamkeitsansatz" definiert, der möglicherweise egozentrische Anhänger:innen hervorbringt.

Die Meditationskrankheit

Die Verwechselung von Achtsamkeit mit gegenwärtigem Bewusstsein wurde als Gefahr gesehen in buddhistischen Traditionen, die nur eine Praxis umfassten. Die frühen Patriarchen des Chanbuddhismus lehrten auch Meditation, um durch intensives Eintauchen in das Hier und Jetzt „Geistlosigkeit" zu entwickeln, was zu tiefer Ruhe und einem nicht-diskursiven Gewahrsein führen soll. Dieser Ansatz der „stillen Erleuchtung" war im China des 8. Jahrhunderts sehr verbreitet. Er wurde den Laien als eine Praxis angepriesen, die schnelle Ergebnisse versprach, ohne dass wie bei MBSR ein Studium der Lehre oder eine ethische Schulung erforderlich war. Allerdings warnte der Chanmeister der Song-Dynastie Dahui davor, dass diese Methode zu einer „Meditationskrankheit" führen könnte, bei der das Bewusstsein der Stille mit der eigenen Natur des Menschen verwechselt würde. Der Zenmeister Hakuin wiederum fürchtete sich vor einem mit Stille und Inaktivität assoziierten Verfallen in „totes Sitzen", das Meditierende in einen Zustand der Gleichgültigkeit gegenüber den Leiden in der Welt versetze. Schließlich warnte der indische Meister Kamalaśīla im 8. Jahrhundert davor, dass Praktizierende, die fälschlicherweise das Denken einzustellen versuchten, 500 Äonen (Zeitalter) als hirnlose Zombies verbringen würden.

Die Verehrung der „reinen Aufmerksamkeit" im gegenwärtigen Augenblick bei MBSR geht auf Nyañaponika Theras Klassiker *The Heart of Buddhist Meditation* (dt. Titel: *Geistestraining durch Achtsamkeit*) zurück, welcher vor 60 Jahren zum ersten Mal auf Englisch erschien. Auf dem Einband findet sich heute eine Widmung von Kabat-Zinn: „Das Buch, mit dem alles begann." In den Anleitungen für Anfänger:innen von Nyañaponika findet sich der Vorschlag „einer reinen Registrierung der observierten Fakten, ohne auf sie durch Taten, Sprechen oder geistige Kommentare zu reagieren". Allerdings heißt es auch, dass im Falle von „aufkommenden Kommentaren im Kopf diese selbst zu Objekten der reinen Aufmerksamkeit gemacht und weder abgelehnt noch weiter verfolgt werden".[122] Mentales Training der nicht-arbeitenden „reinen Aufmerksamkeit" hat therapeutische Vorzüge. Dazu zählt nicht nur die Beruhigung des Geistes, sondern auch die Dezentrierung des Bewusstseins, um Gedanken und Gefühle als vorübergehende Ereignisse wahrzunehmen, nicht als das, was sie sind. Doch Nyañaponika hat nie gesagt, Achtsamkeit solle als „reine Aufmerksamkeit" übersetzt werden. Sein langjähriger Student Bhikkhu Bodhi erinnert sich, dass er sich über die Fehlinterpretationen der reinen Aufmerksamkeit durch zeitgenössische *Vipassana*-Lehrende aufregte. Manchmal schüttelte er den Kopf und sagte: „Aber das ist doch überhaupt nicht das, was ich meinte!"[123]

Die moderne, säkulare Achtsamkeit schließt Diskussionen über den Kontext oder den Sinn einer Praxis über die Frage des Wohlbefindens hinaus aus. Ein solches Hinterfragen gilt als Blasphemie, da angenommen wird, dass Achtsamkeit a priori vorteilhaft sei. Und da sie angeblich einen direkten Zugang zur Essenz des Buddhismus bietet, wäre es eine Verweigerung des „Geschenkes des Dharma", ihre Anwendungen oder Ziele infrage zu stellen. Selbst wenn diese Ziele harmlos sind, wie zum Beispiel das Angebot von Achtsamkeit im medizinischen und therapeutischen Bereich, wird Achtsamkeit als Mittel zum Zweck betrachtet, wodurch die Praxis selbst verändert wird und eine Umorientierung erfährt.

Dies wird mithilfe von Kabat-Zinns essenzialisierender und universalisierender Rhetorik legitimiert. Das hat viele zu dem Glauben verleitet, dass sie als isolierte Subjekte einen privaten Zugang zur Essenz des „Dharma" hätten, unabhängig von ihren eigenen vorherrschenden kulturellen Werten. Sobald Achtsamkeit entkontextualisiert und auf eine instrumentalisierte Methode reduziert wird, kann sie in jedem beliebigen Kontext angewendet werden, ohne dass die Ziele, denen sie dient, kritisch hinterfragt werden müssen. Es ist also egal, ob Achtsamkeit von den US-Marines zur Optimierung ihrer Kampfeinsätze in Afghanistan verwendet oder – wie ein hochrangiger Manager von Google sagt – „als organisatorisches WD-40, mit anderen Worten ein notwendiges Gleitmittel zwischen motivierten, ambitionierten Arbeitnehmer:innen und der anspruchsvollen Unternehmenskultur bei Google" benutzt wird.[124] Achtsamkeit funktioniert und ist etwas Gutes.

Dank dieses selbstgefälligen Markenimages lässt sich Achtsamkeit auf dem spirituellen Markt gut als Mittel zum Erfolg verkaufen. Barry Magid und Robert Rosenbaum beschreiben dies in ihrem Buch *What's Wrong with Mindfulness* als „profitorientierten Workshop-Ansatz".[125] Achtsamkeit wird als zielorientiertes Werkzeug zur Selbstverbesserung vermarktet. Sie bietet Konsument:innen eine kurzfristige Lösung durch Entlastung von Stress, Beziehungskonflikten, chronischen Krankheiten, Leistungsschwäche bei der Arbeit oder schlechten akademischen Leistungen. „Materialistischer, profitorientierter Buddhismus ist ein unausweichlicher Bestandteil der buddhistischen Überlieferung im Westen", kritisieren sie weiter. Sie warnen jedoch davor, „dass sie sich an die tief verwurzelten individualistischen, materialistischen und säkularen Strukturen der westlichen Kultur anpasst und in diese übersetzt wird – einschließlich der Kultur der Wissenschaft als Technik zur Erlangung von Kontrolle und damit zur besseren Befriedigung von Bedürfnissen".[126]

Die MBSR-Methode spricht moderne Empfindlichkeiten an. Sie richtet sich vor allem an Menschen, die „spirituell, aber nicht religiös" sind. In nur acht Wochen kann man eine Meditationsart ohne buddhistisches Drumherum erlernen, das durch einen Kult der persönlichen Erfahrung ersetzt wird. Dies dient dazu, die Vorstellung der Menschen von sich selbst als eigenständige und autonome Akteurinnen und Akteure zu stärken, anstatt sie als beziehungsorientiert und voneinander abhängig zu betrachten. Eine individualisierte Praxis benötigt keine Gemeinschaftsbünde, moralischen Verpflichtungen oder substanziellen Lebensveränderungen. Stattdessen kann man auf jede beliebige Weise achtsam sein, während man das Geschirr abwäscht, einen Sonnenuntergang betrachtet, an einer Orange riecht, Sex hat oder Wein trinkt. Wie seine Vorgänger Thoreau, Emerson und James im 19. Jahrhundert lehnt auch Kabat-Zinn die Autorität sozialer und religiöser Institutionen ab. Stattdessen würdigt er die Macht des Einzelnen. Er spielt auf den amerikanischen „Do-it-yourself"-Pragmatismus an und behauptet: „Jeder Mensch ist bereits die Weltautorität für sich selbst, oder könnte es zumindest sein, wenn er anfinge, sich mit den Dingen bewusst zu beschäftigen."[127]

Kapitel 6: Achtsamkeit als soziale Amnesie

Falls sich jemand die Frage stellt: Ich habe Achtsamkeit schon ausprobiert. Gerne berichte ich von meiner ersten Sitzung bei einem achtwöchigen MBSR-Kurs. Der Seminarleiter war ein stämmiger, glatzköpfiger Mann, der wenig sprach. Wie bei den meisten neuen Gruppenunternehmungen zeichnete sich die einführende Sitzung durch eine gewisse Unbeholfenheit und Zurückhaltung aus. Ich wusste bereits durch meine vorbereitende Lektüre, dass mir bald der MBSR-Einführungsritus bevorstand: das langsame Essen einer Rosine, eine Übung, auf die ich ehrlich gesagt wenig Lust hatte. Doch als guter Sportsmann nahm ich meine Geduld zusammen, betrachtete die Rosine ein paar Sekunden lang aufmerksam (natürlich stammte sie aus biologischem Anbau) und nahm einen kleinen Bissen. Ich habe bereits die Feinschmecker-Oasen Italiens – Parma, Bologna und Reggio Emilia – besucht, also war mir das langsame Essen schon ein Begriff. Aber es ist schwer sicherzustellen, dass man *achtsam* isst.

Im Laufe der nächsten Wochen begann ich viel besser zu verstehen, inwiefern MBSR auf eine Sehnsucht in der westlichen Kultur reagiert und wie diese Methode, dieser Kurs oder wie auch immer man es nennen mag einige unerfüllte Bedürfnisse der spätkapitalistischen Gesellschaft befriedigt. Ich fühlte mich fehl am Platz. Von den etwa 25 Teilnehmer:innen waren die meisten Frauen. Als wir uns in einer Runde vorstellten und erklärten, warum wir gekommen waren, hatte ich das Gefühl, schwer Verwundeten zu lauschen. Viele hatten ohne Vorwarnung ihre Arbeitsstellen verloren. Andere wiederum mussten viele Stunden arbeiten, manchmal sogar zwei Jobs nachgehen, während sie sich zugleich um andere kümmern mussten. Für einige dieser Frauen war es das zweite oder dritte Mal, dass sie den Kurs belegten. Erzählungen über Scheidungen, Todesfälle, chronische Krankheiten und ein Gefühl des Unwohlseins geisterten in diesem Raum umher. Fast die Hälfte der Teilnehmenden hatte eine psychotherapeutische Überweisung erhalten.

MBSR erwies sich eindeutig als Hilfestellung für viele Menschen, insbesondere jene, die sonst nicht mit meditativen Praktiken in Kontakt kommen würden. Nach ein paar Wochen beschrieben Teilnehmende zahlreiche Vorteile, die sie durch die Übung des „Bodyscan" verspürten. Manche berichteten sogar, durch sie besser schlafen zu können. Die MBSR-Lehrkraft war sicherlich aufrichtig und kompetent. Der Kurs erreichte sein vorgegebenes Ziel: Menschen darin zu unterrichten, wie sie Stress und Ängste reduzieren, mit Schmerzen umgehen und ein achtsameres Leben führen können. Warum war ich also voller Unbehagen und leicht irritiert?

War ich rastlos und störte mich daran, dass Achtsamkeit als einfache Methode ohne ethisches Fundament oder sozialen Zweck präsentiert wurde? Wohl kaum. Aus meiner Sicht waren keine Serienmörder:innen oder 26-jährige, halsabschneiderische Geschäftsführer:innen des US-Dienstleistungsriesen Uber Teil unserer Runde. Ich hatte auch schon ein paar Seminare an Meditationszentren der Non-Profit-Organisation Buddhist Insight besucht, bei denen ethische Fragen ebenso wenig angesprochen wurden. Darum ging es nicht. Ich kam wieder zur Besinnung, als der MBSR-Lehrer uns bei einer Sitzmeditationsübung anleitete. Nach einigen Minuten erlebte ich einen Flashback beziehungsweise eine „Geisteswanderung", wie es der Lehrer nannte – gewissermaßen das genaue Gegenteil der Konzentration auf die Gegenwart. Ich missachtete die Anweisung, im gegenwärtigen Augenblick zu verweilen, und schwelgte mich stattdessen in meinen Erinnerungen, wenn auch nur für eine kurze Zeit.

So fand ich mich als 18-Jähriger wieder, der als Betriebselektriker bei einer der größten Fabriken im Süden von Chicago arbeitete. In einen Overall gekleidet und mit einem ramponierten roten Schutzhelm über meinem buschigen Haar starre ich so wie alle anderen angespannt auf die Stechuhr – ein Gruppenritual des Schweigens, bei dem wir darauf warten, dass wir Feierabend machen können. Vor mir stehen einige gebückte Arbeiter: Rohrarbeiter, die seit 30 Jahren auf ihren Feierabend warten. Aber an diesem Tag wandert mein Blick von der Uhr zu den entfremdeten Gesichtsausdrücken vor mir. Und Moment mal … Die Gesichter dieser Arbeiter unterscheiden sich kaum von den niedergeschlagenen Gesichtsausdrücken, die ich vor ein paar Wochen in meinem MBSR-Kurs gesehen habe: die leeren Blicke, die schmerzerfüllten Gesichter, das angespannte Warten auf Veränderung. Diese Vergangenheit war die Gegenwart, nur in anderer Gestalt.

Als schlechter MBSR-Schüler begann ich weiterzudenken. Was war mit *diesen* wandelnden Verwundeten geschehen, mit denen ich gearbeitet hatte? Hätte auch ihnen mit MBSR geholfen werden können? Hätten sie durch das Praktizieren von Achtsamkeit aufgehört, die Stechuhr zu drücken? Hätte Achtsamkeit ihnen dabei geholfen, achtsamer bei der Arbeit zu sein und die Routine und Monotonie der Fließbandproduktion mehr zu schätzen? Hätten sie sich einen MBSR-Kurs leisten können? Vielleicht wären die Feindseligkeiten und die angespannten Beziehungen zwischen Arbeitgeber:innen und

Arbeitnehmer:innen sowie die militanten Gewerkschaften überflüssig geworden, wenn es Achtsamkeitstrainings für Unternehmen gegeben hätte. Wäre das gut gewesen? Wer hätte davon profitiert?

Das war ein bisschen zu viel des Nachdenkens und so kehrte ich in den gegenwärtigen Augenblick zurück.

Täter-Opfer-Umkehr

Nach unserer Sitzmeditation teilte der MBSR-Lehrer freudig Fotokopien des Artikels „The Mindful Revolution" („Die achtsame Revolution") aus dem Nachrichtenmagazin *Time* aus, über den ich im ersten Kapitel sprach. Darin war eine weiße, blonde Frau mit glückselig geschlossenen Augen abgebildet. Aber als ich durch den Raum blickte, passte dieses ikonische Bild der geistigen Vollkommenheit nicht zur Atmosphäre. Wenn dies das Gesicht der sogenannten Revolution sein sollte, dann findet sie hier nicht statt. Stattdessen fielen mir umso mehr die Gesichtsausdrücke von Entfremdung, Hoffnungslosigkeit und Erschöpfung auf, ebenso die von täglicher Arbeit gezeichneten Körper und die von stetigen Anforderungen der digitalen Wirtschaft betäubten Geister. Im weiteren Verlauf des Kurses ließ mein nagendes Gefühl der Unruhe nicht nach. Im Gegenteil, es intensivierte sich.

Die verbreitete Darstellung von MBSR passte mir nicht. Obwohl Menschen eindeutig eine Entlastung ihrer stressverbundenen Leiden erlebten, hatte die eigentlich ermutigende Botschaft problematische Untertöne. Wenn das neurowissenschaftliche Verfahren der funktionellen Magnetresonanztomografie (MRI) darauf hindeutete, dass das Leiden im Kopf stattfindet, dann bestand die Lösung darin, diese Gedanken zur Vergangenheit und Gegenwart auszublenden und sich achtsam dem gegenwärtigen Augenblick zu widmen. Wenn das Elend jedoch auf diese Weise selbst geschaffen wird, kann ich nur mir selbst die Schuld dafür geben, in nicht ausreichendem Maße achtsam zu sein.

Mit der Zeit hatte ich Schwierigkeiten zu unterscheiden, ob ich in wissenschaftlichen Methoden oder politischer Ideologie unterrichtet wurde. Vielleicht fand beides statt. Diese Erklärung der Ursachen klang für mich zu bequem: Der von den Menschen verspürte Stress habe nichts mit materiellen Bedingungen (beispielsweise Einkommensverlust) oder unverhältnismäßigen Arbeitsvorgaben zu tun. Auf dem Achtsamkeitsradar fand sich keine giftige Kehrseite zum neoliberalen Kapitalismus. Stress wurde als private, subjektive und innerliche Angelegenheit behandelt, als Problem, mit dem sich Individuen auseinandersetzen müssten. David Smail bezeichnet diese Philosophie als „magische Ehrenamtlichkeit", bei der die Linderung von Leid allein von Willensakten abhängig ist (auch als Achtsamkeitspraxis bekannt) und nicht von der Veränderung kausaler Zusammenhänge.[128]

Als ich über dieses Ethos der Selbstverantwortung nachdachte, überkam mich das Gefühl eines Déjà-vu-Erlebnisses. Als junger, idealistischer Hochschulabsolvent im nördlichen Kalifornien der späten 70er-Jahre widmete ich mich der humanistischen Psychologie und beschäftigte mich mit den Werken von Carl Rogers, Abraham Maslow sowie Fritz Perls und ebenso dem Existenzialismus, der Tiefenpsychologie sowie anderen potenziellen Guru-Quellen. Selbsthilfeseminare wie Werner Erhards EST (Erhard Seminars Training) waren in aller Munde und die neoliberalen Prioritäten der Thatcher-Reagan-Ära nahmen langsam Gestalt an. Ich fühlte mich selbstgerecht, nachdem ich von einem verhaltensexperimentellen „Ratten"-Psychologieprogramm im Mittleren Westen abgesprungen war. Auch trank ich enthusiastisch das in den USA beliebte Erfrischungsgetränk Kool-Aid, weil ich glaubte, dass Veränderung, Selbstverwirklichung und Transformation von innen kommen – alles innerhalb der Macht und der Handlungsfähigkeit eines autonomen Subjekts. Selbstverwirklichung bedeutete für mich die heroische Reise eines Individuums.

Das Versprechen der humanistischen Psychologie erlebt durch die Achtsamkeitsbewegung eine Wiedergeburt. Anstatt wie bisher dem authentischen Selbst in den entlegensten Bereichen der menschlichen Natur nachzuspüren, muss man heute nur noch mit einem „reinen Bewusstsein" im eigenen Inneren suchen. Man erreicht Authentizität in der Achtsamkeitspraxis durch die Verschiebung von einem Modus des „Handelns" hin zu einem Modus des „Seins". Und auch wenn es schwierig sein mag, im „Seins"-Modus zu bleiben, wenn man 70 Stunden pro Woche als Börsenmakler:in an der Wall Street arbeitet, gibt es immer die Möglichkeit, sich täglich eine kurze Auszeit zu nehmen, um Stress abzubauen.

Ich habe ernsthaft versucht, im gegenwärtigen Augenblick zu verweilen. Aber diese „Gedankenwanderung" schien irgendwo hinzuführen, Dinge miteinander in Verbindung zu bringen und Geistesblitze hervorzurufen. Erstens erhebt die Achtsamkeit ähnlich wie die humanistische Psychologie die Subjektivität zu einem Heiligtum. Zweitens schenken beide Denkrichtungen sozialen und historischen Kontexten von Leid, Machtstrukturen und finanziellen Interessen keine Beachtung. Die therapeutische Achtsamkeitsindustrie scheint ihre eigene konformistische Psychologie geschaffen zu haben. Das macht sie mitschuldig an der Aufrechterhaltung des Status quo des Unternehmenskapitalismus und der neoliberalen Regierungen.

Ausgeglichene Zahnräder

Ich hatte Konfliktgefühle, als ich mit dieser Gemeinschaft von Fremden zusammensaß. Sie litten alle auf verschiedene Weise an der Unbeständigkeit der Moderne. Jede Woche hörte und beobachtete ich, wie MBSR ihnen half, einen Umgang damit zu finden, ihnen Werkzeuge bot, um mit ihren weniger als idealen Arbeitsbedingungen zurechtzukommen, und sogar ihre Resilienz verstärkte. Wie kann man einer solchen Hilfeleistung kritisch gegenüberstehen? Dadurch würde man die Perfekten zu den Feinden des Guten erklären. Vieles von dem, was passierte, war gut, aber zugleich wusste ich, dass der MBSR-Kurs in ein paar Wochen vorbei sein würde. Diese Leute würden sich bald in den Schützengräben des Konzernwesens wiederfinden, in kleinen Büros mit vielen Überstunden. Manche würden sich wieder mit der Suche nach einer Arbeitsstelle abplagen, um zu überleben. Hoffentlich würden die Fähigkeiten, die sie erlernt hatten, ihnen dabei helfen, ein wenig besser damit umzugehen. Aber diese Beobachtungen ließen mich mit einem unguten Gefühl zurück: Ging es bei dieser „Achtsamkeitsrevolution" nur um die Bewältigung unserer Emotionen und die Feinabstimmung unserer Gehirne, damit wir unsere Aufgaben pflichtbewusst und effizienter ausführen können und besser angepasste Rädchen in der Mühle des Kapitalismus werden?

Könnte es sogar sein, dass Achtsamkeit gerade deshalb so hohe Zustimmung in der Öffentlichkeit erfährt, weil sie die Passgenauigkeit zwischen Individuen und gesellschaftlichen Institutionen gewährleistet? Ist sie vielleicht ein nützlicher Gehilfe bei der Aufrechterhaltung der sozialen Kontrolle, indem sie unsere widerspenstigen Wünsche reguliert, das Denken abwertet und uns lehrt, „das Vorhandene" zu akzeptieren, während wir uns in die bequemen Tiefen der Subjektivität zurückziehen? Propagiert diese urteilsfreie Flucht in die unmittelbare Sinneserfahrung (langsam eine Rosine essen, tief durchatmen, bevor man die schwierige E-Mail abschickt usw.) eine raffinierte Form des Antiintellektualismus, der uns ein paar Brotkrumen der Stabilität auf Kosten der gedankenlosen Akzeptanz bestehender Ungerechtigkeiten zuwirft?

Mittlerweile dürften viele denken, dass ich das Konzept komplett verwerfen möchte. Das stimmt nicht. Wie Kinder mit Übergewicht, Menschen mit Staublunge und Opfer von Industrieunfällen müssen die wandelnden Verwundeten und die chronisch Gestressten behandelt werden und MBSR erfüllt in dieser Hinsicht gewissenhaft seine Pflicht. Was in diesem Bild und im Achtsamkeitsdiskurs jedoch fehlt, ist, dass chronischer Stress – wie die meisten chronischen Krankheiten und Arbeitsunfälle – einen sozialen und politischen Hintergrund hat. Solche Einsichten sind nichts Neues. Erich Fromm, der seinerzeit selbst eine Kritik an der orthodoxen Psychoanalyse verfasste, wies darauf hin, dass unsere Leiden und Ängste niemals verstanden oder behoben werden könnten, sofern ihre sozialen Ursachen ignoriert würden.

Eine der Hauptgründe für die breite Akzeptanz von Achtsamkeitsprogrammen in Psychologie, Medizin und Verwaltung ist jedoch, dass sie so stark mit der therapeutischen Ideologie des „magischen Voluntarismus" übereinstimmen und ihr sogar noch mehr Glaubwürdigkeit verleihen.

Die historischen und materiellen Bedingungen werden vom therapeutischen Diskurs verschleiert. Durch die verkürzenden Narrative des Psychologismus oder Biologismus werden psychische und geistige Störungen entpolitisiert. Übrig bleibt ein individualistischer Blick auf das menschliche Leiden mit der unterschwelligen Vorstellung, dass all jene, die leiden, gestört sind. Allerdings werden beispielsweise die Arbeitsbedingungen bei Konzernen und die sozioökonomischen Strukturen der kapitalistischen Gesellschaft als gegeben hingenommen oder sogar als normal dargestellt, genauso wie kritisches Denken unterbunden wird.

Der antikapitalistische Forscher Joel Kovel spricht sogar davon, dass die geistige Gesundheitsindustrie blüht und exponentiell wächst, weil die Diagnose von individuellen Störungen und deren Behandlung Teil desselben sozialen Prozesses sind.[129] Noch vor dem Achtsamkeitsboom beobachtete Kovel, dass die geistige Gesundheitsindustrie großzügig entlohnt wurde für ihre institutionelle Rolle bei der Glättung und Verschleierung der wachsenden Widersprüche spätkapitalistischer Gesellschaften. Dies fand trotz fehlender Beweise für die Wirksamkeit von Behandlungsmethoden, wissenschaftlichen Fortschritt oder eine erfolgreiche Beherrschung von Geisteskrankheiten und psychologischen Störungen statt. Kovel kommt daher zu dem Schluss: „Eine rein psychologische Betrachtung menschlicher Probleme ist ein einfaches Mittel zur Mystifizierung der sozialen Realität und es bedarf keiner großen Vorstellungskraft, um zu begreifen, dass die kapitalistische

Gesellschaft die Psychiater:innen für die Förderung einer besonderen Art psychologischer Illusion belohnen würde."[130]

Soziale Amnesie

Die nächste Übung im MBSR-Kurs war die „achtsame Bewegung" beziehungsweise einfaches Yoga. Da ich selbst eher zu Tai-Chi-Praktiken tendiere, nahm ich erst daran teil, als am Ende eine Position eingenommen wurde, bei der man mit dem Rücken auf dem Boden lag. Beim Entspannen kam ich nicht umhin, darüber nachzudenken, dass Achtsamkeitsinterventionen eine puritanische Besessenheit bezüglich der Kontrolle von Emotionen, vor allem von Wut, haben, die in ein neues psychologisches und neurowissenschaftliches Gewand gehüllt ist. Die Bezeichnungen von Störungen ändern sich mit der Zeit: Unreife, Hysterie, Nervenschwäche, Nervenzusammenbrüche, mangelnde emotionale Intelligenz, mangelnde emotionale Selbstkontrolle oder Achtlosigkeit. Aber das grundlegende Modell bleibt konstant und fußt auf einer Kultur der Subjektivität.

Angesichts des von vielen therapeutischen Bewegungen verlangten kollektiven Vergessens spricht der Intellektuellenhistoriker Russell Jacoby von einer „sozialen Amnesie".[131] Das kann nur funktionieren, wenn die Illusion aufrechterhalten wird, dass der soziale Kontext und seine institutionellen Strukturen entweder natürlich oder unveränderlich seien. Die achtsame Fixierung auf die Gegenwart bedeutet, dass Gedanken über die Vergangenheit und Zukunft ausgeblendet werden. Denken wird als Ablenkung betrachtet, die dem „Sein" im Hier und Jetzt abträglich ist. Das ist ironisch, da sich der Begriff „Achtsamkeit" von einem Wort ableitet, das „Erinnerung" bedeutet (dabei handelt es sich um das Wort *Sati* aus der Pali-Sprache, die bei der Zusammenstellung buddhistischer Diskurse verwendet wurde). In ihrem ursprünglichen buddhistischen Kontext beinhaltet Achtsamkeit ein Bewusstsein für das, was zu Erleuchtung führt, wie auch für das, was man vermeiden sollte. Durch die Fetischisierung des gegenwärtigen Augenblicks „ohne Wertung" beschleunigt die moderne Achtsamkeit jedoch das, was Jacoby „ein Vergessen und Verdrängen der menschlichen und sozialen Aktivität" nennt, „die eine Gesellschaft ausmacht und neu gestalten kann".[132]

Man kann über Fetische im Sinne der marxistischen Verdinglichung nachdenken: Sie maskieren die Wahrheit, indem Menschen sich auf unwirkliche Objekte fixieren oder von ihnen fasziniert werden. Dem *Oxford English*

Dictionary zufolge leitet sich die ursprüngliche Bedeutung von Fetisch vom portugiesischen Wort *feitiço* ab, das „Zauber“ oder „Zauberei“ bedeutet und sich auf Talismane bezieht, die einst als ketzerisch galten. Ein allgemeinerer Verweis auf die Anbetung von Objekten findet sich im anthropologischen Werk von Charles de Brosses, mit dem Marx vertraut war.[133] Die moderne sprichwörtliche Bedeutung hatte sich bereits im 19. Jahrhundert etabliert und wurde von Lexikografen in Oxford als „etwas irrational Verehrtes“ definiert.[134]

In dieser Hinsicht scheint es eine enge Verbindung zwischen dem politischen Schweigen und dem Fetisch für den gegenwärtigen Augenblick innerhalb der Achtsamkeitsbewegung zu geben. Wenn die Praxis auf „anwesend sein“ reduziert wird, könnte man achtsam gegenüber Erfahrungen sein, aber die Ursachen und Bedingungen dafür nicht kennen. Wie werden sich die Verärgerung hervorrufenden Bedingungen verändern, wenn man sich bei der Arbeit gekränkt, ausgebeutet und gestresst fühlt und einem gesagt wird, dass man sich einfach auf die Gegenwart konzentrieren solle? Sie werden sich eben nicht verändern. Ich ziehe mich einfach zurück und beobachte den Atem, lasse die vorübergehenden Gedanken und Gefühle los und nehme eine nicht wertende Haltung ein. Achte nur auf eine Sache nach der anderen. Dem gegenwärtigen Augenblick wohne eine magische Kraft inne zu beruhigen, zu heilen und zu tolerieren. Die Untersuchung, das kritische Denken oder die Erforschung des Wesens der Erfahrung weicht dem Persönlichen und gibt sich ihm hin. Dies ist auf jeden Fall beruhigend und könnte Raum für klare Gedanken schaffen. Stattdessen liegt der Schwerpunkt auf der magischen Gegenwart, dem subjektivierten Moment, der die Gedanken vertreibt und, wie Jacoby es ausdrückt, „eine Unmittelbarkeit erzeugt, die das Nachdenken zum Stillstand bringt“.

Der Aufruf, über alle Turbulenzen des menschlichen Daseins „hinauswachsen“, um einen höheren Bereich der Objektivität zu erreichen, erinnert an das stoische Konzept der *Apatheia,* von dem sich der heutige Begriff der Apathie ableitet.[135] Diese Vorschrift bietet ohne Zweifel Ruhe vor Vorgesetzten, die mit Kündigung drohen, sowie der Marktlogik, die dieser Entscheidung zugrunde liegt. Aber das ist ein bisschen so, als würde man einem Taschenspieler zuschauen: Man schaut genau (achtsam), weil man nicht betrogen werden will, aber man weiß nicht, worauf man achten muss. Also tricksen einen die Ursachen von Beschwerden immer wieder aus. Als Resultat wird man geübter darin, einfach abzuschalten. Einmal mehr ist Jon Kabat-Zinn zur Stelle, um diesem passiven Zustand ein positives Image zu geben. Er bezeichnet ihn als Vertiefung in ein „körperzentriertes Bewusstseinsfeld, das kein Narrativ haben und auch nicht an sein eigenes Narrativ glauben oder es ernst nehmen muss. Er ist eher in einem Bereich angesiedelt, den man als Nicht-Wissen bezeichnen könnte." Kabat-Zinn hat zusätzlich ein Beispiel parat, wie dieses „Nicht-Wissen" ihm bei einer Begegnung mit einem obdachlosen Menschen half:

> *„Ich lief an jemandem vorbei, der um Geld bettelte, und das passiert in der Gegend, in der ich mich gerade aufhalte, häufiger. Aber er bettelte nicht wirklich. Er sagte nichts. Ich lief einfach an ihm vorbei. Aber irgendetwas an dem Gefühl, an ihm vorbeizulaufen, ließ mich wissen, dass ich nicht an ihm vorbeigehen sollte. Also ging ich zurück und legte ihm ein wenig Geld in den Becher, der vom ihm stand, und er sagte: ‚Dankeschön.' Die Art und Weise, wie er ‚Dankeschön' sagte, hatte so viel Würde. Ich meine, es war zu viel – ich bemitleidete ihn.*
> *Also, wir sind in einer solch schlechten ökonomischen Situation, dass Menschen da draußen sich in so vielen unterschiedlichen Zuständen der Verworfenheit befinden. Und viele der bettelnden Menschen sind wirklich aggressiv. Aber die Art, wie diese Person einfach ‚Dankeschön' sagte, hat mich echt berührt. Und mein Impuls war, sein Freund sein zu wollen, ihm Geld zu geben und ihn mit nach Hause zu nehmen. Ich tat nichts davon. Aber es gab diesen Moment, in dem ich diesen Typen wirklich wahrgenommen habe und das war ein Ding für sich. Es musste nichts weiter passieren. Es war ein wunderbarer Austausch."*[136]

Ja, echt toll. Nichts musste passieren und beide konnten sich besser fühlen. An Kabat-Zinn war es nur, sich vom gegenwärtigen Augenblick ohne Abgabe eines Urteils treiben zu lassen.

Der Moment kann uns vielleicht zu einem anderen Verhalten antreiben, aber ein wenig mehr Kontext würde die Wahrscheinlichkeit erhöhen. Andernfalls lehrt die Unmittelbarkeit von Kabat-Zinns wertvoller „Ich-Du"-Begegnung eine passive Form des Humanismus, die auf der Annahme basiert, dass der Verzicht auf Narrative zum Guten führe. Dieses „Nicht-Wissen" ist allerdings „soziale Amnesie" in Höchstform – das Vergessen, dass die Welt, in der wir leben, ein Narrativ *ist.* Wie es erzählt wird und folglich wie wir leben, hängt von Macht und Sonderinteressen ab, von sozialen und politischen Bedingungen sowie wirtschaftlichen Strukturen, welche die moderne Achtsamkeit als eine neue Form des Opiats für die Massen begeistert aufgenommen haben.

Zurück in der herzlichen Runde des Seminars der Achtsamkeitsbewegung realisierte ich, dass ich ein angenehmes Nickerchen gemacht hatte. Aber niemand um mich herum schien sich darum zu kümmern. Also verließ ich den Raum ohne Schamgefühle.

Kapitel 7: Achtsamkeit und das Problem mit der Wahrheit

Für die Beliebtheit von Achtsamkeit und ihre Akzeptanz im medizinischen Bereich gibt es eine einfache Erklärung, die von Kabat-Zinn stammt: „Der Grund dafür ist die Wissenschaft, die dahintersteckt.“[137] Viele wissenschaftliche Studien, die sich auf Wiederholbarkeit und quantifizierbare Ergebnisse stützen, haben sich bisher schablonenhaft der Frage gewidmet, ob Achtsamkeit „funktioniert“. Durch die Vermarktung von Achtsamkeit als Selbsthilfemittel – egal ob zur Verbesserung der eigenen Arbeitsleistung oder für besseren Sex – bietet sie messbare Inhalte und eignet sich daher für eine Verwissenschaftlichung.

Trotz der vielen bei Achtsamkeitsprogrammen angeführten Verkaufsargumente, etwa die allgegenwärtige Vorstellung der wissenschaftlichen Erwiesenheit ihrer Vorteile, bleiben kontemplative Neurowissenschaftler:innen skeptisch. Zwar zeigen Gehirnscans einige der aktiven Netzwerke, die in Situationen, in denen Achtsamkeit hilft, involviert sind. Die zugrunde liegenden Mechanismen, die ihre „Funktionsweise“ erklären, bleiben aber unklar. Ein vor Kurzem erschienenes Gutachten von drei angesehenen Neurowissenschaftler:innen kam zu dem überraschend ehrlichen Ergebnis, dass unser Verständnis von durch Meditation ausgelösten Veränderungen im Gehirn „trivial“ sei. Weitere, umfassendere Studien mit „ausgereifterer Methodik“ seien notwendig, um belastbare Aussagen darüber treffen zu können.[138] Das Gutachten hält weiter fest, dass viele der bisher veröffentlichten wissenschaftlichen Studien erhebliche Mängel aufweisen, etwa mangelnde Vergleichbarkeit, vorweggenommene positive Annahmen oder Ergebnisse, theoretische Mängel und Schlussfolgerungen, die auf der Grundlage der erhobenen Daten nicht gerechtfertigt sind.

Auch der Dolmetscher des Dalai Lama Thupten Jinpa mahnt zur Vorsicht. Als herausragender Gelehrter mit einem Doktortitel der Universität Cambridge und der höchsten akademischen Qualifikation in der Gelugpa-Tradition des tibetischen Buddhismus sagt Jinpa: „Das wissenschaftliche Studium der Meditation und ihrer Wirkungen ist sehr rudimentär.“[139]

Die Öffentlichkeitsarbeit von kontemplativen Neurowissenschaftler:innen kann verwirrend sein, findet die Forscherin Jenny Eklöf von der Umeå Universität in Schweden. Obwohl lediglich Verlautbarungen darauf hinweisen, dass Achtsamkeit das Wohlbefinden, die Gesundheit, das Glück und sogar die Fitness des Gehirns fördere, „wird der kulturelle und soziale Einfluss dieses Bereichs oft als Zeichen für ihre vorherige akademische Bestätigung angesehen", warnt Eklöf.[140] Im Gegensatz zum verhaltenen Ton des oben zitierten Gutachtens wird in weitverbreiteten Pressemitteilungen von Wissenschaftler:innen behauptet, dass ihr jeweiliger Forschungsbereich die „aktuellsten Entdeckungen" mache oder sie an der Schwelle zu einer revolutionären Veränderung stünden, welche unsere Kultur retten könnte.

Ein hervorragendes Beispiel dafür ist der Artikel „Mindfulness Can Literally Change Your Brain" („Achtsamkeit kann sprichwörtlich dein Gehirn verändern") aus der *Harvard Business Review.* Ironischerweise wurde dieser Artikel von einer der Verfasserinnen des genannten Gutachtens geschrieben, welches zur Vorsicht mahnte. Statt vorsichtige Aussagen zu treffen, stellt der Artikel große Behauptungen auf:

> *„Achtsamkeit ist in der Geschäftswelt in aller Munde. Aber vielleicht wissen viele noch nicht, dass der Hype auch wissenschaftlich untermauert ist. Neueste Forschungsergebnisse beweisen, dass das Üben einer urteilsfreien, gegenwärtigen Bewusstheit (auch als Achtsamkeit bekannt) das Gehirn verändert. Und ihre Wirkung sollte allen, die in der komplexen Arbeitswelt von heute arbeiten oder Führungspositionen innehaben, bekannt sein."*[141]

An der Überschrift und dem folgenden Text ist vieles falsch. Sie wiederholen das beliebte Dauerthema von Achtsamkeitsbefürworter:innen und ihren neurowissenschaftlichen Verbündeten, aber ihre Botschaft ist nur heiße Luft. Sie reduziert den Geist auf das Gehirn, obwohl es keinen Grund für diese Annahme gibt. Dabei wird gerne übersehen, dass jede wiederholt durchgeführte Handlung wie Geigespielen oder Taxifahren einen ähnlichen Effekt hervorruft. Der kognitive Neurowissenschaftler Fernando Vidal stellt hierzu fest: „Wenn behauptet wird, dass der Geist den Handlungen des Gehirns entspringt, wird lediglich gesagt, dass Gehirnaktivitäten andere Gehirnaktivitäten verändern."[142]

Achtsamkeit wird als Wissenschaft dargestellt, um westlichen Bedürfnissen zu entsprechen und kulturellen Widerstand gegen meditative Praktiken zu vermeiden, die dem Buddhismus entlehnt sind. Achtsamkeit wie ein gut trainiertes Maultier, das die Last von jemandem trägt, in den Dienst der Arbeit zu stellen, spiegelt die den Diskurs über Achtsamkeit dominierende Ergebnisorientierung wider. Mich interessiert weniger eine Kritik an den wissenschaftlichen Veröffentlichungen zu Achtsamkeit. Stattdessen möchte ich mich den Annahmen, übertriebenen Behauptungen und vermeintlichen Wahrheiten widmen, die durch den Prozess der Verwissenschaftlichung entstanden sind.

Zwar sprechen Missionierende von einer „Achtsamkeitswissenschaft", doch existieren hierzu noch keine gesicherten Erkenntnisse. Ihre Verlautbarungen sind eher rhetorischer als wissenschaftlicher Natur und ordnen den Beweis dem unter, was „wissenschaftlich" klingt. Der US-amerikanische Satiriker Stephen Colbert machte sich bereits vor der Trump-Ära über „alternative Fakten" lustig und spricht in diesem Kontext von „truthiness", also dem Anschein von Wahrheit. Es zählt also nicht das, was stimmt, sondern das, was sich richtig *anfühlt*. Und Achtsamkeit fühlt sich nun mal sehr wissenschaftlich an.

Vorsicht vor dem Hype

Der Schulterschluss von Wissenschaftler:innen und Missionierenden erzeugt einen Hype. Die Gefahren dieser Gemengelage zeigen sich beispielsweise in einer Studie zu achtsamkeitsbasierten Interventionen, die von Bassam Khoury von der McGill University durchgeführt wurde. Khoury praktiziert selbst Achtsamkeit und bewirbt sie gerne in der Öffentlichkeit. Als selbsternannter „achtsamer Psychologe" verkauft er auch ein eigenes Buch über Achtsamkeitsübungen. In ihrer metaanalytischen Studie (ein statistischer Ansatz, bei dem die Ergebnisse vieler Studien ausgewertet werden) kommen Khoury und seine Koautor:innen zu dem Schluss, dass achtsamkeitsbasierte Therapie „eine wirksame Behandlungsmethode für eine Reihe psychologischer Probleme darstellt und besonders effektiv Angst, Depression und Stress reduziert".[143]

Ein unabhängiges Gutachten von Wissenschaftler:innen des Centre for Reviews and Dissemination der University of York über die von Khoury angeleitete Studie kommt allerdings zu einem anderen Ergebnis: „Die Schlussfolgerungen der Autor:innen könnten angesichts der Qualitätsmängel und großen Unterschiede zwischen den untersuchten Studien überbewertet sein." Weiter heißt es: „Die Qualität der untersuchten kontrollierten Studien war allgemein gering. Bei den Vorher-nachher-Studien war sie besser, aber ihre Ergebnisse können auch leichter verzerrt werden. Viele der untersuchten Studien wurden nicht in einem kontrollierten Rahmen durchgeführt, weshalb keine gesicherten Erkenntnisse daraus gewonnen werden können."[144]

Vieles spricht dafür, dass eine positive Voreingenommenheit bei Studien über Achtsamkeit vorherrscht. Mögliche Therapien werden gerne als effektiver ausgegeben, als sie es wirklich sind. Stephanie Coronado-Montoya und weitere Wissenschaftler:innen des Fachbereichs Psychiatrie der McGill University kamen vor Kurzem zu dem Ergebnis, dass negative Ergebnisse bei Studien über Achtsamkeit tendenziell ausgeblendet werden. Die Wissenschaftler:innen der McGill University äußerten zudem die Sorge, dass die kleinen Untersuchungsgruppen und ein Mangel an belastbaren Daten bei den untersuchten Studien zu verzerrten Ergebnissen führten.[145]

Die verstorbene Forscherin Catherine Kerr, die in Harvard Medizin studierte hatte und zuletzt das Programm für kontemplative Neurowissenschaften an der Brown University leitete, befürchtete, dass die Tendenz zur Überbewertung der Achtsamkeitsforschung nach hinten losgehen könnte. „Falls sich dieser Hype fortsetzen sollte, wird die Gegenreaktion gewaltig sein", warnte sie. Sie zeigte sich besorgt, dass ungenaue Ergebnisse dazu führen könnten, dass „Menschen vom Glauben abfallen und die gegenteilige Meinung entwickeln, nämlich dass Achtsamkeit gar keinen Nutzen hat".[146]

Wir stehen nun vor dem Problem der „Illusion durch Verbreitung", wie es von Joel Best in seinem Buch *Flavor of the Month: Why Smart People Fall for Fads* bezeichnet wird. Damit meint er den falschen Glauben, dass die Beliebtheit von Achtsamkeit ein Beweis ihrer Effektivität und Nachhaltigkeit sei.[147] In vielerlei Hinsicht ist das Anpreisen von Achtsamkeit mit wissenschaftlichem Jargon der Art und Weise nicht unähnlich, wie ein neuer Fitnesswahn oder eine fettarme Diät beworben wird. Die Befürworter:innen von Sport und Diäten sind dafür berüchtigt, dass sie Studien herauspicken und sich auf die Autorität der Wissenschaft berufen, um ihre Behauptungen zu untermauern, dass wir in nur wenigen Wochen überflüssige Pfunde loswerden und unser Leben verbessern können. Bei den wenigsten dieser Angebote handelt es sich um mehr als einen kurzlebigen Trend.

Die Achtsamkeitsbewegung genießt mittlerweile großes Vertrauen. Hierfür ist zumindest teilweise die Dynamik ihrer Methoden entscheidend. Mit selbstherrlichen Studien, dem Medienhype, Büchern und Seminaren wird ein selbstreferenzieller Rahmen geschaffen. Das Hauptproblem der verzerrten Forschung liegt in der akademischen Achtsamkeitsindustrie, bei der Millionen von Dollar an Fördergeldern auf dem Spiel stehen. Am ehesten werden „evidenzbasierte" Arbeiten unterstützt, die auf der Grundlage des „Goldstandards der Wissenschaft" angefertigt werden, nämlich von randomisierten kontrollierten Studien (RCT). Diese Probleme mit Arbeiten über Achtsamkeit bestehen schon länger. Bevor sie im letzten Jahrzehnt anfingen, Zuschüsse zu erhalten, gab es einen ähnlichen Enthusiasmus vonseiten staatlicher Förderorganisationen für die Erforschung der Transzendentalen Meditation (TM). Allein zwischen 1992 und 2010 haben die National Institutes of Health (NIH) der Gesundheitsbehörde der USA fast 23 Millionen US-Dollar an die Maharishi University ausgezahlt, an der die meiste Forschung zur TM durchgeführt wurde. Im Jahr 2010 fiel die TM jedoch in Ungnade und hat seitdem keine Fördergelder mehr erhalten. Der TM-Insider Aryeh Siegel beschreibt in seinem Buch *Transcendental Deception* die Gründe für das Ende der Forschungsförderung. Dazu zählen die „mangelhafte Konzeption von Studien, die selten randomisierte aktive Kontrollgruppen beinhalten", das „wiederholte Beschönigen von Ergebnissen" und voreingenommene Wissenschaftler:innen, die selbst TM praktizierten.[148]

Die Wirksamkeit von TM wurde wie bei MBSR biomedizinisch begründet. Sie fand früh Unterstützung durch Herbert Benson, einen Professor für Mind-Body Medicine in Harvard, der den Bestseller *The Relaxation Response* verfasste.[149] Dazu sagte er: „Die Entspannungsreaktion ist eine universelle menschliche Fähigkeit und obwohl sie seit jeher in östlichen und westlichen Religionen eine wichtige Rolle spielt, muss man nicht an Riten oder esoterischen Praktiken teilnehmen, um sie zu erwecken."[150] Seine Methode verzichtete auf die geheimen Mantras der TM, Einweihungsriten, Levitationsversuche und hinduistische Einflüsse. Die Menschen wiederholten ein einfaches Wort, einen Satz oder eine Tätigkeit, um den Geist vom Abzuschweifen abzuhalten und eine passive und aufnahmebereite Haltung beizubehalten.

Wie Kabat-Zinn nutzte Benson einen universalistischen Diskurs, um sein Konzept von religiösen Traditionen abzuheben. Zur Bestätigung und Legitimierung seines Konzepts verwies er auf die Wissenschaft. In seinem Buch *Mindful America* argumentiert Jeff Wilson, dass die Beseitigung von religiösen Elementen zur heutigen Verbreitung von Achtsamkeit beigetragen hat. Das schwindende Interesse für TM führt er teilweise auf Rassismus zurück. „Der Maharishi war ein indischer Man mit brauner Haut, langem Bart und ungekämmtem, schulterlangem Haar. Er trug üblicherweise die Gewänder eines Yogi sowie hinduistische Gebetsperlen", schreibt Wilson über den Guru der transzendentalen Meditation. Im Gegensatz dazu steht die folgende Beschreibung: „Jon Kabat-Zinn, das Gesicht von MBSR, ist ein glatt rasierter weißer amerikanischer Arzt mit kurzen Haaren und randloser Brille, der seine Lehren im Geschäftsanzug vorträgt."[151]

Als die TM-Forschung nicht mehr von der Regierung gefördert wurde, füllten achtsamkeitsbasierte Interventionen die Lücke. Die NIH haben bisher über 100 Millionen Dollar für die Achtsamkeitsforschung ausgegeben, viermal so viel wie für TM in der Hälfte der Zeit. Allein 2017 erhielt das Center for Healthy Minds der University of Wisconsin-Madison, das von dem kontemplativen Neurowissenschaftler Richard Davidson geleitet wird, satte 7.637.000 Dollar.[152]

Der Wirksamkeitsmythos

Die wissenschaftlichen Behauptungen von Achtsamkeitsforscher:innen werden mittlerweile stärker unter die Lupe genommen. Darüber hat Dr. Madhav Goyal mit seinen Kolleg:innen von der John Hopkins University eine Metaanalyse in der Fachzeitschrift *JAMA Internal Medicine* veröffentlicht. Als Grundlage dienten Datenbankrecherchen, die anhand von zentralen Meditationsbegriffen durchgeführt wurden. Sie fanden dabei insgesamt 18.753 Zitate, von denen 47 den Einschlusskriterien, beispielsweise randomisierte Kontrollgruppen, entsprachen. In ihrer Analyse stellten die Autor:innen der Studie fest, dass Achtsamkeit nur eine moderate Wirksamkeit vorweisen kann und keinesfalls effektiver als regelmäßiger Sport oder die Einnahme von Medikamenten ist.[153] Die Tatsache, dass nur 0,25 % der Studien als qualitativ hochwertig genug eingestuft wurden, sollte zu denken geben. Der Hype ist das wenig überraschende Ergebnis solch niedriger Standards der methodischen Strenge, trotz der lauwarmen Ergebnisse, die sie verbergen.

Die US-amerikanische Agency for Healthcare Research and Quality hat ebenfalls Metaanalysen zur Wirksamkeit von achtsamkeitsbasierten Interventionen (MBIs) anfertigen lassen. Diese wurden 2007 und 2014 veröffentlicht. Beide kritisierten die mangelhafte Qualität der Studien über MBIs, da die wenigsten mit randomisierten Kontrollgruppen gearbeitet hatten. Die neuere Metaanalyse aus dem Jahr 2014 ergab, dass MBIs eine mäßige bis gar keine Wirksamkeit haben.[154] Besonders erwähnenswert ist die geringe Effektivität von MBIs bei der Stressreduzierung und der Verbesserung der Lebensqualität der Menschen. Die Achtsamkeitsbewegung behauptet mit Vorliebe, dass die Achtsamkeitspraxis zu sozialem Verhalten, mehr Mitgefühl, Altruismus und Empathie anrege. Zugleich reduziere sie Aggressionen und Vorurteile. Damit soll die mangelnde Diskussion über ethische Themen kaschiert werden. Diese Behauptungen dienen als Grundlage für das Versprechen einer achtsamen Revolution, die eine menschenwürdigere Gesellschaft und sogar den Weltfrieden einläuten soll.

Eine kürzlich erschienene Metaanalyse zur Förderung von sozialem Verhalten durch Meditation lässt große Zweifel an ihrer Wirksamkeit aufkommen. In einer 2018 in der Fachzeitschrift *Scientific Reports* veröffentlichten Analyse wurde festgestellt, dass eine moderate Zunahme des Mitgefühls nur in Studien auftrat, bei denen eine Meditationslehrkraft als Koautor:in beteiligt war, und auch nur dann, wenn die Studie eine passive (und nicht aktive) Kontrollgruppe verwendete.[155] Außerdem wurden 61 % der Studien von den Autor:innen der Analyse als methodisch schwach eingestuft. Die leicht erhöhten Messwerte bei Mitgefühl führten sie auf die Voreingenommenheit der Forscher:innen zurück, insbesondere im Falle einer Koautorenschaft mit einer Meditationslehrkraft. War diese Bedingung nicht erfüllt, lagen die Messwerte ihrer Aussage nach im Normalbereich. Darüber hinaus konnten sie keine Hinweise darauf finden, dass Meditation einen signifikanten Effekt auf den Abbau von Aggression und Vorurteilen hatte.

Der weitverbreitete Glaube, dass die „Wirksamkeit von Achtsamkeit" wissenschaftlich bewiesen sei, entbehrt also jeder Grundlage. Eine weitere Metaanalyse fand vor Kurzem heraus, dass MBSR bezüglich der Behandlung von Depressionen keinerlei Wirkung zeigte.[156] Selbst bei der Mindfulness-Based Cognitive Therapy (MBCT – Achtsamkeitsbasierte Kognitive Therapie), welche vom britischen National Institute for Health and Clinical Excellence anerkannt wird, ist die Wirksamkeit im Hinblick auf die Verringerung der Rückfallwahrscheinlichkeit von Depressionen nur mäßig.

Klecksologie

In den Medien werden häufig farbenprächtige Bilder des menschlichen Gehirns verwendet. Diese sollen suggerieren, dass die Wirksamkeit von Achtsamkeit durch die Wissenschaft bewiesen sei. Solche Bilder stammen aus neurowissenschaftlichen Studien, bei denen die funktionelle Magnetresonanztomografie (fMRI) verwendet wurde, um die Gehirnaktivitäten von Meditierenden zu untersuchen. Diese „Vorher-nachher-Bilder" dienen als offizielles Gütesiegel. Sie werden als unumstößlicher Beweis von funktionellen und strukturellen Veränderungen im Gehirn gehandelt. Dabei sind die sie erstellenden Neurowissenschaftler:innen selbst eher vorsichtig im Hinblick auf die tatsächliche Bedeutung der Vergrößerung der grauen Substanz, der Verkleinerung der Amygdala oder der Beruhigung des sogenannten Ruhezustandsnetzwerks. „Durch Farbkleckse auf Bildern werden wir dazu verleitet zu glauben, dass wir nun auf direkte Weise psychologische Prozesse beobachten können", kommentiert Richard Henson von der University of Cambridge.[157] Eine Studie zeigt die Gefahren dieser Annahme auf. Deena Wiesberg veröffentlichte hierzu mit ihren Kolleg:innen einen Artikel zu diesem Thema mit dem Titel „The Seductive Allure of Neuroscience Explanations" („Die verführerische Anziehungskraft neurowissenschaftlicher Erklärungsansätze"). Darin kamen sie zu dem Schluss, dass selbst falsche oder zweifelhafte Erklärungen für psychologische Probleme von den meisten Menschen als überzeugender empfunden werden, wenn sie in der Sprache und den beeindruckenden visuellen Bildern der Neurowissenschaften verpackt sind.[158]

Es wird auch oft fälschlicherweise angenommen, dass auf farbenfrohen Aufnahmen dargestellte neuronale Korrelate von Gehirnzuständen persönliche Erfahrungen erklären können. Dieser Glaube beruht auf der Auffassung, dass Achtsamkeit eine Form der inneren Betrachtung eines privaten geistigen Bereichs im Gehirn sei und damit gewissermaßen einem „Theaterstück des Geistes" beiwohne. Aber das ist die Vorstellung des aufklärerischen Ideals eines wahrhaft objektiven inneren Beobachters. Aus dieser Perspektive wird Achtsamkeit auf einer rein biologische Ebene betrachtet. Soziale, kulturelle, ökonomische und kosmologische Einflüsse auf die meditative Erfahrung werden ausgeblendet. Diese reduktionistische Theorie führt zur falschen Schlussfolgerung, dass „Meditation für wissenschaftliche Zwecke gesondert vom restlichen Leben" betrachtet werden könne.[159]

Indem sie uns suggerieren, dass wir unvermittelt in das Innere des Gehirns sehen können, schaffen fMRI-Aufnahmen das, was Michel Foucault ein „Regime der Wahrheit" nannte. Sie scheinen klare Anzeichen für etwas Bedeutsames zu zeigen, aber in Wirklichkeit ist das gesamte Gehirn immer aktiv, auch in Zeiten der sogenannten Ruhe. Bei fMRI-Aufnahmen zeigen die helleren Bereiche die stoffwechselaktivsten Gehirnregionen. Dabei kann es sich um solche handeln, die nur wenige Prozentpunkte aktiver sind als andere, die grau angezeigt werden. Bei den Bildern handelt es sich in Wirklichkeit um statistische Muster der Stoffwechselaktivität des gesamten Gehirns. Und anders als die Öffentlichkeit glauben mag, zeigen sie nicht die tatsächliche Beanspruchung bestimmter Regionen, als ob es sich um geistige Organe im eigentlichen Sinne handeln würde. Es handelt sich auch nicht um Momentaufnahmen der kognitiven Aktivitäten, die tatsächlich im Gehirn stattfinden. Dies geschieht nämlich auf mikroskopischer Ebene. Spezifische Regionen werden nur beleuchtet, um Analysen nachvollziehbar zu machen.

Aufnahmen des Gehirns sind komplexe Kompositionen aus statistischer Zuordnung und Mittelwertbildung mehrerer Datenpunkte und Probanden. Bei der Bildgebung des Gehirns geht es um indirekte Messungen der Zellaktivität in (für Gehirnverhältnisse) riesigen Aggregaten und nicht auf zellulärer Ebene, wo das Gehirn seine elektrochemische Verarbeitung tatsächlich durchführt. Mein Kollege David Lewis unterstreicht in diesem Zusammenhang, dass fMRI-Aufnahmen bei höchster Auflösung Gewebe nur quadratisch in einer Länge von ein bis drei Millimetern darstellen können. In diesen Bereichen befinden sich Millionen von Neuronen.[160] Lewis hat auch eine brauchbare Metapher für Studien, die auf Gehirnaufnahmen basieren. Er vergleicht sie mit dem Versuch, New Yorks wirtschaftliche und soziale Struktur anhand der Beobachtung des Verkehrsflusses und der Menschen von einem Flugzeug aus zu erklären. Dann könnte man den starken Verkehr zwischen 8 und 17 Uhr in Lower Manhattan, eine Zunahme des Fußverkehrs zur Mittagszeit und das geschäftige Treiben zwischen 20 und 23 Uhr in Midtown beobachten. Auf dieser Grundlage mag man grob bestimmen können, was passiert, aber jegliche Aussagen über die Finanzindustrie oder den Kulturbetrieb würden jeder Grundlage entbehren.

Im Endeffekt sind fMRI-Aufnahmen von Gehirnaktivitäten eine Simulation. Für sich genommen ist das kein Problem. Computersimulationen werden für die Vorhersage von Erdbeben und Orkanen genutzt. Die hierfür verwendeten quantitativen Datensätze lassen sich auch in dynamischen Bildern wiedergeben. Das Problem bei fMRI-Simulationen ist, dass ihre bildlichen Darstellungen eine starke Illusion von genauen und direkten Bildern phänomenologischer mentaler Zustände erzeugen. Nikolas Rose und Joelle Abi-Rached bezeichnen das als „visuelles Vorstellungsvermögen". Das lässt an die Vorstellungskraft von Phrenologen des 19. Jahrhunderts denken, die Schädelmessungen durchführten, um den Charakter, die Gemüter und Geisteszustände von Menschen zu untersuchen.[161]

Andere konzeptionelle und technologische Faktoren tragen ebenfalls zu einer falschen Interpretation neurowissenschaftlicher Aufnahmen des Gehirns bei. Der Philosoph Evan Thompson von der University of British Columbia ist als entschiedener Kritiker von Neurowissenschaftler:innen bekannt, die behaupten, die Nervenverbindungen der Achtsamkeit gefunden zu haben. Thompson argumentiert, dass es empirisch nicht gerechtfertigt sei, die kognitiven Funktionen, die bei der meditativen Praxis zum Tragen kommen, auf lokalisierte Hirnareale oder Netzwerke zu übertragen. Groß angelegte Datenbankrecherchen zu neurowissenschaftlichen Aufnahmen hätten „gezeigt, dass es keine Eins-zu-eins-Entsprechung zwischen bestimmten Gehirnbereichen und kognitiven Funktionen gibt". „Stattdessen wird jeder Bereich durch eine Vielzahl an Aufgaben beansprucht", führt Thompson weiter aus.[162] Auch weitere Versuche, die Netzwerke verschiedener Gehirnbereiche zu untersuchen, zeigten bisher keine direkte Verbindung. Diese vielfältige Aktivität kann für alle Gehirnbereiche nachgewiesen werden, die mit Emotionen und Kognition verbunden sind. Schlimmer noch: Selbst der Versuch, die verschiedenen Vorläufer für jede Region zu verstehen und zu strukturieren, hat nicht zu einem wissenschaftlichen Konsens über die mentale Funktion in Bezug auf Regionen oder Unterregionen geführt, obwohl diese sich eindeutig voneinander unterscheiden. Zu jedem Bereich gibt es heftig diskutierte Theorien, aber es erscheinen immer neue Studien, die weitere Fragen aufwerfen. Ein wissenschaftlicher Konsens ist nicht in Sicht.

Kognitive Prozesse finden nicht nur im Kopf statt, sondern sie werden verkörpert. Dabei wird auf eine Vielzahl von emotionalen und körperlichen Fähigkeiten zurückgegriffen, die in einem sozialen Umfeld zum Tragen kommen. Thompson verweist auf die Erziehung, um zu erklären, warum die Aufnahmen unserer Gehirnbereiche problematisch sein können:

> *„Eine gute Erziehung beruht auf einer Reihe von emotionalen und kognitiven Fähigkeiten sowie ihrer Anwendung. Diese Fähigkeiten und Verhaltensmuster sind mit dem Gehirn verbunden. Deren Verbesserung wirkt sich auch auf das Gehirn aus. Aber sie sind keine privaten Geisteszustände und existieren nicht innerhalb des Gehirns. […] Erziehung lässt sich auf der Ebene des Gehirns nicht erkennen."*[163]

Das Gleiche gilt für Achtsamkeit. Ihre Dekontextualisierung verstärkt den Irrglauben, dass es sich um einen privaten mentalen Zustand handle, der von sozialen und kulturellen Kontexten losgelöst sei. So kann sie als Mittel beworben werden, um „das Gehirn zu trainieren". Zudem können Wissenschaftler:innen dank Millionenbeträgen an staatlicher Förderung für Hirnkartierungsstudien Karriere machen.

Ist Achtsamkeit messbar?

Eine weitere Schwachstelle der Achtsamkeitsforschung sind ihre dubiosen Methoden. Insbesondere der Rückgriff auf die Selbsteinschätzung von Praktizierenden sticht darunter hervor. Derzeit gibt es mindestens neun verschiedene psychometrische Fragebögen, die Achtsamkeit unterschiedlich definieren und messen. Neben zahlreichen Problemen mit der Zuverlässigkeit, der Konstruktvalidität und Verzerrungen durch Selbstaussagen besteht die Grundannahme, dass einzelne mess- und quantifizierbare psychologische Merkmale mit Achtsamkeit gleichzusetzen seien. Die großen Unterschiede bei der Definition können zu sehr unterschiedlichen Praktiken und Zielsetzungen führen. Eine Verbindung zu den Lehren, die Kabat-Zinn zur Entwicklung von MBSR inspirierten, liegt jedoch nicht zwangsläufig vor.

Es gibt noch weitere Probleme. Interpretationen der westlichen Psychologie betrachten Achtsamkeit nicht nur als eine einzelne, sondern auch als eine vielseitige Eigenschaft. So geht beispielsweise Browns und Ryans Mindfulness Attention Awareness Scale (MAAS), bei der es sich um das vielleicht am weitesten verbreitete Instrument zur Messung von Achtsamkeit handelt, davon aus, dass diese einseitig ist und auf „gegenwärtig-zentrierter Aufmerksamkeit" beruht. Der MAAS liegt die Annahme zugrunde, dass Achtsamkeit anhand individueller Einschätzungen zu Konzentrationsschwächen gemessen werden kann. Dies wird von Forscher:innen als „geistiges Abschweifen" bezeichnet. Im Gegensatz dazu betrachtet der Five-Facet Mindfulness Questionnaire (FFMQ) Achtsamkeit als facettenreich. Dazu zählen auch Unterskalen wie „Beschreiben", die das Ausmaß messen, in dem Menschen glauben, sich in Worten ausdrücken zu können. Vergleiche zwischen meditierenden und nicht-meditierenden Personen zeigen keine erheblichen Unterschiede, außer bei der Beobachtung von Erfahrungen.

Selbsteinschätzungen neigen zudem zu einem simplifizierenden Sprachgebrauch. Sie schaffen es nicht, alle Aspekte von Achtsamkeit zu berücksichtigen und sie führen zu unvereinbaren Interpretationen. Daher finden sich viele fragwürdige Feststellungen. Ein klassisches Beispiel ist eine Studie, in der trinkfreudige Student:innen mit erfahrenen Meditierenden nach einem intensiven Exerzitium verglichen wurden. Auf der Grundlage der Ergebnisse des Freiburger Fragebogens zur Achtsamkeit (FFA) schnitten Rauschtrinker:innen in Bezug auf Achtsamkeit deutlich besser ab als erfahrene Meditierende (normale Studierende lagen im Mittelfeld).[164] Außerdem ist aus Sicht dieser Skalen keineswegs ein Achtsamkeitstraining vonnöten, da solche Selbstberichte in der Regel auf gewöhnlichen Bewusstseinszuständen beruhen, ohne dass die Erwartung besteht, bewusste Aufmerksamkeitshandlungen auszuführen.

Viele weitere Studien, die auf Selbsteinschätzungen beruhen, behaupten darüber hinaus, dass Achtsamkeit die Schlafqualität erhöhe. Allerdings fanden Willoughby Britton und ihre Kolleg:innen von der Brown University das Gegenteil heraus, als sie polysomnografische Messungen durchführten. Teilnehmende ihrer Studie wachten im Schlaflabor häufiger auf und hatten einen seichteren Schlaf, obwohl sie in ihrer Selbsteinschätzung angegeben hatten, besser zu schlafen. In ihrem Artikel in der Fachzeitschrift *Psychosomatic Medicine* heißt es dazu: „Im Gegensatz zu den Vorhersagen, dass [Achtsamkeit] den objektiv gemessenen Schlaf verbessern oder vertiefen würde, deuten mehrere Ergebnisse dieser Studie darauf hin, dass das Achtsamkeitstraining eine aufrüttelnde Wirkung auf die polysomnografischen Schlafprofile hatte."[165]

Selbst Kabat-Zinn musste zugeben, dass Achtsamkeit durch Umfragen nicht überzeugend gemessen werden kann. Im Übrigen haben zahlreiche Wissenschaftler:innen bezüglich der Achtsamkeitsfragebögen Bedenken geäußert, da sie tendenziell klassische Konzepte buddhistischer Achtsamkeit falsch wiedergeben. Das ist ironisch, da die verwissenschaftlichte Achtsamkeit eine religiöse Haltung einnimmt und glaubensbasierte Aussagen trifft, die empirisch noch nicht bewiesen sind.

Die Kluft zwischen Rhetorik und Fakten ist so groß geworden, dass 15 Forscher:innen, darunter prominente Achtsamkeitsbefürworter:innen, dies wiedergutzumachen suchten, indem sie gemeinsam einen Artikel mit dem Titel „Mind the Hype: A Critical Evaluation and Prescriptive Agenda for Research on Mindfulness and Meditation" („Vorsicht vor dem Hype: Eine kritische Bewertung und präskriptive Agenda für die Forschung zu Achtsamkeit und Meditation") veröffentlichten. Die Probleme bei der Achtsamkeitsdefinition werden aufgelistet, um geeignete und ungeeignete Studien und Methoden zu identifizieren. Die aufgeführten Probleme sind erheblich:

> *„Da Achtsamkeit zunehmend jeden Aspekt der heutigen Gesellschaft durchdrungen hat, sind auch die Missverständnisse darüber gewachsen, was sie ist, wem sie hilft und wie sie sich auf den Geist und das Gehirn auswirkt. Praktisch gesehen können falsche Informationen und schlechte Forschungsmethoden zu potenziellen Schäden bei Personen führen oder dazu, dass sie sich betrogen, enttäuscht und unzufrieden fühlen."*[166]

Die Wissenschaftler:innen „haben noch viel Arbeit vor sich, um sinnvolle Fortschritte zu erzielen", schlussfolgern die Autor:innen in der Hoffnung, „die früheren Missverständnisse und Schäden zu überwinden, die durch den allgegenwärtigen Achtsamkeitshype verursacht wurden". Keine:r von ihnen bemerkt jedoch die eigene Rolle in diesem heimtückischen Prozess. Eine dieser Studienautorinnen ist Sara Lazar, die den bereits erwähnten Artikel „Mindfulness Can Literally Change Your Brain" mitverfasste. Darin hieß es: „Vielleicht wissen viele noch nicht, dass der Hype auch wissenschaftlich untermauert ist."

Kapitel 8: Achtsame Angestellte

Ich befinde mich im großen Festsaal des Marriott Hotels in der Innenstadt von San Francisco unter 250 Teilnehmer:innen des ersten öffentlichen Workshops, den Google für sein Achtsamkeitstraining „Search Inside Yourself" (SIY) anbietet. Marc Lesser ist ein kleiner, bescheidener und wortkarger Mann, der ein wenig nervös wirkt. Der ehemalige Leiter von Tassajara, dem Landsitz des San Francisco Zen Center, ist ein geweihter zenbuddhistischer Priester, ein erfahrener Unternehmensberater mit Masterabschluss und der erste CEO von Googles gemeinnützigem Search Inside Yourself Leadership Institute (SIYLI). „Ich verspreche, die Vorzüge von achtsamer Meditation allen Menschen zugänglich zu machen, die in Firmen und Organisationen arbeiten. Ich weiß, dass ich so am meisten erreichen kann auf der Welt", sagt er. Das zweitägige Seminar kostet auch nur 950 US-Dollar pro Person.

Google ist zum Aushängeschild für den Einsatz von Achtsamkeit innerhalb von Konzernen geworden. Das ist größtenteils der Arbeit von Chade-Meng Tan zu verdanken. Als Softwarespezialist war er an der Entwicklung der ersten Suchmaschine beteiligt, bevor er mit der Arbeit begann, die ihm die bereits erwähnte Berufsbezeichnung „Jolly Good Fellow" einbrachte. Er war der 107. Mitarbeiter von Google und konnte 2015 im Alter von 45 Jahren in den Ruhestand gehen. „Mein Lebensziel ist es, die Voraussetzungen für den Weltfrieden zu schaffen, indem ich die Vorzüge der achtsamen Meditation der gesamten Menschheit zugänglich mache", verspricht er.

Meng trägt einen traditionellen Tai-Chi-Anzug aus goldfarbener Seide. Er genießt sichtbar seinen Auftritt als Achtsamkeitsguru des Silicon Valley. „Bereits vor neun Jahren, als ich noch als Softwareentwickler bei Google arbeitete, fasste ich den Entschluss, Frieden auf der Welt zu schaffen", erzählt er seinem Publikum während des Workshops in San Francisco. „Plötzlich wurde mir klar, was ich mit dem Rest meines Lebens anfangen wollte." Er erklärt: „Wir entwickelten Search Inside Yourself, ein auf Achtsamkeit basierendes Training für emotionale Intelligenz bei Google. Aufgrund dieses Programms wurde ich der erste Ingenieur bei Google, der von der Technik in die Personalabteilung wechselte", scherzt er. „Stellen sie sich das einmal vor: ein Softwareentwickler, der emotionale Intelligenz unterrichtet!"

Das Programm von Google hat in den Medien viel Aufmerksamkeit erregt. Die Lehrinhalte werden als „wissenschaftlich fundiert" beschrieben. In Anlehnung an Daniel Golemans Bestseller *Emotional Intelligence* (dt. Titel:

EQ. Emotionale Intelligenz), der selbst als wissenschaftliche Anleitung zum Erfolg gilt, lautet die Prämisse, dass Achtsamkeit die emotionale Intelligenz (EI) erhöhe.[167] Emotionale Intelligenz wird geschätzt, da Empathie, Selbstkontrolle und Liebenswürdigkeit die neuen Schlagwörter der Arbeitswelt geworden sind. Das Ganze lässt an den Erfolg von Dale Carnegies Selbsthilfebuch *How to Win Friends and Influence People* (dt. Titel: *Wie man Freunde gewinnt: Die Kunst, beliebt und einflussreich zu werden*) aus dem Jahr 1936 denken.[168]

Vor der Entwicklung seines eigenen Programms hatte Google Softwareentwickler:innen in MBSR unterrichten lassen. Nur wenige wollten jedoch daran teilnehmen, da Stress unter den allwöchentlich 60 bis 80 Stunden arbeitenden jungen Angestellten als Ehrenabzeichen gilt. Daher wurde das Locken mit dem Zuckerbrot des Erfolgs zum neuen Aufhänger. Als Achtsamkeit mit emotionaler Intelligenz in Verbindung gebracht wurde und damit bessere Aussichten auf Beförderung und beruflichen Aufstieg verbunden waren, meldeten sich Ingenieurinnen und Ingenieure scharenweise zu SIY-Kursen an.

Philippe Goldin ist klinischer Neurowissenschaftler an der Stanford University und Mitveranstalter des Workshops in San Francisco. Der hagere Mann mit grauen Haaren leitet unsere erste gemeinsame Übung an. „Wende dich einer Person neben dir zu", sagt er. Als Dozent mit 25-jähriger Berufserfahrung kenne ich diese Aufwärmübung. „Beantwortet gemeinsam die folgende Frage: Was liebst du an deiner Arbeit?" Ich versuche aufgeschlossen zu bleiben. Meine Partnerin ist Ursula. Sie ist Mitte 40, kommt aus der Schweiz und arbeitet für einen großen Pharmakonzern. Sie erscheint mir zögerlich und skeptisch. „Eine solche Schulung würde es nie bei uns in der Firma geben", beschwert sie sich. „Schulungen zu emotionaler Intelligenz sind doch Schnee von gestern. Diese Übungen sind doch kindisch und peinlich." Im Laufe des Vormittags lauschen wir weiter vereinfachenden Vorträgen zu emotionaler Intelligenz, die mithilfe beeindruckender PowerPoint-Folien vermittelt werden, welche farbenfrohe fMRI-Aufnahmen zeigen. Sie betonen, dass Meditation unsere Gehirnaktivitäten beeinflussen könnte.

Als die Mittagspause endlich anfängt, sind wir enttäuscht. Chade-Meng Tan wird von Konferenzteilnehmer:innen umringt, die Selfies mit ihm machen wollen. Uns wird dadurch der Weg versperrt. Ich frage Ursula, die Vizepräsidentin für Personalwesen ist, was sie von der Verbindung von Achtsamkeit mit emotionaler Intelligenz hält. „Wo sind denn die wissenschaftlichen

Beweise für diese Behauptungen?", antwortet sie. Ich fühle mich erleichtert, da ich mich mit einer gleichgesinnten Person unterhalten kann. Expert:innen sind genauso wenig überzeugt davon. Der Psychologe Robert Sternberg von der Yale University schreibt dazu im Vorwort des Buches *Emotional Intelligence – Science and Myth:* „Golemans Arbeiten entsprechen keiner systematischen wissenschaftlichen Forschung. Es scheinen keine Kontrollmechanismen genutzt zu werden, um Hypothesen mit Datensätzen abzugleichen."[169]

Ein paar Jahre nach diesem Workshop habe ich den Mitveranstalter Goldin getroffen. Wir nahmen beide an einer Konferenz mit dem Titel „Mindfulness in Society" („Achtsamkeit in der Gesellschaft") teil, wo er eine Pilotstudie vorstellte, die er mit SIY-Absolvent:innen in drei Technologieunternehmen im Raum San Francisco durchgeführt hatte. Er war von seinen eigenen Befunden überrascht, da sie wenig Einfluss auf die Förderung emotionaler Intelligenz zeigten. SIY-Schulungen trugen sogar zu Überarbeitung und sozialen Rückzugsprozessen bei. Man könnte spekulieren, dass Achtsamkeit den Angestellten dabei half zu erkennen, wie ausgelaugt sie tatsächlich sind. Ihre Antwort darauf war, Abstand von der Arbeitswelt zu gewinnen, um sich zu erholen. Während der Fragerunde am Ende wollte ich von Goldin wissen, ob er als Wissenschaftler angesichts dieser Ergebnisse das SIY-Konzept überarbeiten würde. „Na ja, ich habe mich von Googles SIY-Schulungen distanziert und bin nicht mehr daran beteiligt", antwortete er. Google verkauft allerdings weiter Achtsamkeit und emotionale Intelligenz.

Private Rückzugsmöglichkeiten als Problem

Google hat das Konzept nicht ohne Grund „Search Inside Yourself" genannt. Achtsamkeit ist die neue kapitalistische Spiritualität. Als Mittel zur Selbsthilfe vereint sie das Streben nach Produktivität mit Profitinteressen, innerer Ruhe und Selbstverwirklichung. Indem sie die Aufmerksamkeit nach innen lenken, führen Kurse wie der von Google von Fragen der Macht oder der politischen Ökonomie weg. Die äußeren Bedingungen werden einfach akzeptiert, wie sie sind. Uns wird gesagt, dass Antworten in uns selbst zu finden seien. „Achtsamkeit kann die Zufriedenheit erhöhen, ohne etwas verändern zu müssen", verspricht Chade-Meng Tan.[170]

Diese therapeutische Ausrichtung auf das individuelle Wohlbefinden blendet die tatsächlichen Gründe aus, warum Achtsamkeit von Großkonzernen gefördert wird. Der Kapitalismus steht vor einer noch nie dagewesenen

Krise. Bisher sind die Versuche, Arbeitnehmer:innen auszubeuten, auf verschiedene Arten von Widerstand wie Streiks, Sabotage, gewerkschaftliche Organisierung und die Verlangsamung von Arbeitsprozessen gestoßen. Da Organisation und Verweigerung in den meisten Branchen nicht mehr möglich sind, ist die häufigste Form des postindustriellen Widerstands Stress, Burnout und Apathie. Depressionen haben epidemische Ausmaße angenommen, und es zeichnet sich eine allgemeine Krise der psychischen Gesundheit ab.

Der Enthusiasmus für Achtsamkeit innerhalb von Konzernen entwickelte sich im Zuge der Finanzkrise von 2008. Angesichts massenhafter Kündigungen, der Zunahme prekärer Beschäftigungsverhältnisse, von Arbeitszeitverlängerungen, ausgesetzter Lohnerhöhungen und anderer „Schocktherapien" wurden Arbeitnehmer:innen angehalten, „mehr aus weniger" zu schaffen. Die wachsende Unzufriedenheit bei Angestellten gilt als Bedrohungslage, sowohl für Konzerne als auch den Staat. Diese Unzufriedenheit und Entfremdung, die sich in Form von Stress, mangelnder Motivation und Abwesenheit manifestiert, hat nicht nur das Interesse an Achtsamkeit geweckt, sondern auch eine aufkeimende Wellness- und Glücksindustrie ins Leben gerufen.

Die „Lustlosigkeit von Angestellten" ist zu einem Phänomen geworden, die Unternehmensgewinne, die Produktivität und die Wirtschaftsleistung beeinträchtigt. Die Verluste durch stressbedingte Krankschreibungen werden allein in den USA auf 300 Milliarden US-Dollar geschätzt.[171] Lustlosigkeit soll zu Verlusten in Höhe von 550 Milliarden US-Dollar geführt haben.[172] Personalabteilungen sind alarmiert, da etwa sieben von zehn befragten Angestellten angeben, dass sie sich „lustlos" bei der Arbeit fühlen. Selbst engagierte Angestellte wie die Softwareentwickler bei Google geben an, unter dem konstanten Stress zu leiden. Es verwundert also nicht, dass sich Konzerne der Wellness- und Achtsamkeitsbewegung anschließen.

Diese Entwicklung vollzieht sich schon lange. Bereits während der 70er- und 80er-Jahre waren Stress und Stressreduktion viel besprochene Themen in der Arbeitswelt. Auch damals wurde kritisiert, dass Schulungen zur Stressreduktion bei Angestellten durchgeführt wurden, ohne aber an den Arbeitsverhältnissen selbst etwas zu ändern. In den 90ern bemühten sich Organisationspsycholog:innen, den Begriff „berufsbedingter Stress" zu etablieren. Dafür griffen sie auf ähnlich erschreckende und dubiose Statistiken zurück. Die Confederation of British Industry schätzte, dass im Jahr 1994 der Ausfall von 360 Millionen Arbeitstagen zu einem wirtschaftlichen Verlust von acht

Milliarden Pfund geführt habe.[173] Auch in diesen Berichten wird Krankheit mit Stress in Verbindung gebracht, ohne dass dies belegt wird.

Tim Newton erklärt in seinem Buch *Managing Stress*, dass diese dramatischen Erzählungen zu einer Dämonisierung von Stress führen und diesen Erklärungsansatz legitimieren. Da sich Stress als biomedizinischer Begriff erst nach dem Zweiten Weltkrieg im öffentlichen Bewusstsein etablierte, untersucht Newton Beispiele aus dem 19. Jahrhundert. Ohne die diskursive Legitimierung von Stress durch die Sozial- und Verhaltensforschung hätten die Arbeiter:innen in der Industrie wahrscheinlich nicht angegeben, dass sie sich „gestresst" fühlen. Stattdessen hätten sie Bedenken über ihre Arbeitsbedingungen geäußert. Als der Stressdiskurs allgegenwärtig wurde, zeichnete er ein Bild des gestressten Subjekts „als jemand, der unpolitisch, individualisiert und kontextlos ist", so Newton.[174] Stress wird dadurch als gegeben hingenommen und zu einer unausweichlichen, berufsbedingten Krankheit umgemünzt.

Die geistige Gesundheit der Angestellten

Achtsamkeitsschulungen bei Konzernen werden oft als Mittel zur Förderung der geistigen Gesundheit angepriesen. Unsere Gehirne werden mit Muskeln verglichen, die regelmäßig im Fitnessstudio trainiert werden müssen. „Wir sind zuversichtlich, dass diese Schulung von Vorteil sein wird, da wir aus wissenschaftlicher Forschung wissen, dass Achtsamkeit eine Fähigkeit ist, die man wiederholt üben muss, um sie zu verbessern", heißt es etwa seitens des Geschäftsführers von Googles Achtsamkeitsinstitut SIYLI Richard Fernandez. Der Gründer dieses Instituts, Chade-Meng Tan, stellt die gleiche Behauptung auf: „So wie Krafttraining uns körperlich fit macht, ist Achtsamkeitsmeditation ein Weg, unser Gehirn zu trainieren, um geistige Fitness zu erreichen."

Es ist aber kein Zufall, dass beide Aktivitäten von einzelnen Individuen durchgeführt werden. Die Fitness-Metapher suggeriert Angestellten, dass ihr psychologisches und physisches Wohlbefinden – und damit auch ihre Produktivität – von ihren Fähigkeiten zur Stressbewältigung abhänge. Die von Konzernen angebotenen Achtsamkeitsschulungen zielen darauf ab, Angestellten auf individueller Ebene beizubringen, mit schwierigen Emotionen umzugehen. Zudem soll sich ihre Konzentrationsfähigkeit erhöhen. Es handelt sich um wertvolle wirtschaftliche Ressourcen, die in den Dienst der Unternehmensziele gestellt werden.

Angestellte werden als Selbstständige betrachtet, als „Ich-AGs". Sie werden dazu angehalten, die komplette Verantwortung für ihre Leistungen zu übernehmen und sich geistig anzupassen, um formbarer, angepasster und flexibler zu werden. Fokussierte, nicht-wertende Aufmerksamkeit, emotionale Selbstkontrolle und soziales Verhalten sind subjektive Fähigkeiten, die innerhalb der kapitalistischen Gesellschaft instrumentalisiert werden. In diesem Sinne sind betriebsinterne Achtsamkeitsschulungen als neue Form von „geistigem Kapital" zu werten. Die Subjektivität von Angestellten soll neu geformt werden, damit sie ein wertvoller und wesentlicher Bestandteil des Konzernerfolgs sein können.

Unterm Strich lässt sich festhalten: Geistig gesunde Angestellte sind achtsam und können gut mit Stress und Emotionen umgehen. Betriebsinterne Achtsamkeitsschulungen tragen derweil dazu bei, dass alternative Sichtweisen auf Stress am Arbeitsplatz ebenso beiseitegeschoben werden wie die Frage nach Machtverhältnissen und der eigenen Verantwortung des jeweiligen Konzerns für die Arbeitsbedingungen seiner Angestellten.

Selbstverschuldeter Stress?

Der *New York Times*-Wirtschaftsreporter und Autor des Buches *Mindful Work* David Gelles ist ein lauter Fürsprecher von Achtsamkeit bei Konzernen. „Stress wird uns nicht auferlegt. Er ist etwas, das wir uns selbst einbrocken", behauptet er.[175] Ist das wirklich so? Eine nicht hinreichende Anpassungsfähigkeit wird oft auf eine Funktionsstörung der Nervenverbindungen oder schwierige Gedanken und Emotionen geschoben. Seine Kolleg:innen der *New York Times* sind da ganz anderer Meinung. In einem Bericht über die soziopathische Arbeitskultur bei Amazon zitierte die Zeitung einen ehemaligen Angestellten mit der Aussage, er habe fast alle Mitarbeiter an ihren Schreibtischen weinen sehen.[176] Was hätte ihnen Gelles gesagt? Etwa, dass sie sich selbst zu viel Stress aufbürden würden? Oder lieber, dass sie sich dazu entscheiden könnten, nicht zu weinen? Vielleicht hätte er ihre mangelnde emotionale Selbstkontrolle auch einfach auf ihre Amygdala zurückgeführt, die sich selbstständig gemacht habe.

Gelles sieht die Ursache von Stress in unseren eigenen Köpfen. Da fMRI-Aufnahmen zeigen, dass bestimmte Gehirnbereiche bei Stress aufleuchten, fühlt er sich wie alle anderen Achtsamkeitsbefürworter:innen bestätigt. Wir würden unser eigenes Unglück durch Gedanken und Emotionen schaffen, die wir nicht loslassen können. Also sei unsere eigene Unachtsamkeit schuld. Damit soll nicht geleugnet werden, dass Stress- und Unbehaglichkeitserfahrungen teilweise mit gewohnheitsmäßigem Verhalten zu tun haben, aber Gelles geht zu weit. Seine Philosophie der „Opferbeschuldigung" spiegelt das Achtsamkeitsethos der Unternehmen wider: die Last des psychischen Stresses und der strukturellen Unsicherheiten auf die einzelnen Mitarbeiter abwälzen, dies als persönliches Problem darstellen und dann Achtsamkeit als Allheilmittel anbieten. Dadurch werden die sozialen und wirtschaftlichen Bedingungen verschleiert, die das Problem möglicherweise verursacht haben. Achtsamkeitskonzepte scheren sich kaum um die komplexen Dynamiken von interagierenden Machtverhältnissen, Interessensnetzwerken und Erklärungsansätzen, die die kapitalistische Gesellschaft formen. Doch wie Richard Wilkinson und Kate Pickett in ihrem Buch *The Spirit Level* (dt. Titel: *Gleichheit ist Glück*) deutlich machen, weisen sozialepidemiologische Erkenntnisse darauf hin, dass Stress und psychosomatische Erkrankungen vor allem in sehr ungleichen Gesellschaften mit stark materialistischen und wettbewerbsorientierten Werten auftreten.[177]

Selbst wenn Achtsamkeitsschulungen von Konzernen auf individuelle Verhaltensmuster abzielen, so sind „Lifestyleentscheidungen" von geringer Bedeutung. Eine Studie der Stanford Graduate School of Business fand heraus, dass die Top Ten der Stressfaktoren auf schlechte Managementkonzepte und zu hohe Anforderungen zurückzuführen seien. Das Ergebnis kam durch die Analyse von 228 anderen Studien zustande. Die größten Stressfaktoren waren fehlende Krankenversicherungen, Angst vor Entlassungen, zu wenig Diskretion und Autonomie bei der Entscheidungsfindung, lange Arbeitszeiten, Ungerechtigkeiten innerhalb des Betriebs und unrealistische Erwartungen.[178] Unsichere Arbeitsverhältnisse führten bei etwa der Hälfte der untersuchten Personen zu schlechterer Gesundheit und lange Arbeitszeiten bei etwa einem Fünftel zu einer kürzeren Lebenserwartung.

Gelles lässt sich aber von solchen Forschungsergebnissen nicht unterkriegen. „Achtsamkeit kann eine Quelle der Wertschöpfung für Unternehmen sein und auf lange Sicht ein wertvolles Mittel darstellen, um mit dem hohen Burnout-Risiko unter Angestellten umzugehen", sagt er.[179] Anders ausgedrückt ist Achtsamkeit im Unternehmenskontext nur eine weitere Möglichkeit für Manager:innen, den optimalen Nutzen aus den menschlichen Ressourcen zu ziehen. Der SIYLI-Achtsamkeitstrainer George Mumford vergleicht Achtsamkeit mit dem „Schärfen einer Säge". „Wenn man ohne zwischenzeitliches Nachschärfen weitersägt, dann wird man nicht so effektiv arbeiten können", sagt er. Wie bei Wellness am Arbeitsplatz, bei Glücks- und Resilienzversprechen oder der Positiven Psychologie des Wohlbefindens wird auch bei der Achtsamkeit der Körper und der Geist von Angestellten als Quelle wirtschaftlichen Wertes betrachtet.

Fügsame Angestellte

Es ist eine Ironie, dass Google sich zwar mit seinem Streben rühmt, „die Welt durch die ‚Technologie' der achtsamen Meditation zu einem besseren Ort zu machen", seine Manager:innen laut Nicolas Carr aber „im wahrsten Sinne des Wortes in der Ablenkungsindustrie" tätig sind – eine Beschreibung, die aus seinem Buch *The Shallows* (dt. Titel: *Wer bin ich, wenn ich online bin*) stammt.[180] In gewisser Weise sind Achtsamkeit und Ablenkung tatsächlich miteinander verwoben. Achtsamkeitsschulungen bringen Angestellten bei, ihren Arbeitgeber:innen und dem damit verbundenen System zu dienen. Sie stellen keine Gehirnwäsche dar, was von Achtsamkeitslehrkräften gerne betont wird, um Kritik daran zu entkräften. Sie lenken die Aufmerksamkeit von der kollektiven Organisierung oder dem Streben nach strukturellen Veränderungen in der Unternehmenskultur ab und konzentrieren sich stattdessen auf die produktive Selbstdisziplin der Beschäftigten. Es handelt sich um eine ausgeklügelte Form der Bio-Macht, die das Innenleben der Menschen an den Erfolg des Konzerns koppelt.

In Anlehnung an Foucault argumentiert Nikolas Rose, dass Achtsamkeitsschulungen „auf der Grundlage der Subjektivität funktionieren und ihr nicht widersprechen".[181] Foucault verwies selbst darauf, dass Diskurse über Autonomie, Freiheit, Gesundheit, Selbstverwirklichung, Vernunft und Selbstversorgung die Kanäle sind, durch die das „conduire des conduites" („Führen von Führungen") entstehe. Wie Rose schreibt, „versuchen solche Ansätze aktiv, Subjekte einer bestimmten Form zu produzieren, die Psyche zu formen, zu gestalten und zu organisieren sowie Individuen mit bestimmten Wünschen und Bestrebungen zu schaffen".[182]

Kein Achtsamkeitskonzept ist neutral. Auch dann nicht, wenn es als „geistiges Werkzeug zur Selbstverbesserung" vermarktet wird, wie der Buddhismusprofessor Richard Payne aus Berkeley ausführt. „Alle Werkzeuge stellen Ideologien dar", bemerkt er weiter. „Sie setzen die Werte ihrer Schöpfer:innen um und übertragen diese Werte auf ihre Nutzer:innen."[183] Mit wissenschaftlicher Rhetorik und dem Verweis auf universelle Werte werden die Prioritäten von Konzernen verschleiert. Die grundlegende Botschaft lautet, dass Angestellte für ihr eigenes Wohlbefinden selbst verantwortlich seien. Ihre beabsichtigte Wirkung ist jedoch die Neutralisierung von Kritik. Das muss nicht so bleiben. Aber solange Unternehmenskulturen nicht mit kollektiven Mitteln verändert werden können, ist das Anbieten von Achtsamkeitskursen so, als würde man in einem psychoanalytischen Umfeld pharmazeutische Medikamente verabreichen, um sich die Sorgen der einzelnen Patient:innen nicht anhören zu müssen.

In dieser Hinsicht können Achtsamkeitstrainings das Potenzial einschränken, in einer die bestehenden Machtverhältnisse bedrohenden Weise zu sprechen, zu forschen und zu handeln. Sie sind eine Art der „verinnerlichten Befriedung", eine potente Verkörperung des Quietismus. Wenn Angestellte dazu angehalten werden, ihr Innenleben zu untersuchen und „destruktive Emotionen durch Achtsamkeit" zu kontrollieren, dann werden sie laut Foucault zu „fügsamen Subjekten".

Der neue Trend bei Konzernen

Obwohl betriebsinterne Achtsamkeitsschulungen gerne als etwas Neues vorgestellt werden, ähneln sie in vielerlei Hinsicht den Anliegen früherer wissenschaftlicher Trends, auf die von Geschäftsleitungen zurückgegriffen wurde. Diese Programme können als evolutionäre Anpassung einer Unternehmensmythologie betrachtet werden, die Anfang des 20. Jahrhunderts mit Frederick Winslow Taylor begann, dessen „wissenschaftliche" Managementprinzipien buchstäblich als „geistige Revolution" angepriesen wurden.[184] Taylors wirtschaftliche Erfindung entzerrte Arbeiter:innen das Wissensmonopol in der Produktion, indem diese standardisiert und aufgeteilt wurde. So konnte die Arbeitseffizienz erhöht und Autonomie und potenziellen Konflikten entgegengewirkt werden. Taylors Revolution basierte auf dem Studium von Zeit und Bewegung. Sie versprach, eingewanderte Arbeitskräfte in „erstklassige Menschen" zu verwandeln, die viel versöhnlicher gegenüber der Betriebsleitung sein würden. Derlei Beteuerungen fanden bei Industrievertreter:innen natürlich großen Zuspruch.

Betriebsinterne Achtsamkeitsschulungen führen diesen Trend fort und gleichen die Subjektivität der Angestellten an kapitalistische Interessen an.

Wie auch die von Chade-Meng Tan von Google stützte sich Taylors Propaganda auf die Behauptung, dass seine Techniken wissenschaftlich untermauert seien. Ihr Überschwang erklärt, wie objektive Methoden die Geheimnisse der menschlichen Subjektivität aufdecken können. Das ermöglicht Technokrat:innen, noch mehr Profit aus unserer Arbeitskraft herauszuholen. Sozialwissenschaftler:innen sind durch Motivationsstudien, Beratung, Persönlichkeits- und Einstellungserhebungen und viele andere Maßnahmen an diesem Managementunternehmen beteiligt. In der Tat entstand eine lukrative sozialwissenschaftliche Industrie, aus der Managementberatungsfirmen, Unternehmenstrainer:innen, Führungscoaches und ein wachsender Markt für populäre Wirtschaftsbücher hervorgingen. Selbst die American Psychological Association stellte sich 1961 Schulter an Schulter mit kapitalistischen Interessen:

> *„Während sich die Psycholog:innen vor allem für das menschliche Verhalten interessieren, können sie auch zur Wirtschaftlichkeit eines Unternehmens beitragen. […] Im Grunde möchten die Arbeitspsycholog:innen den Angestellten helfen zu erkennen, dass ihre Interessen und die der Betriebsleitung übereinstimmen. So kann den Angestellten bei der Anpassung an die Arbeitsvorgaben geholfen werden."*[185]

Die Arbeitspsychologie und die Managementlehre behaupten, neutral, wissenschaftlich und objektiv zu sein. Aber die Wirtschaftshochschulen haben eine lange Tradition, Ideologie als Managementwissenschaft zu tarnen. Hierzu schreiben zwei Journalisten des Nachrichtenmagazins *The Economist:* „Moderne Managementtheorie ist genauso zuverlässig wie Stammesmedizin. Medizinmänner haben ja auch vieles richtig gemacht, ob durch Zufall, Instinkt oder Herumprobieren."[186] Die Wissenschaft wird nicht nur zur Legitimierung von Managementinteressen herangezogen, sondern der materialistische Charakter des wissenschaftlichen Diskurses trägt auch zur Rationalisierung der Anhäufung von Reichtum bei. Und wie der Managementwissenschaftler Gerard Hanlon feststellt, ist die Disziplin in erster Linie politisch, was das Management zur ersten „neoliberalen Wissenschaft" macht.[187] Ihr Ansinnen ist es, das Leben so zu organisieren, dass es bestimmten Interessen dient – historisch gesehen denen der Elite.

Diese Art der Wissenschaft hat ihren Ursprung in der „Human Relations"-Bewegung der späten 20er-Jahre. Angestellte wurden ab dann anders betrachtet als noch bei Taylor: Sie waren keine kopflosen Roboter mehr, die sich nur von ökonomischen Interessen leiten ließen. Stattdessen wurde ihre Psyche als deutlich komplexer wahrgenommen. Sie sei von Emotionen geleitet, deren Verwaltung neue Techniken aus der Verhaltensforschung erfordere.

Der „Human Relations"-Ansatz versuchte die Einstellung und das Gewissen der Angestellten zu formen und sie mit den Interessen von Aktionär:innen wieder in Einklang zu bringen. Seitdem haben sich Unternehmen zumindest innerhalb gewisser Grenzen um eine Aufrechterhaltung der Harmonie am Arbeitsplatz bemüht, indem sie eine partizipativere Kultur entwickelten, die Mitarbeiter:innen in eine sinnvollere Gestaltung der Arbeit einbanden und Teams organisierten, um ein Gefühl der Zugehörigkeit, des Eigentums und der Loyalität gegenüber den Unternehmensinteressen zu stärken. Die Förderung des Wohlbefindens ist nur die neueste Version davon, indem gestressten Manager:innen und Mitarbeiter:innen ein Achtsamkeitstraining angeboten wird.

Im Laufe der Geschichte sind die meisten Unternehmensinitiativen von der Annahme ausgegangen, dass die Unzufriedenheit der Mitarbeiter:innen ein subjektiver Zustand sei. Der Schauplatz des Wandels wird im einzelnen Subjekt gesehen, von dem erwartet wird, sich den Unternehmensbedingungen anzupassen und dabei gelegentlich Zugeständnisse zu machen. In den 20er- und 30er-Jahren wurde der Harvard-Psychiater Elton Mayo damit beauftragt, experimentelle Datensätze des Hawthorne-Werks der Western Electric Company im Westen von Chicago zu untersuchen. Mayo wertete Beschwerden über schlechte Arbeitsbedingungen und niedrige Löhne als „emotionale Reaktionen", die nicht ernst genommen werden sollten, insbesondere dann nicht, wenn die Beschwerden von Frauen stammten. Mayo beschrieb Arbeiter:innen häufig als irrational, pathologisierte sie und schrieb ihnen eine mangelnde Selbstkontrolle zu. Aber für diese Behauptungen lieferte er nie Beweise. Moderne Sozialwissenschaftler:innen haben Mayos Studien seither als „Kuh-Soziologie" abgetan, da sie seine Voreingenommenheit zugunsten des Managements für falsch hielten. Dies ist eine Anspielung darauf, dass zufriedene Kühe mehr Milch geben, wodurch angedeutet wird, dass „glückliche" Arbeitnehmer:innen produktiver sind.

Diese Versuche der Manipulation von Arbeiter:innen durch eine Förderung der Akzeptanz ausbeuterischer Bedingungen, die Unterdrückung und

Verleugnung von Konflikten sowie die Verschleierung von Macht- und Interessenunterschieden finden ihren Widerhall in der unternehmerischen Achtsamkeit. In seinem Buch *Manufacturing Knowledge* kritisiert Richard Gillespie „eine durchgehende Tendenz in Mayos Veröffentlichungen, jede Schwierigkeit der Betriebsleitung als Beweis einer psychologischen Störung zu werten".[188] In den 30er-Jahren wurden Arbeiter:innen als „irrational", „unreif", „hysterisch" (insbesondere Frauen) und „verträumt" dargestellt. Heutzutage gelten sie als „gestresst" und „abgelenkt" und es wird ihnen eine „mangelnde Selbstkontrolle" oder eine Neigung zu „umherschweifenden Gedanken" vorgeworfen. Mayos psychopathologischen Theorien reduzierten die Beschwerden von Arbeiter:innen auf persönliche Probleme und mangelnde Sozialkompetenzen. Wie die heutigen Achtsamkeitsbefürworter:innen wollte er keine Verbindung zu den objektiven, materiellen Verhältnissen erkennen.

Mayo scheint geglaubt zu haben, dass weder Demokratie noch Menschenrechte, sondern eine Wirtschaftselite die Zivilisation vor Unruhen in der Industrie bewahren könnte. Er hasste den Sozialismus und Gewerkschaften. Für Mayo lag die Rettung vor diesem „Gesindel" in der Schulung von Manager:innen und Vorgesetzten, die einfühlsame, auf die psychische Gesundheit ausgerichtete „Human Relations"-Techniken anwenden sollten. Seine Methoden halfen bei der Legitimierung von Unterdrückungsverhältnissen, indem sie sie durch pseudowissenschaftliches Geschwätz über den Umgang mit Emotionen und die schlechte soziale Anpassung von Fließbandarbeiter:innen mystifizierten. Das lässt an die heutige Situation denken, in der Achtsamkeit in Unternehmen auf Stress und nicht auf strukturelle Ungleichheiten in den Machtverhältnissen abzielt, während sie die produktivste Ausschöpfung der „Ressource Mensch" fördert.

Der Mythos vom Trojanischen Pferd

Achtsamkeitsmissionierende haben utopische Vorstellungen von Transformation. Sie spekulieren, dass Achtsamkeitstraining langsam zu Veränderungen beiträgt, indem Manager:innen dazu inspiriert werden, ethische Konzernrichtlinien einzuführen. Wir müssen nur darauf hoffen und abwarten. Sie scheinen wirklich zu glauben, dass ihr Angebot subversiv ist und ihr „Trojanisches Pferd" eines Tages ein Erwachen auslösen wird, das zu gemeinsamen Handlungen der Nächstenliebe führt. Für diese Theorie gibt es natürlich keine empirischen Beweise. Allerdings versichern uns Personen wie Jeremy

Hunter, der Direktor des Executive Mind Leadership Institute an der Graduate School of Management in Claremont ist, dass Achtsamkeit eine „bahnbrechende Technologie“ sei, die in der Lage wäre, selbst die schlechtesten Organisationen barmherziger und nachhaltiger zu machen.[189]

Ich habe mal einer Präsentation von Hunter beim International Symposium for Contemplative Studies in Boston beigewohnt. Er beeindruckte mich durch sein gepflegtes äußeres Erscheinungsbild und verkörperte in meinen Augen den perfekten Unternehmensberater. Er begann zunächst in dem üblichen Format eines TED-Talks (TED steht für Technology, Entertainment, Design) und erzählte eine emotionale Geschichte über einen gestressten Geschäftsführer, der durch Achtsamkeit gerettet wurde. Seine Geschichte wirkte wie eine einstudierte – und zu oft wiederholte – Masche. „Je offener und neugieriger sich Menschen innerhalb der Organisation zeigten, desto mehr wurden sie zu Agent:innen eines großen Wandels“, schwärmte er. Und all das soll nur durch einen Blick in unser Innenleben möglich gewesen sein.

Danach erzählte Hunter die Geschichte von Mirabai Bush, die bereits 1996 den Manager:innen und Forscher:innen des ehemaligen Chemie- und heutigen Mischunternehmes Monsanto Achtsamkeit näherbrachte. Nach einer Freizeit soll eine Forscherin gesagt haben: „Ich habe realisiert, dass wir Produkte herstellen, die töten. Wir sollten Produkte produzieren, die Leben fördern.“ Nachdem er uns diese rührselige Anekdote erzählt hatte, räumte Hunter ein: „Es ist ein langer Weg von einer solchen persönlichen Einsicht bis hin zu einem groß angelegten Wandel, aber zumindest können wir sagen, dass Achtsamkeit als bahnbrechende Technologie im Unternehmen Einzug gehalten hat.“ Mag sein. Vielleicht hat die Forscherin in ihrer Verzweiflung aber auch einfach gekündigt.

Doch wie dem auch sei, das für die Produktion des durch Schadstoffe kontaminierten Herbizids Agent Orange verantwortliche Unternehmen Monsanto wurde inzwischen von der Bayer AG aufgekauft, deren Firmenvorgänger bekanntlich Zyklon B herstellten. Heute vermarktet Monsanto genmanipulierte Nutzpflanzen, hält ein Patent für „Selbstmordsamen“ und unternimmt Anstrengungen, um die weltweite Lebensmittelproduktion zu beherrschen. Im Jahr 2000 stellte es sein Trainingsprogramm für „achtsame Führungskräfte“ ein, was schwerlich für eine Wandlung hin zu einem freundlicheren Unternehmen spricht.

Im Endeffekt argumentiert Hunter, dass jede bedeutende Veränderung aus dem Inneren heraus entstehe. Wenn man die eigene Meinung ändern kann, um friedvoller zu werden und mehr Mitgefühl zu verspüren, dann könnten auch größere Veränderungen stattfinden. Insbesondere dann, wenn mehr Menschen mitmachen. Allerdings sind solche Aufforderungen, „die Veränderung zu sein, die man in der Welt sehen möchte" (eine fälschlicherweise Gandhi zugeschriebene Bemerkung), bestenfalls Wunschdenken. Achtsamkeitsberater:innen benutzen diese Haltung gerne, um unpolitisch zu bleiben, was wenig Einfluss auf die institutionellen Ursachen des Leidens hat. Hunters Vortrag hat mich erschüttert. Noch skeptischer als zuvor machte ich mich auf den Heimweg.

Er ist aber mitnichten der Einzige, der solche Thesen verbreitet. Der Redakteur des Hochglanzmagazins *Mindful* Barry Boyce stellt ähnliche Behauptungen auf. „Achtsamkeit mag bei der Reduzierung von Stress beginnen, aber sie hört dort nicht auf", erzählt er. „Sie führt auf natürliche Weise zu Neugierde bezüglich unserer Gedanken und untersucht, wie wir mit anderen Menschen verbunden sind, welche Ursachen und Auswirkungen unser Handeln hat."[190] Nun, die Chancen dafür könnten größer sein, wenn Achtsamkeitstrainer:innen die Menschen auf solche Zusammenhänge aufmerksam machen würden. Boyce'Höhenflug geht aber noch weiter: „Wer weiß, was eine Führungskraft von Ford oder der Feuerwehr von Los Angeles mithilfe von ein wenig Achtsamkeit für das Allgemeinwohl alles tun könnte?"[191] *Wer weiß?* Auf den ersten Blick scheint es sich um eine vernünftige Frage zu handeln, wenn man davon absieht, dass es keinen Beweis dafür gibt, dass betriebsinterne Achtsamkeitsprogramme dem „Allgemeinwohl" dienen.

Stattdessen erinnert diese Logik an das Buch *The Hundredth Monkey* (dt. Titel: *Der 100. Affe*). Darin beschrieben japanische Forscher:innen, wie Makaken das Waschen von Süßkartoffeln erlernen. Eine entscheidende Größe wurde erreicht, als 100 Affen dies taten und dasselbe erlernte Verhalten sich auf Affen auf nahegelegenen Inseln ausbreitete, was im New-Age-Mythos als der „Hundertste-Affe-Effekt" Bekanntheit erlangte, obwohl die Forschung dahinter diskreditiert wurde.[192] Dies lässt auch an die abenteuerlichen Behauptungen über die transformative Kraft von Transzendentaler Meditation in den 90er-Jahren denken: In Washington D. C. verfolgten die Medien, wie 4000 TM-Anhänger:innen für sechs Wochen die Stadt belagerten und Mantras gegen Gewaltverbrechen wiederholten.[193] Sie verkündeten den Erfolg und betonten, dass die Kriminalitätsrate um 23 % gesunken sei. Tatsächlich erreichte die wöchentliche Mordrate in Washington während des Experiments den höchsten Stand aller Zeiten.[194]

Integritätsblasen

Achtsamkeit findet sich bei Konzernen in einem paradoxen Verhältnis wieder. Sie bietet Angestellten Entlastung und persönliche Vorteile, indem sie Stress verringert und die Konzentrationsfähigkeit erhöht. Aber sie schenkt äußeren Faktoren wie strukturellen Ungerechtigkeiten oder Konzerninteressen keine Beachtung. Dies führt zu dem, was der Kommunikationsprofessor Kevin Healey als „Integritätsblasen" bezeichnet, die „Einblicke in die Integrität bieten, genug, um die Mitarbeiter:innenzufriedenheit und das Markenimage zu verbessern, auch wenn sie das Erreichen der Integrität im weiteren Kontext untergraben".[195] Das Krankenversicherungsunternehmen Aetna ist hierfür das perfekte Beispiel. In seinem Buch *Mindful Work* lobte David Gelles den Aetna-Geschäftsführer Mark Bertolini, da er etwa ein Drittel seiner 50.000 Angestellten in Achtsamkeit unterrichten ließ.[196] Das Programm führte zu einem jährlichen Produktivitätszuwachs von 3.000 US-Dollar pro Kopf, während die Gesundheitskosten der Mitarbeiter:innen um 2.000 US-Dollar gesenkt wurden, wodurch insgesamt 6,3 Millionen US-Dollar eingespart werden konnten. Achtsame Mitarbeiter:innen sind gut für das Geschäft.

Gleichzeitig log dieses angeblich achtsame Unternehmen über die Gründe, warum es den Obamacare-Reformen den Rücken kehrte, die vielen Menschen den Zugang zu Krankenversicherungen ermöglichten. Das Unternehmen behauptete, aufgrund steigender Verluste gezwungen gewesen zu sein, sich in elf Bundesstaaten aus dem Obamacare-Programm zurückzuziehen. Doch der wahre Grund war laut US-Bezirksrichter John Bates, „sich der gerichtlichen Überprüfung seiner Fusion mit Humana zu entziehen", einer 34-Milliarden-Dollar-Transaktion, die einen Monat zuvor vom Justizministerium aus kartellrechtlichen Gründen blockiert worden war.[197] Achtsamkeitsprogramme schulen ihre Teilnehmer:innen nicht darin, Geschäftspraktiken infrage zu stellen. Schließlich würde das voraussetzen, dass man die Außenwelt wahrnimmt. Und das will die moderne Achtsamkeit tunlichst vermeiden.

Nichtsdestotrotz könnte es Wege geben, um aus dieser Blase auszutreten. Eine akzeptierendere Haltung anzunehmen, wie es die Achtsamkeit lehrt, kann ein wenig bedrohlich sein. Die ständigen Botschaften von Konzernen zu ignorieren, die zum Kauf neuer Produkte anregen, ist schlecht für das Geschäft. Und wie Wirtschaftwissenschaftler:innen in der *New York Times* geschrieben haben: „Der Begriff der Motivation – das Streben nach einer wünschenswerteren Zukunft – impliziert ein gewisses Maß an Unzufriedenheit mit der Gegenwart, was im Widerspruch zu einer psychologischen Übung zu stehen scheint, die Gleichmut einflößt.“[198] Diese Entdeckung ließ jedoch auch einen Silberstreif am Horizont erscheinen: Es mussten ausgefeiltere Methoden gefunden werden, um an die innere Motivation der Mitarbeiter:innen zu appellieren. Solange die Menschen ein Gefühl des „Erfolgreichseins“ verspüren, wenn sie ihre Bemühungen auf die Bedürfnisse des Unternehmens ausrichten, kann die Arbeit wie gewohnt weitergehen – business as usual.

Kapitel 9: Achtsame Kaufleute

Achtsamkeitsschulungen für Konzerne sind für gewiefte Berater:innen ein sehr lukratives Geschäft. Die Umsätze der „Wellnesswirtschaft" wurde 2018 vom Global Wellness Institute auf etwa 3,72 Billionen US-Dollar geschätzt. Der Sektor „Fitness und Körper-Geist", zu dem auch Achtsamkeit gezählt wird, soll 542 Milliarden US-Dollar erwirtschaftet haben.[199] Barry Boyce, der Herausgeber des Magazins *Mindful,* scheint sich potenzieller Interessenskonflikte bewusst zu sein. Ihm zufolge können „gute Lehrkräfte" immer ein „starkes Maß an Unabhängigkeit" gegenüber ihren Sponsoren bewahren.[200] Aber ist eine solche Unabhängigkeit wirklich möglich? Können wir wenn so viel Geld im Spiel ist wirklich annehmen, dass Achtsamkeitskonzepte nicht an die Interessen von Konzernen angepasst werden? Wie viele Trainer:innen wollen die Hand beißen, die sie füttert?

Meine Zweifel sind durch den Besuch der „Awakened Leadership"-Konferenz in Los Angeles nur verstärkt worden. Es schien alles so vorhersehbar, angefangen bei dem Hauptreferenten Dawa Darchin Phillips. Er griff auf aristotelischen *Pathos* zurück, um in dramatischer Weise zu erzählen, wie er dem Tod entkommen war. Ich fühlte mich emotional manipuliert. Trotzdem habe ich mich bemüht, achtsam zu sein, meine instinktiven Reaktionen beiseitezuschieben und mich auf seine Erzählung einzulassen. Während er fast ertrank, wurde er von einem Friedensgefühl überwältigt. Nachdem ein Freund ihn schließlich rettete, war sein Leben für immer verändert.

Von diesem Punkt an ging es schnell bergab. „Ich will euch sofort mitteilen, dass Forschung langweilig ist", sagte Phillips. „Und ich werde euch viel Forschung vorstellen." Da hat er nicht übertrieben. Seine Ausführungen *waren* langweilig. Es handelte sich um die gewohnte Propaganda über positive Effekte von Achtsamkeit auf Gehirnaktivitäten. Mir fiel auch ein Muster in seinen Bildern auf. Die bildschirmfüllenden, farbenfrohen, emotionsgeladenen Fotos eines lächelnden Kindes, eines sich liebenden, Händchen haltenden älteren Paares, eines Sonnenuntergangs über dem Meer waren nicht von denen zu unterscheiden, die ich bei den SIY-Workshops und Jeremy Hunter gesehen hatte. Trotz der Eintönigkeit gab es etwas, was mir zu glatt war und mich abschreckte. Ich googelte Phillips Namen und stieß auf eine schicke Website. In grandiosen Worten wurde dort die „Erdumspannende Pilgerreise der Erwachten Welt" angepriesen. Für nur 22.500 US-Dollar könne man sich mit ihm auf eine „aufsteigende Reise durch die sieben Chakren unseres Planeten" begeben.[201]

Zurück auf dem Planeten Achtsamkeit sprach Phillips darüber, warum sie in Unternehmen so beliebt ist. Sag mir nicht – wegen der Unzufriedenheit der Mitarbeiter:innen? Doch genau. Und als Beweis führte er eine entsprechende Umfrage der Gallup Organization an, eines der führenden Markt- und Meinungsforschungsinstitute mit Sitz in Washington D. C. Hat er überhaupt gefragt, warum die Angestellten „nicht engagiert" sind? Wurden überhaupt kritische Fragen gestellt? Nein. Stattdessen setzte man auf eine effekthaschende Präsentation. Schaut doch, wie schlimm das Problem mit den unengagierten Angestellten ist, wird uns gesagt, Unternehmen verlieren dadurch viel Geld. Achtsamkeit soll uns retten! Darüber brauche man sich auch keine Gedanken machen, weil alles ja wissenschaftlich belegt sei. Es ging einzig darum, anwesende potenzielle Kund:innen zu überzeugen.

Bei der Fragerunde im Anschluss stellte der Sponsor des Abends die Frage: „Wie hoch ist dein Tagessatz für Achtsamkeitsschulungen bei Konzernen?" Darauf wollte er zunächst keine klare Antwort geben. „Na ja, es kommt darauf an, ob die Kunden zur Geschäftsführung gehören", wich er aus. „Und es kommt darauf an, wie erfahren unsere Trainer:innen sind." Das war dem Sponsor nicht genug und er hakte nach: „Also, was wäre die geschätzte Summe?" Phillips zögerte zunächst und murmelte dann: „12.000 Dollar pro Tag." Das Publikum schnappte hörbar nach Luft.

Achtsamkeit als Sprachspiel

Wie verkauft man eigentlich am besten Achtsamkeitsschulungen an Konzerne? Zum Glück wird zu genau dieser Frage ein Seminar von Richard Fernandez angeboten. Er ist der Vorsitzende des Search Inside Yourself Leadership Institute und Gründer von Wisdom Labs. Um unerkannt zu bleiben, entfernte ich mein Namensschild und wählte einen Sitzplatz in der Nähe des Ausgangs, falls ich den Raum schnell verlassen wollte (was ich später auch tat). „Wir alle erleben rasante Veränderungen in einer Welt, die rund um die Uhr miteinander verbunden ist", sagte er zu Beginn seines Vortrags. Die Wiederholung dieses alten Klischees in so platter Konzernsprache bewog mich dazu, mein Handy auszupacken und mich damit zu beschäftigen. Dafür erntete ich kritische Blicke von den Menschen um mich herum.

In seinem Vortrag erzählte Fernandez, welche Strategien er anwendete, um umfassende Achtsamkeitsschulungen an den Autohersteller Ford zu verkaufen. Er begann damit, die Geschichte eines Konkurrenten zu erzählen:

„Auf der Visitenkarte dieses Unternehmens ist ein buddhistisches Mandala aus Tibet abgebildet und dieses wird auf all seinen PowerPoint-Folien verwendet“, sagte er in ungläubigem Ton. „Nein! Nein!“, rief er aus. „Nein! Nein! Das macht man nicht!“ In einem schimpfenden Tonfall warnte er die Zuhörer:innen: „Ihr wollt keine Artefakte, die Allergien verursachen.“ Er wies uns an, sein Handout zu begutachten, einen Leitfaden für den Verkauf von Unternehmensprogrammen. „Es geht darum, die *richtige Sprache* zu verwenden“, erklärte er. Leider reagierte ich allergisch auf seine Präsentation. Er faselte etwas von „Übersetzung“ und suggerierte damit, dass seine im Verkauf von Achtsamkeit bestehende Arbeit mit der eines Übersetzers des Dharmas gleichzusetzen sei. „Es geht darum, eine überzeugende Marke zu schaffen“, sagte er. Deshalb nannte er sein Startup Wisdom Labs (Weisheitslabore). Klingt doch ziemlich cool, oder? Da gibt es bestimmt heiße, wissenschaftlich bewiesene, moderne Weisheiten zu holen! Wie beeindruckend.

„Achtsamkeit ist gar nicht buddhistisch“, fuhr Fernandez fort. Er schien noch „Verdammt noch mal!“ hinzufügen zu wollen, entschied sich aber achtsam dagegen. Dann ruderte er etwas zurück: „Nun, natürlich muss ich die Lorbeeren verteilen [...] viele dieser Ideen und Praktiken stammen aus dem Buddhismus. Aber was wir tun, ist nicht buddhistisch.“ Um die letzten Zweifel auszuräumen, fügte er noch hinzu: „Schaut mal, man kann Achtsamkeit in vedischen, taoistischen, Quäker- und christlichen Traditionen finden, Buddhist:innen haben die Achtsamkeit nicht für sich gepachtet.“

Achtsamkeitslehrende wiederholen dieses Argument bei jeder Gelegenheit. Ich selbst wie auch die meisten Buddhist:innen in meiner Bekanntschaft haben kein Problem damit, Achtsamkeit für säkulare und klinische Zwecke anzupassen. Hier geht es nicht um geistiges Eigentum, sondern um eine wahrheitsgemäße Werbung. Ich habe schon wiederholt Achtsamkeitslehrende dabei beobachtet, wie sie Kund:innen gegenüber behauptet haben, dass Achtsamkeit nichts mit Buddhismus zu tun habe, nur um ihnen Schulungen anzudrehen. Aber bei nächster Gelegenheit wie etwa bei dieser Art von Konferenzen schwärmen die Lehrkräfte davon, das ganze Dharma zu übersetzen. Das scheint nicht nur unglaubwürdig zu sein, sondern widerspricht auch der Ehrlichkeit, auf der Achtsamkeit traditionell beruht.

Seine Intentionen äußert Fernandez manchmal sehr klar. „Es geht vor allem um Markenbildung und Positionierung“, sagte er bei der Konferenz. „Klar, wir müssen denen Anerkennung zollen, die es verdient haben, aber wir wollen produktivere Angestellte, kein spirituelles Erwachen.“ Er wechselte plötzlich das Thema, als ob er die Implikationen seiner Aussage realisiert hätte: „Ich meine, ja, ich verstehe, dass das alles etwas geldgierig wirken könnte, wenn der Schwerpunkt nur auf Produkt und Leistung liegt, aber so müssen wir uns nun mal selbst positionieren, um Manager:innen zu überzeugen. Und manchmal sagen wir auch, dass glücklichere Angestellte produktiver sind."

Seit ich mit der unternehmerischen Achtsamkeit auf Tuchfühlung gehe beobachte ich Anbieter:innen, die gesteigerte Profitraten versprechen. Bei der Bewerbung ihrer Angebote werden die Vorzüge für einzelne Angestellte außer Acht gelassen, um „arbeitsbezogene Ergebnisse" wie eine erhöhte Produktivität, bessere Arbeitsleistungen und eine klarere Entscheidungsfindung in den Mittelpunkt zu stellen. „Ergebnisorientiertes Achtsamkeitstraining für Ihr Unternehmen", so lautet der Slogan von Whil, einem marktgerechten Onlineanbieter von Achtsamkeitsprogrammen für Unternehmen auf Abruf.[202] Auf der Website wird versprochen, „die Arbeitszufriedenheit und Produktivität zu steigern und gleichzeitig den Stress zu verringern". Könnte Achtsamkeit in Unternehmen gedeihen, wenn ihre Praxis die Gewinne schmälern würde? Diese Gefahr scheint gering zu sein, solange sie als Leistungsverbesserung angepriesen wird. Selbst wenn ihre Bewerbung mit einigen schwammigen Implikationen hinsichtlich eines gesteigerten Wandels einhergeht, um Unternehmen achtsam zu machen, wird dies durch den Ausschluss struktureller Kritik an der Unternehmenspolitik untergraben. Utopische Rhetorik wird selten in sinnvolles Handeln umgesetzt.

Währenddessen versuchte Fernandez auf der Konferenz für seine Marke zu werben, verzettelte sich jedoch dabei. „Man muss die richtigen Fachexpert:innen wählen", erzählte er dem Publikum. „Wir bezeichnen unsere Trainer:innen nicht als Achtsamkeitslehrkräfte, sondern als ‚Fachexpert:innen', da es so viel besser klingt", sagte er, um im gleichen Atemzug das Thema zu wechseln: „Ihr wisst schon, dass eine kompetente Lehrkraft eine geradlinige Abstammung vorweisen muss." Vor ein paar Minuten hatte er Traditionen noch als irrelevant bezeichnet, aber nun nutzte er ein buddhistisches Markenimage, um sich als „kompetent" auszugeben. Während der Mittagspause offenbarte Fernandez sogar, dass er von dem bekannten vietnamesischen Lehrmeister Thich Nhat Hanh im Zenbuddhismus unterrichtet wurde.

Den Autohersteller Ford hätte das sicherlich nicht beeindruckt. Um dieses Geschäft abzuschließen versuchte Fernandez nicht, „Buddhismus ohne Buddhismus" oder auch nur „Achtsamkeitstraining" zu verkaufen, sondern

„evidenzbasierte Übungen zur geistigen Konditionierung von Resilienz, Wohlbefinden und nachhaltiger Höchstleistung". Schließlich handelt es sich hierbei um Sprachspiele. Wie hatte er es noch mal genannt? Ich bat ihn, es zu wiederholen (das einzige Mal, dass ich während der Sitzung sprach). Mit einem schelmischen Grinsen antwortete er: „Evidenzbasierte Übungen zur geistigen Konditionierung von Resilienz, Wohlbefinden und nachhaltiger Höchstleistung." Und er fügte hinzu: „Schaut mal, so erfüllen wir unsere Funktion als Dolmetscher:innen. Wir wissen, dass es sich um das Dharma handelt, aber sie nicht."

Nun sträubte sich alles in mir. Ich versuchte mich mit Atmungsübungen zu beruhigen. Ich hatte zwar mein Namensschild versteckt, aber jede abfällige Bemerkung hätte meine Tarnung auffliegen lassen können. Fernandez fuhr unberührt fort: „Wir führen niemals Mitgefühl oder Empathie als erste Argumente an, da sich das nicht verkaufen würde. Wir bringen diese Aspekte eher als Trojanisches Pferd ein und auch erst dann, wenn wir mit dem Programm erfolgreich sind", sagte er. „Und uns geht es nur darum, wie wir als Dolmetscher:innen arbeiten können, ohne die Integrität des Dharma aus den Augen zu verlieren." Ich verlor langsam die Geduld, aber sein Begleiter ergriff nun das Wort, also wollte ich ihm noch eine Chance geben und zuhören.

Der Vizepräsident der PR-Abteilung von Ford Mark Higbie hielt seine Visitenkarte hoch und sagte der Menge: „Meine wirkliche Berufsbezeichnung lautet ‚Impulsgeber'." Das ist zwar nicht annähernd so kühn wie Googles „Jolly Good Fellow", schien aber auszureichen, um bei Ford rebellisch zu wirken. Mit seinem teuren Anzug, seiner perfekten Frisur und seinen glänzenden schwarzen Schuhen machte Higbie auf mich den gleichen Eindruck wie alle anderen Konzernmanager:innen.

Warum entschied sich Ford überhaupt für Achtsamkeitsschulungen? „Es waren die Ängste und das mangelnde Engagement, die uns sorgen bereiteten, Manager:innen waren echt gestresst", sagte er. Er nutzte dann einen Ausspruch, den ich zuvor nie gehört hatte: „Du musst wahrhaftig werden!" („You got to True Up!") Äh, was? Wahrhaftig? „Nun, seht euch das Handout an", sagte er. „Seht ihr, wie ihr die Wahrheit sagen müsst?" Dies schien fast das Gegenteil zu bedeuten, nämlich die Sprache an den Unternehmensdiskurs anzupassen. Es solle so klingen, als sei Achtsamkeit genau das, wonach sie gesucht haben. „Seht ihr", sagte Higbie, „es geht um messbare Ergebnisse! Man muss auf ‚Engagementwerte' und ‚-kriterien' setzen." Ich bekam glasige

Augen. Es ging weiter und weiter und weiter. „Wir haben sogar eine Technologie für biometrische Daten. Wir haben eine Online-Plattform – das war für Ford sehr interessant. Und eine weitere Sache, die man beachten muss, sind die Budgetzyklen. Man muss wissen, wann der beste Zeitpunkt ist, um ein Programm vorzustellen."

Ich hatte die Nase voll und verließ den Saal.

Achtsamkeit als Konzernpropaganda

Ich dachte, ich wäre ihren Vorträgen entkommen, aber da täuschte ich mich. Während des Mittagessens diskutierten Fernandez und Higbie weiter. Diesmal fing Higbie an. „Warum Ford?", fragte er zunächst rhetorisch. Dann ging es um den Ford-Erben Bill Ford Jr., dessen „Werte" angeblich umgesetzt werden würden. Wie oft hatte ich solche Ausführungen schon gehört – der Firmenhierophant, der die Welt zu retten versucht? Ich habe mich zusammengerissen. „Für Bill geht es bei Ford um die Wertschätzung menschlicher Tiefgründigkeit", sagte Higbie. Er versuchte seine Nähe zu Bill zu betonen, dem Urenkel des guten alten Henry Ford, der die Fließbandproduktion erfand. „Henry Ford glaubte, dass der Sinn jedes Unternehmens die Verbesserung der Lebensverhältnisse ist", fuhr Higbie fort. Henry Ford glaubte aber unter anderem auch daran, dass die USA von einer „jüdischen Verschwörung" bedroht sei. Er kaufte eine Lokalzeitung und veröffentlichte eine Reihe antisemitischer Artikel, die später als vierbändige Buchreihe mit dem Titel *Der internationale Jude* publiziert wurden.

„Bei diesem Training geht es um die Entwicklung neuer emotionaler Empfindungen", erklärte Higbie weiter. Um seinen Standpunkt zu verdeutlichen, spielte er uns ein rührseliges Unternehmensvideo vor. Eine lächelnde Angestellte von Ford tröstete darin einen Kunden, dessen Mutter Krebs hatte. Ein weiterer empathischer Angestellter hörte einer Kundin zu, deren Vater verstorben war. Dies ließ mich an Sigmund Freuds Neffen Edward Bernays denken, der als Vater der Public Relations gilt. Im Jahr 1928 veröffentlichte er sein Buch *Propaganda* (dt. Titel: *Propaganda. Die Kunst der Public Relations*), in dem er für die „Technik der Zustimmung" plädierte, indem er Mittel bereitstellte, um „die Massen nach unserem Willen zu kontrollieren und zu reglementieren, ohne dass sie davon wissen".[203] Er wurde dafür bekannt, dass er Frauen zum Rauchen animierte, indem er Zigaretten als feministische „Freiheitsfackeln" bezeichnete.

Fernandez brachte aber seinen größten Knüller erst am Ende seines Vortrags. „Als ich noch für Google arbeitete“, sagte er und erwähnte damit eine der Firmen, die ihm zu Reichtum verholfen hatten, „schrieb ich einen Brief an *meinen* Lehrmeister.“ Unterdessen wurde über ihm ein Bild von Thich Nhat Hanh eingeblendet. Aus dem Publikum ertönte beeindruckte Anerkennung. Dann kam Fernandez auf den Punkt: „Und ich habe ihn ins Silicon Valley eingeladen, um mit allen bekannten CEOs zu sprechen, die sich für Achtsamkeit interessieren. Und zu meiner Überraschung ist er tatsächlich gekommen! Und hier seht ihr ihn, wie er bei dem Treffen mit mir Händchen hält, und er ließ mich sogar seine Glocke läuten!“

Ich kann nicht umhin, diese ganze Scharade als eine Form dessen zu betrachten, was Sean Feit „Safran-Washing“ nennt.[204] Genauso wie das „Greenwashing“ umweltschädliche Maßnahmen mit umweltfreundlichen Gesten kaschiert, hilft das Safran-Washing hippen postmodernen Unternehmen, sich in der Öffentlichkeit als sanfter, freundlicher und weiser zu präsentieren.

Bei Ford gibt es einiges zu verbergen. Der Konzern hat 40 Millionen US-Dollar für die Anfechtung von Klagen seiner Angestellten ausgegeben. Viele Mechaniker:innen sind an Krebs erkrankt, da sie Asbest ausgesetzt waren. Sie entwickelten Mesotheliome, eine aggressive Krebsart, die fast immer mit Asbest in Verbindung steht.[205] Ford wird derzeit ebenfalls verklagt, weil das Unternehmen im Zuge der Herstellung von 500.000 Lkw bei Dieselabgastests geschummelt hat.[206] Sollte es die Klage verlieren, müsste es Milliardensummen zurückzahlen. Derweil zeigt Ford kein Interesse an der Abkehr von Verbrennungsmotoren, trotz der durch sie verursachten Umweltverschmutzung.

Aber Higbie ging etwas anderes durch den Kopf. „Dieses Achtsamkeitstraining war für die besten Händler:innen und Manager:innen bei Ford vorgesehen“, erklärte er. Sie würden einen zwölfmonatigen Kurs absolvieren. Die Frage war nur, wer ihn durchführen sollte: „Wir haben uns zwei Anbieter angeschaut: SIYLI von Google und Rich von Wisdom Labs. Was uns an Richs Angebot gefiel, war, dass er sich auf die Neurowissenschaften, den Geschäftsnutzen und die Praxis konzentrierte. Außerdem war sein Programm metrisch ausgerichtet.“ Higbie brachte diesen Aspekt auf den Punkt:

> *„Das Geschäftsmodell von Ford entwickelt sich immer weiter und wir glauben, dass Achtsamkeitstraining unseren Manager:innen*

> *bei der Umsetzung dieser Änderungen hilft. Ford sieht sich mittlerweile nicht mehr nur als Autohersteller, sondern als Mobilitätsanbieter. Das ist das neue Geschäftsmodell. Ford wird in Zukunft vielleicht nie wieder ein Auto in den USA herstellen. Das ist eine kulturelle Transformation. An dieser Stelle ist der Einsatz von Achtsamkeit genau richtig."*

Auch das habe ich schon häufiger gehört, aber ich fragte mich trotzdem, welche Rolle Achtsamkeit in diesem Zusammenhang spielen soll. Wenn Ford nur noch im Ausland produziert, dann wären die Gewerkschaften am Ende und Detroit würde weiter verarmen. Doch die soziale Dimension des Leidens steht nicht auf dem Radar der unternehmerischen Achtsamkeit. Bei Ford und den meisten anderen Unternehmen interessieren sich Manager:innen nur für Übungsmethoden, durch die Stress reduziert und die Konzentrationsfähigkeit erhöht werden kann, um Profite und Aktionärswerte zu erhöhen. Wenn das zu Massenarbeitslosigkeit führt, dann ist das halt so.

„Das Kundenerlebnis steht bei uns an erster Stelle", sagte Higbie. „Wir sehen unsere Arbeit als Teil der Kundenerlebnisbewegung." In dem Moment war ich froh, nichts gegessen zu haben, sonst hätte ich mich womöglich übergeben. „Wir glauben, dass Achtsamkeit Ford dabei hilft, ein empathischeres Unternehmen zu werden", betonte Higbie. „Ja, durch Achtsamkeits- und Empathietraining sprechen wir Konsument:innen an." An dieser Stelle meldete sich Fernandez zu Wort: „Manche Leute sind besorgt darüber, dass Achtsamkeit zu stark an Wirtschaftsinteressen gekoppelt sein könnte." Das Publikum lachte lauthals. „Nun ja, das hoffe ich doch!"

Sein Eintreten für die Verquickung von Achtsamkeit und unternehmerischem Gewinnstreben ist nicht ungewöhnlich. Die gesamte Bewegung ist von dieser Art spirituellem Libertarismus durchzogen, der eine humanistische Begründung für Ausbeutung liefert. Individuen würden eigenmächtig handeln, weswegen es in Ordnung sei, wenn Konzerne auf ihre Kosten Profite machen. Außerdem ginge es ja nur um Kundenbetreuung – die oft als Rechtfertigung für die Gier von Konzernen herhalten muss.

Berater:innen wie Fernandez glauben aufrichtig an „bewussten Kapitalismus". Ihre Aufrichtigkeit macht sie zu Missionar:innen für die Macht von Konzernen. Als deren Handlanger:innen erfüllen sie eine wichtige ideologische Funktion: die Mystifizierung und Aufrechterhaltung kapitalistischer

Hierarchien mithilfe eines kryptobuddhistischen Libertarismus (der als „Achtsamkeit“ ausgegeben wird). Gier und Korruption zu bekämpfen wäre nicht nur weniger lukrativ, sondern würde auch die Zielsetzung an sich untergraben: die Verbreitung von Achtsamkeit von einem Individuum zum nächsten, um einen gesellschaftlichen Wandel auszulösen. Bisher wurde jedoch vor allem die Definition von Achtsamkeit geändert, die jetzt neoliberal ist.

Achtsame Demonstrationen

Die Aufrechterhaltung der Klassenverhältnisse mithilfe von Achtsamkeit benötigt ein großes Medieninteresse und massenhafte Begeisterung. Den ersten Anhänger:innen der Achtsamkeitsbewegung wurde das Gefühl vermittelt, Teil einer aufregenden historischen Veränderung mit revolutionärem Potenzial zu sein. Fernandez verkörpert diese irrationale Überschwänglichkeit. Am Ende seines Vortrags bei der Konferenz sprach er über seinen eigenen Beitritt zur „Bewegung“. Der Vertriebsleiter des Softwareunternehmens Salesforce Mark Benioff hatte ihn offenbar gebeten, die Veranstaltungen für das internationale Mitarbeitertreffen Dreamforce III in San Francisco zu „kuratieren“. „Ich habe einen Veranstaltungstag zu Achtsamkeit geplant“, sagte Fernandez. „Wir hatten Leute wie Eckhart Tolle und Arianna Huffington eingeladen. Und im folgenden Jahr lud er mich wieder ein [...] und ich fragte ihn: Letztes Jahr haben wir einen ganzen Tag über Achtsamkeit gemacht [...] was machen wir dieses Jahr?“ Fernandez legte eine Pause ein. Dann sprach er weiter: „Ja, sie haben es erraten, einen ganzen Tag zu Mitgefühl. Die Rede ist von 200.000 Angestellten, die zuhören und in Mitgefühl unterrichtet werden! Es geht endlich LOS Leute!“

Klar, das ist angesagt. Aber das sind Demonstrationen von US-Neonazis ebenfalls. Und auch Hula-Hoop-Reifen waren einmal in. Fernandez' Euphorie gleicht der eines Sportfans, der davon überzeugt ist, dass optimistische Begeisterung seine Mannschaft nach vorne bringt. Gepaart mit den Marketingkünsten von Marc Benioff trägt der Rummel um Achtsamkeit zu höheren Profiten bei. Es ist nicht verwunderlich, dass ein kapitalistischer Handlanger wie Fernandez die Augen vor den Zielen der Aktionen verschließt, an denen er teilnimmt. Salesforce inszeniert sie schon seit Jahren. Das Unternehmen hat einmal versucht, eine solche mit dem Dalai Lama zu veranstalten, indem es ein Plakat des buddhistischen Führers beim Meditieren mit dem Slogan „Auf dem Pfad zur Erleuchtung gibt es keine Software“ produzierte.[207] Zwar musste sich Salesforce entschuldigen, aber das Unternehmen konnte von der Berichterstattung profitieren.

Die Ironie von Achtsamkeits-Apps

Ich war am Tag nach der Wahl von Donald Trump im Jahr 2016 in New York und fuhr mit der U-Bahn in Manhattan. Ich konnte die Traurigkeit der Menschen um mich herum spüren. Als ich aufblickte und dabei darauf achtete, niemandem in die Augen zu sehen, sah ich ein Werbebanner für Headspace, die beliebteste Achtsamkeits-App überhaupt. Der Werbeslogan lautete: „Ich meditiere, um voller Salsa zu sein." Darüber abgebildet war ein junger Latino-Tänzer, der seinen Kapuzenpulli weit offen hielt. Zu seiner Rechten ging die Anzeige weiter: „Paul nutzt Headspace, um noch schärfere Tänze hinzulegen. Lade die Headspace-App herunter und erlebe selbst, wie eine angeleitete Meditation dich weiterbringen kann." Headspace hat allein für diese Werbekampagne in New York zwei Millionen US-Dollar ausgegeben und scheint mittlerweile überall präsent zu sein.[208]

Headspace wurde 2010 von dem britischen Studienabbrecher und ehemaligen buddhistischen Mönch Andy Puddicombe gegründet und hat nach eigenen Angaben 36 Millionen Nutzer:innen in über 190 Ländern.[209] Die Idee dafür wurde im Nachgang der Finanzkrise von 2008 entwickelt. Puddicombe unterrichtete Meditation für Gruppen und Einzelpersonen in London. Dort traf er den nervösen Geschäftsführer Rich Pierson, der von Puddicombes klaren Anweisungen beeindruckt war. Die beiden taten sich zusammen und liehen sich 50.000 US-Dollar von Piersons Vater, um ihre Firma zu gründen.

Headspace hat seitdem mehr als 80 Millionen US-Dollar von Investor:innen erhalten, darunter Promis wie dem Raumfahrtmilliardär Richard Branson, dem Basketballprofi LeBron James, der Oscarpreisträgerin Gwyneth Paltrow und dem Geschäftsführer von LinkedIn Jeff Weiner. Sogar die Footballmannschaft Seattle Seahawks nutzt die App. Die Zeitschrift *Forbes* schätzt den Wert von Headspace auf 250 Millionen US-Dollar mit Einnahmen in Höhe von 50 Millionen US-Dollar.[210] Das Unternehmen hat seinen Sitz im schicken Santa Monica in Kalifornien und ist auf fast 200 Mitarbeiter:innen angewachsen. Vor Kurzem wurde ein weiteres Büro in San Francisco eröffnet.

Im Gegensatz zu anderen Apps ist Headspace mit seinem Abo-Modell erfolgreich. Ein Abo kostet 12,99 US-Dollar pro Monat beziehungsweise

95,88 US-Dollar pro Jahr. Die App selbst ist kostenlos und bietet ein paar angeleitete Meditationsübungen, aber Nutzer:innen können sich zusätzliche „Pakete" kaufen. Neben Übungen zum Umgang mit Stress oder zum Einschlafen gibt es auch einen Bereich zu „Arbeit und Leistung". Bei den darin enthaltenen Übungen geht es um Prioritätensetzung, Konzentration, Kreativität, Balance und Produktivität. Andere Meditationspakete heißen zum Beispiel „Mut" und enthalten Übungen zum Umgang mit Wut, Reue, Veränderung und Rastlosigkeit. Natürlich gibt es ebenfalls Angebote zu Glück, Studium und Sport. Auch werden Übungen für Kinder unter fünf Jahren angeboten. Headspace verkauft Abos massenhaft an Unternehmen wie Google und LinkedIn. Es bestehen Partnerschaften mit sieben Fluggesellschaften, darunter Virgin Atlantic, British Airways und United Airlines. Sie bieten Fluggästen einen eigenen Kanal zur Entspannung während des Flugs an.

Headspace zieht nicht als einziges Unternehmen Beteiligungskapital an: Happify Health hat 25 Millionen und Grokker 22 Millionen US-Dollar eingeworben. Zahllose weitere Meditations-Apps wie Calm, Shine und Thrive Global (von der Autorin und Journalistin Arianna Huffington) haben sich ebenfalls Investitionen sichern können.[211] Diese „Entspannungsindustrie" ist hoch umkämpft. Bei den Gesundheits- und Fitness-Apps rangiert Headspace etwa auf Platz neun oder zehn der Download-Charts in den USA.

Headspace warb früher als „Fitness-Abo für das Gehirn" für sich (seit Neustem lautet sein Slogan „vereinfachte Meditation"). Die App ist voller niedlicher Animationen. Zu sehen sind ein Gewichte stemmendes Gehirn, eine meditierende Erdnussfigur mit Kopfhörern und andere animierte Figuren, die lächeln und spielen. Die kostenlose Version bietet einminütige Teaser-Meditationen zum Kochen, Essen und Laufen. Aber es geht nicht nur um Spiel und Spaß, sondern auch um *Wissenschaft.* Die Website des Unternehmens lässt einen inflationären Gebrauch von Behauptungen erkennen (die größtenteils mit den Worten „Wissenschaftliche Untersuchungen zeigen ..." beginnen). Dabei werden in der Regel Studien über erfahrene Meditierende zitiert, nicht aber welche über die App-Nutzer:innen. Die Website enthält ebenfalls eine Ausschlussklausel: „Headspace ist nicht für die Linderung, Behandlung oder Heilung irgendwelcher Krankheitszustände vorgesehen."

Ein vor Kurzem erschienener Artikel in der Fachzeitschrift *Evidence-Based Mental Health* stellte fest, dass die meisten Meditations-Apps „Mängel in Bezug auf die wissenschaftliche Glaubwürdigkeit sowie die klinische Relevanz" aufweisen.[212] Der Hauptautor der Studie Simon Leigh warnt davor, sich auf Meditations-Apps zu verlassen: „Wenn man eine App herunterlädt und nutzt und keine Wirkung zu erkennen ist, kann das die eigenen Ängste und psychischen Probleme verstärken."[213]

Es entbehrt nicht einer gewissen Ironie, sich einer App zuzuwenden, um sich von Problemen zu befreien, die durch das Starren auf das Telefon oft noch verschlimmert werden. Headspace und ähnliche Unternehmen haben ein großes Interesse daran, dass ihre Kund:innen aktiv dabei bleiben. „People Meditating Now" zeigt auf seiner Homepage eine Echtzeitzählung an. Als ich zuletzt nachschaute, nutzten etwa 21.000 weitere Menschen die App. Warum sollte man nicht mitmachen, wenn es so einfach ist und Spaß macht? Hinter den lustigen Animationsfiguren und der kinderfreundlichen Benutzeroberfläche verbergen sich jedoch ausgeklügelte Technologien zur Datengewinnung. Wenn man die Standorterfassung zulässt, erhält man beim Betreten des internationalen Flughafens in San Francisco eine Benachrichtigung, die einen darin erinnert, einzuchecken und die Meditationsübung „Angst vorm Fliegen" durchzuführen.

Headspace merkt sich Fortschritte auf ähnliche Weise wie Fitness-Apps Schritte zählen. Nutzer:innen werden dazu angehalten, ihre Fortschritte über soziale Medien mit Freund:innen zu teilen. Sie werden immer wieder daran erinnert, „eine Pause" einzulegen. Eine skeptische Reporterin der *Financial Times* wirkte sehr genervt von den ständigen App-Benachrichtigungen. „Wenn man seine geplante Dosis an Mikro-Meditation und Achtsamkeits-Apps verpasst, macht man sich natürlich keine Vorwürfe oder weist sich Schuld zu", schreibt die Autorin Hattie Garlick. Weiter heißt es:

> *„Die dir gegenüber möglicherweise an den Tag gelegte passive Aggression ist unendlich viel stärker. ‚Wir haben dich schon lange nicht mehr gesehen', sagen sie vielleicht, wenn du dich endlich auf dem Klo eingeschlossen hast, um dir die nötigen paar Minuten zu sichern. Das ist die karmische Entsprechung von: ‚Ich bin nicht sauer, nur enttäuscht.'"*[214]

Wie die anderen Anbieter verspricht Headspace, die Meditation zu vereinfachen. Ihre Programme helfen bei der Standardisierung von Achtsamkeit, damit sie einfacher konsumiert werden und höhere Profite erzielen kann. Das entspricht der soziologischen Theorie der „McDonaldisierung“ von George Ritzer.[215] Das erste Merkmal der Kommerzialisierung ist die Effizienz, die eine Massenproduktion und -lieferung ermöglicht. Das zweite ist die Berechenbarkeit, die Bezifferung von Angeboten und die Messung von Ergebnissen, zum Beispiel durch in die App eingebaute Tracking-Funktionen oder neue tragbare Produkte wie das „Hirnströme messende Stirnband“ Muse, das der Beruhigung dienen soll (der zugehörige Werbeslogan lautet „Achtsamkeit leicht gemacht“). Das dritte Merkmal, die Vorhersehbarkeit, ist von essenzieller Bedeutung: Das Angebot muss die Erwartungen erfüllen. Der vierte und letzte Aspekt, die Kontrolle, gewährleistet dies, indem auf Feedback reagiert wird, um die Produkte zu verbessern.

Das klassische Modell dafür ist natürlich der Big Mac. Ritzer argumentiert, dass die McDonaldisierung alltäglicher Erfahrungen zu irrationalen Ergebnissen führen kann. Die Kommerzialisierung von „McMindfulness“ wurde von dem Versuch getragen, Meditation effizienter, berechenbarer, vorhersehbarer und kontrollierbarer zu machen. Aber diese Bemühungen haben das Gegenteil bewirkt. Durch sie wurde eine unkontrollierbare Konsumware geschaffen, welche Achtsamkeit entwertet. Es ist irrational, sich eine App herunterzuladen, um sich einer digitalen Entgiftung zu unterziehen. Achtsamkeitsverkäufer:innen ist das aber völlig egal. Sie scheinen sogar stolz darauf zu sein, ein weltweit bekanntes Markenprodukt geschaffen zu haben, das genau wie ein Big Mac für jeden Menschen und überall erhältlich ist.

Kapitel 10: Achtsame Eliten

Achtsamkeit hatte 2013 beim Weltwirtschaftsforum (WEF) in Davos ihr Debüt. Das jährliche Treffen besteht aus einer Woche voller Partys und Podiumsdiskussionen in einem kleinen Schweizer Skiort. Hier trifft sich die weltweite Wirtschaftselite in entspannter Atmosphäre: Geschäftsführer:innen, Fondsmanager:innen, Investor:innen, Staatsoberhäupter, Politiker:innen, Ökonom:innen, Unternehmensvertreter:innen und eine Handvoll ausgewählter Künstler:innen und Promis werden zu diesem Treffen geladen. Im Jahr 2013 nahmen bekannte Persönlichkeiten wie die damalige Bundeskanzlerin Angela Merkel, die ehemaligen britischen Premierminister Tony Blair und David Cameron, der Vorsitzende der US-Bank J. P. Morgan Chase Jacob Frenkel oder der Microsoft-Gründer Bill Gates daran teil. Das Programm stand 2013 unter dem übergreifenden Motto „Belastbare Dynamiken" und verstand sich als Suche nach Möglichkeiten, „Volkswirtschaften und Unternehmen so umzustrukturieren, dass sie nachhaltig und verantwortungsvoll wachsen".

Am Morgen des ersten Veranstaltungstags leitete Janice Marturano, eine ehemalige Rechtsanwältin des US-Lebensmittelunternehmens General Mills, einen ausgebuchten Workshop über „Die achtsame Führungspraxis". Dabei stützte sie sich auf ihre eigenen Erfahrungen, als sie Achtsamkeit entdeckte und sie anderen Führungskräften beizubringen begann, indem sie Staatoberhäupter und Vermögensverwalter:innen anleitete, „gezielte Pausen" einzulegen und „Präsenz" zu kultivieren. Sie versicherte ihnen natürlich, dass Achtsamkeit auf wissenschaftlichen Erkenntnissen beruhe. Mit New Age oder Religion habe sie nichts zu tun. Um jeden Zweifel auszuräumen, hatte sie einen Lehrpartner mit tadellosen wissenschaftlichen und akademischen Qualifikationen an ihrer Seite: Mark Williams, den Leiter des Oxford Mindfulness Centre.

Achtsame Führungskräfte müssten emotionale Selbstkontrolle beherrschen, erklärte Marturano. Reine Emotionen seien am Arbeitsplatz generell unerwünscht, da sie die Ordnung, die Stabilität und den reibungslosen Ablauf der Arbeitsprozesse gefährden könnten. Ihre rohen Formen – Wut, Unmut, Verachtung usw. – seien „destruktiv" und der Balsam der Achtsamkeit erweise sich als ideales Gegenmittel. Die von ihr gepriesene nicht-wertende Akzeptanz könne genutzt werden, um jeden Widerspruch zu unterdrücken und eine achtsamere Einhaltung von Unternehmensrichtlinien einzufordern. Sie steigert jedoch nicht nur die Produktivität am Arbeitsplatz, möchte man hinzufügen, sondern sie ist auch ein Instrument zur Aufrechterhaltung ungleicher Machtverhältnisse. Es gab wohl niemals ein geeigneteres Publikum für solche Ideen als das WEF in Davos im Jahr 2013.

Marturano war auf jeden Fall beeindruckt. „Nirgendwo wird der Wunsch, das große Ganze zu sehen und positiv zu beeinflussen, deutlicher als auf dem Weltwirtschaftsforum", schreibt sie in ihrem Buch *Finding the Space to Lead* (dt. Titel: *Mindful Leadership: Ein Weg zu achtsamer Führungskompetenz*).[216] Seit ihrem Auftritt beim WEF ist die weltweite Elite von Achtsamkeit überzeugt. Ihre Anbieter:innen agieren in diesen hochkarätigen Kreisen wie Spezialist:innen für Unternehmensübernahmen, die den Erwerb von Vermögenswerten ausschließen, welche einen Verkauf an den Meistbietenden verhindern könnten. Die neue achtsame Schickeria versichert ihren Oberhäuptern, dass sie ein „wissenschaftlich fundiertes Programm" absolvieren, welches frei von ethischen Lehren ist. Die Sprache einer spirituellen Tradition kann fast unbemerkt in eine Marke verwandelt werden. Ein „Business-Achtsamkeitsguru" ist zumindest im Rahmen des WEF und vergleichbarer Veranstaltungen kein Widerspruch in sich.

Sogenannte achtsame Führungskräfte werden mit pseudospiritueller Autorität versehen. Sie eignen sich eine Rhetorik der Weisheit, Empathie und des Mitgefühls an, um die Ziele von Unternehmen durchzusetzen. Achtsame Führung benötigt diese Narrative, um den Zwang zu verschleiern und zu vermenschlichen und die Führungskräfte davon zu überzeugen, dass sie eine edle Mission erfüllen, indem sie das Leiden am Arbeitsplatz verringern. Angestellte werden folglich zum Besuch standardisierter Achtsamkeitsschulungen angehalten, die ihre gefühlte Selbstständigkeit erhöhen und im Sinne der Unternehmensziele ausrichten. Ein Hauch von Befreiungslehre hilft bei der Legitimation dieser Vorgehensweise.

Achtsame Höflinge

Benebelt von ihrer eigenen PR-Propaganda glaubt Marturano, dass die Vermittlung von Achtsamkeit an die Elite einen „riesigen Welleneffekt" rund um den Globus auslösen könnte.[217] Während der Konferenz in Davos schrieb sie auf ihrem Blog: „Stellt euch die Möglichkeiten vor!!!"[218] Ihr Workshop war jedoch erwartungsgemäß langweilig. Er deckte das übliche Themenspektrum ab: durch konstante Ablenkung verursachten Stress, Unzulänglichkeiten bei Multitasking und ein allgemeines soziales Unbehagen darüber, dass es zu viel zu tun gebe, man aber so wenig Zeit dafür habe. Eine ernsthafte Untersuchung der Ursachen dieser Symptome blieb sie allerdings schuldig. Stattdessen bot sie eine simple Diagnose an: ein persönliches Versagen, bei der Ausführung von Aufgaben achtsam und voll präsent zu sein. In ihrem Buch schreibt sie dazu: „Wir wissen doch, dass harte Arbeit, der wir nicht unsere volle Aufmerksamkeit widmen und bei der wir nicht darauf achten, mit wem wir sie verrichten, nicht befriedigend ist."[219] Dieser stoische Einwurf, dass man achtsamer sein sollte bei der Arbeit, mag berechtigt sein. Aber die Schuldzuweisung an Einzelpersonen lenkt von der politischen Ökonomie des Stresses und den strukturellen Fehlfunktionen ab, die ihn aufrechterhalten. Dieses neoliberale Jiu-Jitsu ähnelt der Art und Weise, wie im Gefolge der Finanzkrise die Opfer von zweifelhaften Hypothekenfinanzierungen verteufelt wurden, weil sie zu viel Risiko auf sich genommen hätten. Die moralischen Versäumnisse von Unternehmen werden externalisiert und personalisiert. Die Angestellten seien schuld, wenn sie den Stress nicht bewältigen können, und nicht das ihn verursachende System.

Der Verwaltungstheoretiker Otto Scharmer vom Massachusetts Institute of Technology (MIT)ist ein weiterer Fan der Konferenzen in Davos. Er leitet eine Organisation namens The Presencing Institute, die die Interessen der Eliten vertritt: „Die Wurzel unserer derzeitigen wirtschaftlichen und zivilisatorischen Krise ist nicht an der Wall Street zu finden," sagt er. Für die Probleme seien auch nicht „endloser Wachstum, Großkonzerne oder staatliche Einmischung" verantwortlich. Nein, die eigentliche Ursache liegt laut Scharmer „zwischen unseren Ohren".[220] Er nahm 2014 am WEF teil und plauderte darüber, wie man so achtsam werden könne wie Nelson Mandela.[221] Neben Marturano gibt es eine Reihe weiterer Achtsamkeitstrainer:innen, buddhistischer Mönche und Nonnen, Neurowissenschaftler:innen und Promis, die das Wohlstandsevangelium predigen. Die Schauspielerin Goldie Hawn stellte bei der Konferenz 2014 ihr „MindUP"-Programm für Kinder vor. In ihrem Vortrag behauptete sie, dass Achtsamkeitstraining und sozial-emotionales Lernen die Welt verändern könnten. Währenddessen waren die Anwesenden im Hauptsaal von dem iranischen Präsidenten Hassan Rouhani in Beschlag genommen, dem Führer eines der brutalsten Regime der Welt. Vor dem Auftritt von Hawn leitete der aus Frankreich stammende tibetische Mönch Matthieu Ricard eine Meditationsrunde an. Manchmal übersetzt er für den Dalai Lama. Ricard wurde aufgrund der von Neurowissenschaftler:innen erstellten Aufnahmen seines meditierenden Gehirns als „der glücklichste Mann der Welt“ bezeichnet.

Der Höhepunkt der Begeisterung für Achtsamkeit wurde in Davos 2017 erreicht. Der MBSR-Erfinder Jon Kabat-Zinn trat auf und leitete jeden Morgen Meditationsübungen an. Das Magazin *Harvard Business Review* lud sogar zu einem „Achtsamkeitsdinner“ ein. Bei einer zweistündigen Podiumsdiskussion zum Thema „Achtsame Führungskultur“ machte Kabat-Zinn einige seiner typischen Witzeleien. Dem Publikum sagte er: „Das Erste, was wir beim Praktizieren von Achtsamkeit bemerken, ist, wie achtlos wir in Wirklichkeit sind.“ Seine Diskussionspartnerin Arianna Huffington betete ähnliche Sprüche herunter: „Die moderne Wissenschaft bestätigt alte Weisheiten. Wir leben in einer Zeit des großen Wandels.“[222]

William George – ein Senior Fellow an der Harvard Business School, der in mehreren Aufsichtsräten sitzt und einst das irländische Medizintechnikunternehmen Medtronic leitete – war ebenfalls Gast und betonte die Vorzüge der Achtsamkeit. „Das Hauptargument für Achtsamkeit ist, dass man eine bessere Führungskraft wird, wenn man sich besser auf die Arbeit konzentrieren kann“, sagte er. „Selbst Goldman Sachs macht das“, fügte er noch hinzu. Es bleibt unklar, in welcher Weise genau dies eine Investmentbank verändert hat, die einmal mit „einem großen Vampirkraken“ verglichen wurde, „der sich um das Gesicht der Menschheit wickelt und seinen Bluttrichter unerbittlich in alles stößt, was nach Geld riecht.“[223] George ist selbst Direktor bei Goldman Sachs.

Einige Jahre zuvor hatte der buddhistische Gelehrte und Lehrer David Loy Georges Befürwortung der Achtsamkeit gegenüber Manager:innen infrage gestellt. Er verfasste einen offenen Brief, in dem er George die Frage stellte, ob seine Meditationspraxis zur Übernahme von mehr Verantwortung bei Unternehmen geführt habe und ob er diese auch von seinen Vorstandskolleg:innen bei Novartis, ExxonMobil und Goldman Sachs einfordere.[224] Seinem Brief fügte er eine Auflistung des unethischen Verhaltens dieser Konzerne an. „Ich würde gerne erfahren, wie du im Lichte deiner Meditationspraxis die Beziehung zwischen der eigenen persönlichen Verwandlung und der Art von wirtschaftlichem und sozialem Wandel verstehst, der heute zum Überleben und Gedeihen notwendig zu sein scheint“, schrieb Loy in seinem Brief.

Eine Antwort hat er von George nie erhalten, obwohl er noch mehrmals nachfragte. Sein Schweigen spricht Bände. Wie der Kulturwissenschaftler

Daniel Anderson feststellte, würde das Eingeständnis der Widersprüchlichkeit zwischen seiner Rhetorik und seinem Handeln die Scharade der „achtsamen Führung" entlarven, die darauf hinausläuft, „die Klassenmacht von Augenblick zu Augenblick neu zu gestalten".[225] Solche Widersprüche müssen verborgen werden, wenn sich achtsamer Kapitalismus durchsetzen soll. Matthieu Ricard nahm auch 2015 am Treffen in Davos teil. Sein leuchtend rotes tibetanisches Mönchsgewand bot einen Kontrast zu Georges Verkörperung kapitalistischer Macht. Ricard dient als hilfreiches „Idealbild", schreibt Anderson, „der ‚orientalische Mönch', der laut MRT-Aufnahmen über einzigartig entwickelte Gehirnstrukturen verfügt". Wie könnte man unsere Unterwerfung unter Kapitalinteressen besser vermarkten als mit wissenschaftlich legitimierten buddhistischen Symbolen?

Zur Beschwörung der Wissenschaft in Davos 2015 gehörte ebenfalls eine Diskussionsrunde zwischen Richard Davidson, dem Neurowissenschaftler, der die Untersuchung von Ricards Gehirn durchgeführt hatte, und dem Leiter des die Forschung zur Meditation finanzierenden und zum US-Gesundheitsministerium gehörenden National Institute of Mental Health Tom Insel. Auch hier war die Einbeziehung von Davidson strategischer Natur. Als Pionier der kontemplativen Neurowissenschaft erzählte er lebhafte Anekdoten von seinen Begegnungen mit Adepten des Buddhismus und wie dies ihn dazu inspirierte, Meditation nicht nur zu studieren, sondern sie auch selbst zu praktizieren. Dieser Prozess begann 1992, als er den Dalai Lama am Mind & Life Institute traf. Davidson hatte die meiste Zeit seiner Karriere damit verbracht, die neuronalen Mechanismen von Angst, Furcht und Depression zu untersuchen. Der Dalai Lama forderte ihn auf, sich ebenfalls auf positive Aspekte zu konzentrieren, was zu Gehirnaufnahmen von Mönchen führte.

Das hohe Ansehen der Neurowissenschaften machte das WEF-Publikum besonders empfänglich für Davidsons Botschaft. Sein zunehmendes Interesse an geistiger Gesundheit und Wohlbefinden ist logisch: Wie wir gesehen haben, wird Achtsamkeit eingesetzt, um die Unzufriedenheit der Mitarbeiter:innen zu verringern. Und da Wohlbefinden ein wirtschaftlicher Produktionsfaktor ist, versucht die aufkommende Wissenschaft des Glücks zu erklären, wie man die Resilienz stärken kann. Sie funktioniert jedoch durch Überwachung. Die Neurowissenschaften bieten ausgefeiltere Technologien zur Messung und Quantifizierung innerer Zustände. Und positive Stimmungen und Gefühle können durch Achtsamkeitstraining reproduziert werden.

Davidsons Forschung zu den neuronalen Mechanismen, die hinter Zuständen wie Mitgefühl, Empathie, Resilienz und Dankbarkeit stehen, hat daher einen enormen Wert für den Neoliberalismus. Das kalkulierbare Management des Lebens – das Ziel utilitaristischer Denker:innen seit Jeremy Bentham – wird durch die Achtsamkeit ermöglicht, die auf die Hervorbringung glücklicher Angestellter abzielt. Über ihre erzieherische Macht hinaus tragen die Erkenntnisse der Neurowissenschaften dazu bei, subtilere Wege zur Gestaltung des Geistes zu entwickeln. Byung-Chul Han bezeichnet dies in seinem Buch *Psychopolitics: Neoliberalism and New Technologies of Power* (dt. Titel: *Psychopolitik: Neoliberalismus und die neuen Machttechniken*) als „neoliberale Psychopolitik".[226]

Das lächelnde Gesicht der unternehmerischen Gedankenkontrolle

Achtsamkeitsprogramme in Unternehmen halten den Mythos aufrecht, dass der Einzelne einfach die „freie Wahl" zwischen Stress und Elend oder Wohlbefinden und Glück habe. Die verführerische Kraft dieser libertären „Freiheit" ist das, was diese neuen Arten der Gedankenkontrolle von geheimer Gehirnwäsche unterscheidet. Sie werben bei dem angeblich autonomen Individuum um Selbstdisziplin und vermitteln neoliberale Annahmen im Namen der Freiheit. In ihrem Buch *Selling Spirituality* merken Jeremy Carrette und Richard King dazu an: „Psychophysiologische Techniken, die als ‚persönliche Entwicklung' daherkommen, versuchen Emotionen wie Angst und Unruhe auf der Ebene der Einzelperson zu besänftigen, anstatt die soziale, politische und ökonomische Ungerechtigkeit zu hinterfragen, die solche Leiden hervorruft."[227]

Statt darauf zu achten, was unsere Gedanken und Gefühle uns über unsere Erfahrungen sagen wollen, und zwar einschließlich fragwürdiger Unternehmenspraktiken, weist Jon Kabat-Zinn uns an, uns „in den Seinsmodus fallen zu lassen" und unser „mentales Geschwätz" aufzugeben. Und anstatt auf innere Stimmen des Widerspruchs oder auf unsere Gründe für die Frustration über schlechte Chefs, soziale Ungerechtigkeiten oder sinnlose Aufgaben zu hören, wird uns beigebracht, unsere inneren Zustände selbst zu überwachen, damit wir geschickter darin werden, auf den Wellen des Wettbewerbs zu reiten.

Richard Davidson lässt uns wissen, dass „man sich Glück am besten als Fähigkeit" vorstellen sollte, als etwas, das nicht von externen Faktoren abhängt, sondern unserer Fähigkeit, damit umzugehen. Man kann sich dann mit allen möglichen Abscheulichkeiten abfinden, aber das ist eine ausgesprochen pessimistische Form der Freiheit. Externe Faktoren spielen auch bei der Empfänglichkeit für solche Annahmen eine wichtige Rolle, angefangen beim sozialen Status über den Zugang zur Gesundheitsversorgung bis hin zu stabilen Arbeitsverhältnissen. Die Darstellung von Achtsamkeit als Fähigkeit, insbesondere als eine, die zu Zufriedenheit führe, trägt dazu bei, das neoliberale Bedürfnis nach einem autonomen Selbst zu rationalisieren, während sie gleichzeitig davon abhält, sich der herrschenden Ordnung zu widersetzen. Sam Binkley bringt dieses Problem in seinem Buch *Happiness as Enterprise* auf den Punkt: „Glück ist zu einer tiefenlosen physiologischen Reaktion ohne moralischen Bezug geworden, zu einem biologischen Potenzial des Individuums, das keinen Rückgriff auf psychische Innerlichkeit, Biografie oder soziale Beziehungen jeglicher Art nimmt, wie unterschwellig auch immer.“[228]

Das in der Verwaltung von Vermögenswerten geschulte Publikum in Davos tendiert bereits dazu, menschliches Verhalten als ökonomisch motiviert zu betrachten. Achtsamkeit als Fähigkeit ist eine neue Möglichkeit, in Humankapital zu investieren. Das unternehmerische Selbst wird ermutigt, diese kluge Investition zu tätigen, um einen Wettbewerbsvorteil als wirtschaftlicher Akteur zu erlangen. Dadurch wird das Selbst auf eine „Ansammlung von Vermögenswerten reduziert, in die kontinuierlich investiert, die gepflegt, verwaltet und entwickelt werden müssen“, wodurch Widerstand weit weniger wahrscheinlich wird, warnt Wendy Brown in ihrem Buch *Undoing the Demos* (dt. Titel: *Die schleichende Revolution*).[229] Es kann schwer sein, hinter den Vorhang zu blicken, wenn das System dahinter durch Achtsamkeit gestärkt wird, die uns dazu anhält, Erfolg zu haben, indem wir keine Fragen stellen.

Sag mir Bescheid, wenn ich Mist baue

An einem kalten Novembermorgen in Boston leitete ich meinen eigenen Konferenzworkshop mit dem Titel „Search Inside (and Outside) Yourself“. Kurz nachdem ich meinen Vortrag begonnen und ein Bild von Chade-Meng Tan aus dem *Wall Street Journal* gezeigt hatte, nahm ebenjener in einer hinteren Sitzreihe Platz. Später trat Googles „Jolly Good Fellow“, wie er damals noch bezeichnet wurde, an das Podium heran. Er sah sehr ernst aus. „Ich stimme dir zu, dass die Erfolgsbilanz von groß angelegten organisatorischen Veränderungen miserabel ist“, sagte Meng. „Aber das liegt daran, dass die Führungskräfte nicht in Achtsamkeit unterrichtet wurden.“

Ein paar meiner Kolleg:innen begannen unauffällig unserem Gespräch zu lauschen. Meng fuhr fort: „Ich stimme meinem guten Freund und CEO von Zappos Tony Hsieh zu, dass das Streben nach Achtsamkeit und das Streben nach Unternehmensprofiten völlig kompatibel sind." Er wurde immer aufgeregter und griff nach meiner Hand. „Ich erzähle dir ein Geheimnis, das ich fast nie mit anderen Menschen teile", sagte er. „Meine Lebensaufgabe ist es, die Erleuchtung zu demokratisieren und eine Million Menschen zum Stromeinstieg zu bringen, bevor ich sterbe." Meine Kolleg:innen starrten ihn ungläubig an. „Falls Unternehmensprofite jemals der Achtsamkeit im Weg stehen sollten, werde ich von Unternehmensprofiten ablassen."

Das scheint unwahrscheinlich. Meng tut alles, um den Schmerz der Millionärinnen und Millionäre nachempfinden zu können. „Ich glaube, es geht im Grunde um das Mitgefühl, wenn man anerkennt, dass auch die Reichen leiden", sagte er einmal einem Interviewer:

> *„Ihr Leid verursacht noch mehr Leid für die Menschen in ihrer Umgebung, gerade weil sie über Reichtum und Macht verfügen. Indem ich mich an diese Bevölkerungsgruppe wende, kann ich den Schaden begrenzen, den sie in der Welt verursacht. Wenn eine arme Person leidet, leidet sie selbst und vielleicht auch ihr:e Lebenspartner:in. Wenn eine reiche Person leidet, leiden alle um sie herum: ihr Butler, ihre Angestellten, ihre tausend Leute."*[230]

Ein paar Jahre nach unserer Begegnung in Boston ging Meng im Alter von 45 Jahren in den Ruhestand. Hat er sich zurückgezogen, weil Unternehmenserfolge Achtsamkeit behinderten? Er verließ Google auf jeden Fall als reicher Mann. Am Ende unseres Treffens gab Meng zu, dass unternehmerische Achtsamkeit Mitgefühl und soziale Verantwortung ausblendet. Als wir uns verabschiedeten, sagte er aufrichtig: „Sag mir Bescheid, wenn ich Mist baue."

Arroganz 2.0

Im Jahr vor seinem Eintritt in den Ruhestand baute Meng in San Francisco Mist. Die Konferenz Wisdom 2.0 ist ein jährliches Treffen von Eliten aus dem Silicon Valley und Tech-Hipstern, die für sie arbeiten, sowie ein Basar voller Geschäftemacher, die Apps, Coaching für Führungskräfte und Gadgets zur Hirnstimulation feilbieten. Und Achtsamkeitstrainer:innen für Unternehmen, da so veraltete Traditionen wie der Buddhismus eindeutig ein Update von Wisdom 1.0 benötigen. Die allgemeine Stimmung ist eine Mischung aus Liberalismus und New-Age-Spiritualität. Auf dem Programm stehen jedes Jahr Prominente und die üblichen Verdächtigen der Achtsamkeitsbranche – Jon Kabat-Zinn, Jack Kornfield, Sharon Salzberg, Joan Halifax, Eckhart Tolle, Anderson Cooper, Arianna Huffington, Goldie Hawn und der achtsame Kongressabgeordnete Tim Ryan, um nur einige zu nennen. Zu den Sponsoren gehören Unternehmen wie Google, Facebook, Yahoo und MailChimp. Die Konferenz ist die Idee von Soren Gordhamer, einem großen, schlanken Mann, der wie ein Marathonläufer aussieht. Mit fünf Bühnen und 5.000 Achtsamkeitsfans ist die Wisdom 2.0 ein Festival des spirituellen Kapitalismus.

Die sich über ein Wochenende erstreckende Veranstaltung will „Weisheit, Zweck und Sinn" in die sozialen Medien und Technologieunternehmen bringen. Die Integration von Weisheit ist „kein nettes Extra", sagen die Organisatoren, „sondern eine absolute Notwendigkeit für eine lebendige und nachhaltige Gesellschaft". Sie definieren Weisheit als „das Erlernen von Konzentration, echter Verbindung und Empathie". Das ist eine schwammige Definition, die jeder Mensch dank der für Ablenkung sorgenden Sponsor:innen buchstäblich übernehmen kann.

Am 15. Februar 2014, einem Samstagmorgen, stürmte zu Beginn einer Podiumsdiskussion zum Thema „3 Schritte zum Aufbau von Achtsamkeit im Unternehmen auf Google-Art" eine Gruppe von Aktivist:innen namens Heart of the City die Bühne. Auf ihrem Transparent stand in Anspielung auf die Wohnungskrise in der Stadt: „Keine Räumungen in San Francisco". Die Anführerin der Protestierenden Amanda Ream verteilte grelle gelbe Flyer an die Anwesenden, auf denen stand: „Vielen Dank für eure Aufmerksamkeit. Wir laden euch dazu ein, die Wahrheit über den Einfluss von Google und der Technologieindustrie auf San Francisco zu erfahren." Eine weitere Protestteilnehmerin, Erin McElroy, ergriff ein Megafon und rief: „Weisheit bedeutet Verdrängung stoppen! Weisheit bedeutet Überwachung stoppen!"

Ream, die Mitglied des Buddhist Peace Fellowship ist, gab damit im Endeffekt eine Einführung in „das Einmaleins der Weisheit". San Francisco wurde von der Tech-Elite eingenommen, was zu höheren Mieten und einer Immobilienblase geführt hat, die Vermieter:innen dazu verleitet, Bewohner:innen mit niedrigen Mieten zu vertreiben. Zusätzlich kommen die langen Arbeitswege als Problem hinzu, da viele Angestellte der Technologieindustrie gerne in der Stadt wohnen, aber im langweiligeren Silicon Valley arbeiten. Konzerneigene Busse sind bereits wegen dieser ausbeuterischen Praxis angegriffen worden. Ream wollte, dass Google und andere Konzerne diese Probleme ernst nehmen und handeln, indem sie für ihren negativen Einfluss auf den Immobilienmarkt und die Infrastruktur bezahlen. Zu den Forderungen der Gruppe Heart of the City zählen bezahlbarer Wohnraum, Mieter:innenschutz, öffentliche Verkehrsmittel sowie das Ende der profitorientierten Überwachung, die von Edward Snowden öffentlich gemacht worden war. Und wie reagierten die weisen, empathischen, mitfühlenden und achtsamen Gelehrten auf der Bühne? Meng trug seinen Tai-Chi-Anzug und saß im Schneidersitz auf dem Boden.

Der leitende Manager der Google-Programme für Wohlbefinden und nachhaltige Hochleistungsentwicklung Bill Duane leitete die Veranstaltung mit einer spontanen Meditation ein. Es ist nicht schwer zu erraten, wozu er das Publikum aufforderte: „Achtet auf euren Körper und fühlt, wie es ist, mit Menschen mit beherzten Ideen im Konflikt zu stehen." Währenddessen entfernten Sicherheitskräfte die Protestierenden von der Bühne.[231] Ein kräftiger Sicherheitsmitarbeiter lieferte sich ein peinliches Tauziehen mit einem aktivistischen Transparentträger, aus dem Letzterer als Sieger hervorging. Heart of the City äußerte sich später dazu: „Google und die anderen Konferenzleiter:innen sprachen über ‚Weisheit und Achtsamkeit', versäumten es aber, auf die Missstände in den Gemeinden der Bay Area einzugehen oder auf die Heuchelei des Unternehmens, das sich ‚achtsam' gibt." Man könnte sagen, dass sich sehr wohl gezeigt hat, worum es diesen Konzernen im Hinblick auf die Achtsamkeit geht. Die Unterbrechung war nur ein vorübergehender Gedanke, den man wahrnahm und von dem man abließ, ohne darüber zu urteilen. Man stand achtsam über Konflikten oder Quellen des Unbehagens in der Außenwelt, während man auf die Befriedung unserer Welt achtete.[232]

Vonseiten der Wisdom 2.0-Organisator:innen wurden später die achtsamen „Führungsfähigkeiten" von Google im Umgang mit den Protesten gelobt. Dies habe „unheimliche Würde und Mitgefühl" zum Ausdruck gebracht, da andere Menschen ihre Ansichten äußern durften und man sich wohlwollend damit abfand, die Meinungsverschiedenheiten anzuhören.[233] Das stimmt allerdings nur, solange wir nicht darüber nachdenken müssen, was sie tatsächlich sagen, oder dass es sich unangenehm anfühlen könnte, weil sie etwas Gerechtes fordern, während unsere pseudoweisen Ansichten möglicherweise falsch sind. Laut den Wisdom 2.0-Organisator:innen hat „Google gezeigt (und nicht nur darüber gesprochen), wie wichtig es ist, seine eigene Praxis zu entwickeln und dann dieses Gefühl von Weisheit und Mitgefühl in die Welt zu hinauszutragen". Ein Google-Manager sprach auch über die Entwicklung von Praktiken am Arbeitsplatz und sagte, dass Sitzungen jetzt mit zweiminütigen Meditationen beginnen. Ein Angestellter, der zunächst skeptisch war, soll inzwischen davon überzeugt sein. Er sagte: „Ich weiß nicht, wie ihr euch dabei fühlt, aber ich werde in diesen zwei Minuten zu einem besseren Menschen, also bin ich vollkommen dafür."[234] Selbstoptimierung in nur zwei Minuten eröffnet endlose Möglichkeiten! Natürlich hat Google dieses Potenzial erkannt. Für das Unternehmen ist „ein besserer Mensch" eine Person, die sich diese Unternehmenskultur aneignet und sich dabei wohl fühlt.

Die herablassende Meditation bei der Wisdom 2.0-Konferenz wurde effektiv als eine Form der Zensur eingesetzt. Die Demonstrant:innen und ihre Botschaft wurden mit Bedacht aus der bedeutungsvollen Existenz herausgehalten. Wenn wir nur atmen und ruhig und zentriert im gegenwärtigen Moment bleiben, werden sie alle verschwinden und wir können zur Tagesordnung übergehen. Achtsamkeit ist jedoch nicht nur eine passive und vorurteilsfreie Akzeptanz des Status quo. Wenn sie von Weisheit durchdrungen ist, wird sie genutzt, um herauszufinden, ob sich heilsame Geisteszustände entwickeln – mit anderen Worten: Mitgefühl und Empathie müssen mehr sein als nur Mittel, um sich selbst besser zu fühlen.

Die Gesandten von Google haben gezeigt, dass Achtsamkeit in Unternehmen eine privatisierte Spiritualität hervorbringt, die zu Passivität und Abgrenzung führt. Technik-Hipster wie Bill Duane von Google halten die frühe Begeisterung der Anti-Establishment-Typen für Meditation für reinen Hippie-Quatsch. Sie setzen stattdessen auf „Nerven-Hacking" und Realitätsflucht im gegenwärtigen Augenblick. Gordhamer ist als Organisator von Wisdom 2.0 vollkommen von dieser „Hier-und-jetzt-Philosophie" überzeugt. Er definiert Stress als „Kampf oder Nichtakzeptanz dessen, was in einem bestimmten Moment wahr ist", und sagt: „Stressabbau bedeutet also, unsere Erfahrung zu akzeptieren und zuzulassen, ganz gleich, was sie ist."[235] Radikale und urteilsfreie Akzeptanz kann leicht zu Systemtreue führen. Bei Google wird man wenigstens in der Regel gut bezahlt und dieser Umstand hilft bei der Reduzierung von Stress.

Ironischerweise hätten die Teilnehmenden der Konferenz auf einige kritische Fragen zu ihrer Rolle im sozialen Leiden vorbereitet sein müssen. Im Jahr zuvor hatte die Referentin Marianne Williamson im Rahmen ihres Vortrags scharfe Kritik geäußert. Sie fragte, warum Weisheitslehrende „hierherkommen und sich als tanzende Affen aufführen sollten, nur um einem Haufen reicher Kapitalist:innen zu erzählen, dass sie mehr Mitgefühl am Arbeitsplatz erleben könnten", während sie die Armut um sich herum ignorieren, zu der sie selbst beitragen. „Nur im heutigen Amerika konnten wir uns eine Ersatzspiritualität ausdenken, die es uns erlaubt, das unnötige menschliche Leiden in unserer Mitte nicht anzusprechen", fuhr sie fort.[236] Sie zitierte noch den Bürgerrechtsaktivisten Martin Luther King: „Unser Leben beginnt an dem Tag zu enden, an dem wir zu den Dingen, die wichtig sind, schweigen." Derzeit scheinen Google und die Verantwortlichen von Wisdom 2.0 lieber zu schweigen.

Fünf Jahre nach Williamsons Tirade hat sich wenig geändert. Zu Beginn der Konferenz 2018 wurden die Teilnehmer:innen von Wisdom 2.0 vor Obdachlosen außerhalb des Veranstaltungsgebäudes gewarnt. „Sie sind nicht gefährlich, aber um eure Sicherheit zu gewährleisten, haben wir Sicherheitskräfte sichtbar an allen Stationen inner- und außerhalb des Hotels aufgestellt", sagte der Moderator. Er war aber noch nicht fertig, denn er begann zu scherzen: „Wenn ihr Richtung Union Square geht, dann passt auf eure persönlichen Wertgegenstände auf. Solltet ihr euch dafür entscheiden, ins Tenderloin-Viertel zu gehen, um Theater, Restaurants oder Galerien zu besuchen, dann seid euch bewusst, dass ihr dort eine lebhafte und schräge Gemeinschaft antreffen werdet. Vielleicht solltet ihr ein Taxi, Lyft oder Uber zurück zum Hotel nehmen."[237] Die sich in weißen Privilegien sonnende Teilnehmerschaft der Wisdom 2.0-Konferenz ist wie eine geschlossene Gemeinschaft, in der selbstgefällige Eliten Wohlfühlparolen zum Besten geben. Unterdessen verursachen die von ihnen hervorgebrachten Ablenkungs- und Suchttechnologien weitverbreitetes Leid, während ihre Unternehmen zu einer wachsenden sozialen Ungleichheit beitragen.

Trotz all seines Geredes über Mitgefühl und Akzeptanz hegt Soren Gordhamer immer noch einen Groll. Im Jahr 2012 veröffentlichte der Journalist Richard Eskow in der buddhistischen Zeitschrift Tricycle einen kritischen Artikel über Wisdom 2.0 unter dem Titel „Bying Wisdom" („Weisheit kaufen").[238] Gordhamer war wütend über die Verunglimpfung seiner Veranstaltung und versuchte, den Beitrag zu diskreditieren. Er verlangte Korrekturen für unerhebliche Fehler im Text, die auch sofort geändert wurden. Ferner beschwerte er sich: „Wir haben noch nie erlebt, dass im Journalismus so wenig Wert auf Genauigkeit und Anstand gelegt wurde." Eskows Antwort ist aufschlussreich: „Herr Gordhamer ärgert sich auch darüber, dass ich ‚freien' Eintritt genommen und mich dann kritisch geäußert habe. Wenn er glaubt, ein Presseausweis garantiere eine wohlwollende Berichterstattung, dann haben wir wirklich unterschiedliche Vorstellungen von journalistischer Ethik."[239]

Viele Buddhist:innen und Vertreter:innen der Achtsamkeitsbewegung scheinen von Google und Wisdom 2.0 überzeugt zu sein. Schließlich gehe es um Achtsamkeit, durch die Menschen freundlicher werden und die Unternehmen sogar freundlicher handeln könnten. Allerdings hat sich die Achtsamkeit von ihren moralischen Verankerungen gelöst. Ohne einen prinzipiellen Anker ist sie eine abtrünnige Technik, die den Menschen hilft, unethisches Verhalten zu rechtfertigen. Das auffällige Fehlen einer expliziten ethischen Komponente in den Achtsamkeitsprogrammen der Unternehmen spiegelt ihr ohnehin angespanntes Verhältnis zu sozialer und ökologischer Verantwortung wider.

Kapitel 11: Achtsame Schulen

Dank ihres Versprechens, psychische Probleme zu verringern und gleichzeitig die emotionale Selbstdisziplin, die Konzentration und die „Leistungsfunktion des Gehirns“ zu verbessern, ist Achtsamkeit in Schulen sehr beliebt. Obwohl die verwendeten Materialien unterschiedlich sind, ist die Ausrichtung der Programme dieselbe wie anderswo: Sie werben mit der Unterstützung durch die Neurowissenschaft und distanzieren die Praxis von der Religion. Stattdessen liegt der Schwerpunkt allgemein auf den Ergebnissen – insbesondere auf der Verbesserung der Prüfungsergebnisse und der Verringerung des durch den ständigen Leistungsdruck verursachten Stresses.

Teilweise wird auch behauptet, dass Achtsamkeit benachteiligten Kindern im Umgang mit Armut, Kriminalität und rassistisch motivierter Gewalt helfen könne. Auf diese äußeren Bedingungen wird jedoch nicht eingegangen. Wie üblich liegt der Schwerpunkt darauf, dass der Einzelne in sich geht, wodurch jungen Menschen eine neoliberale Weltanschauung eingetrichtert wird.

Bei der Vermarktung von Achtsamkeit im Bildungsbereich wird auf eine humanistische Rhetorik wie auch missionarischen Eifer gesetzt, um den autoritären Unterton zu kaschieren. Beliebt sind vor allem Bilder von Schüler:innen, die ruhig im Klassenraum sitzen und sich auf eine konkrete Aufgabe konzentrieren. Suggeriert wird dabei, dass sie von ablenkenden Emotionen und widerspenstigen Impulsen befreit worden seien. Zugleich werden sie als Opfer dargestellt, die zerbrechlich, wehrlos, störungsanfällig und „gefährdet“ seien.

Das mag zum Teil stimmen, zumindest hinsichtlich erhöhter Angstzustände, vermehrter Depressionen und Selbstverletzungen, aber Schulen bringen Kindern dadurch bei, Probleme durch Selbstberuhigung zu bewältigen. Es geht darum, wie sie reagieren, und nicht darum, auf welche Verhältnisse sie reagieren. Dieser Therapieansatz ist konservativ und lenkt die Aufmerksamkeit von der Außenwelt ab. Achtsamkeit könnte eine befähigende und emanzipatorische Praxis sein, die Möglichkeiten zur Veränderung sozialer Bedingungen und Prioritäten erkundet. Stattdessen wird die herrschende Ordnung aufrechterhalten. Schüler:innen wird beigebracht, ihre Wut wegzumeditieren und ihre Frustrationen einfach zu akzeptieren (selbstverständlich ohne sie dabei zu bewerten). Das mag ihnen dabei helfen, sich auf ihre Aufgaben zu konzentrieren, aber wenn sie nicht auch etwas über die Ursachen von Stress in sozialen, wirtschaftlichen und institutionellen Strukturen lernen, wird die Verbindung zwischen Bildung und Demokratie gekappt.

Mittlerweile hat sich eine politische Orthodoxie herausgebildet, die von einer Krise der psychischen Gesundheit ausgeht, obwohl es noch viele Unstimmigkeiten bei der Definition von „emotionalen Störungen" und „psychischen Krankheiten" gibt. Achtsamkeit wäre ohne die neuen Normen der Therapiekultur kaum so beliebt. Dabei wird uns gesagt, dass wir Hilfe bräuchten – und die bekommen wir auch, ob wir nun wollen oder nicht. Zusätzlich wird uns noch Gehorsam antrainiert.

Dabei lohnt es sich, auf das Beispiel des britischen Mindfulness in Schools Project (MiSP) einzugehen, in dessen Rahmen über 4.500 Lehrkräfte geschult wurden und das darauf abzielt, innerhalb der nächsten fünf Jahre eine Million Kinder mit „Achtsamkeit von Angesicht zu Angesicht" vertraut zu machen.[240] Der MiSP-Lehrplan wird auch als „dot-b" bezeichnet, eine Abkürzung für „Stop, Breathe and Be!" („Stoppe, atme und sei!"). Das Konzept wurde von den Pädagogen Richard Burnett und Chris Cullen entwickelt (Letzterer lehrt am Oxford Mindfulness Centre). Es vergleicht die Vermittlung von Achtsamkeit an Kinder mit dem Dressieren von Tieren. Im Lehrplan steht etwa: „Aufmerksamkeit ist wie ein Hündchen. Es bleibt nie dort, wo man es haben möchte."[241] Es bringt auch „Dinge zurück, die man nicht gewollt hat [und] manchmal macht es ein richtiges Chaos". Deshalb „müssen wir bei der Ausbildung unseres Verstandes die gleichen Qualitäten wie beim Trainieren eines Hündchens anwenden: KONSEQUENTE, GEDULDIGE, LIEBEVOLLE WIEDERHOLUNG".

Achtsamkeit als Rettung

In den USA wird Achtsamkeit im Bildungswesen mit staatlichen Geldern gefördert und von einem hohen Medieninteresse begleitet. Die gemeinnützige Organisation Mindful Schools aus Oakland in Kalifornien behauptet, durch die Weiterbildung von Lehrkräften zwei Millionen Schüler:innen „geholfen" zu haben.[242] Ihre Programme wurden landesweit durch den Dokumentarfilm *Room to Breathe* bekannt, der vom Fernsehsender PBS ausgestrahlt wurde und in den Medien große Beachtung fand. Die *Washington Post* schwärmte von dem Film und bezeichnete Achtsamkeit als „die am rasantesten wachsende Methode für das Erlernen von Selbstkontrolle an Schulen".[243]

Room to Breathe begleitet die Mitbegründerin von Mindful Schools Megan Cowan mehrere Monate lang dabei, wie sie „Problemkindern" an der Marina Middle School in San Francisco Achtsamkeit beibringt, die für ihre hohe Rate an Schulverweisen bekannt ist.[244] Im Trailer werden vor allem nicht-weiße Schüler:innen gezeigt, die sich anbrüllen, schubsen und schlagen. Die Wörter LAUT, CHAOTISCH und AUSSER KONTROLLE werden eingeblendet, bevor Cowan eine tibetische Klangschale anstimmt, die augenblicklich für Ruhe im Klassenzimmer sorgt.

Die Dokumentation transportiert in vorhersehbarer Art eine Erlösungsbotschaft. Obwohl Cowan zunächst auf Widerstand stößt, kann sie mit ihrem selbstlosen Einsatz die Schüler:innen für sich gewinnen. Nachdem ihnen Achtsamkeitsübungen beigebracht wurden, berichten sie von den üblichen Vorteilen: Sie würden sich entspannter fühlen und könnten sich besser konzentrieren, was für sich genommen natürlich positiv ist. Aber wie die aktivistische Wissenschaftlerin Jennifer Cannon feststellt, wiederholt *Room to Breathe* „einen rassistischen Diskurs über ‚auffällige' nicht-weiße Jugendliche" und inszeniert „eine weiße Achtsamkeitstrainerin als Heilsbringerin".[245]

Cowan zeigt sich einfühlsam, wohlwollend und geduldig. Sie sagt den Schüler:innen, dass Achtsamkeit uneingeschränkt gut für sie sei; als eine Form der Selbstdisziplin werde sie ihnen zu Erfolg in Schule und Beruf verhelfen. Wie bei den meisten Angeboten in Schulen steht im Lehrplan nichts über die Anwendung von Achtsamkeit, um soziale und wirtschaftliche Zusammenhänge zu hinterfragen. Könnten ihre Verhaltensprobleme, schlechten schulischen Leistungen und ihr Stress nicht damit zusammenhängen, dass sie in verarmten und von Kriminalität geprägten Vierteln leben oder Opfer von institutionellem Rassismus sind? Aus der Sicht der Achtsamkeitstrainerin hat das offensichtlich nichts damit zu tun.

Das ist Teil des Problems. Schulische Achtsamkeitsprogramme schrecken meist vor dem zurück, was der Professor für Bildungsberatung am Brooklyn College David Forbes als „die kritische Kultivierung des Bewusstseins, der Wertschätzung und des Einsatzes des kulturellen Kontexts und des kulturellen Kapitals sowohl der Schüler:innen als auch der Pädagog:innen" bezeichnet.[246] Mit anderen Worten fehlt die Art von befreiender kritischer Pädagogik, die Menschen aus der Unterdrückung herausführen könnte. Forbes erklärt, dass dieser Mangel wiederum zur Verstärkung eines „rassistischen Systems in der Bildungslandschaft führt, welches auch zur Reproduktion von Rassismus in der breiteren Gesellschaft beiträgt".

Im Verlauf der Dokumentation *Room to Breathe* offenbart sich Cowans autoritäre Einstellung. Sie scheint schlecht darauf vorbereitet zu sein, mit einer lauten Klasse von 30 Schüler:innen umzugehen, die sich nicht für Achtsamkeit interessieren. „Wenn fünf von ihnen nicht anwesend wären, dann würde sich die Mehrheit bemühen und sie ausprobieren", sagt Cowan in Richtung Kamera. Diego, ein Schüler mit lateinamerikanischen Wurzeln, sagt ihr, dass sie „langweilig" sei. Cowan verliert die Geduld und fordert vier Schüler:innen auf, den Klassenraum zu verlassen. Dazu kommentiert sie: „Es ist, als ob ich gegen eine Mauer rennen würde. Ich bin frustriert und irgendwie hoffnungslos. Diese Trotzhaltung ist so beabsichtigt und ich weiß nicht, ob ich damit in einer so großen Gruppe umgehen kann." Nach diesem Vorfall berät sich Cowan mit dem stellvertretenden Schulleiter, der sie sanft ermahnt und sie daran erinnert, dass „dies eine öffentliche Schule ist und wir alle annehmen. Der Ausschluss von Schüler:innen ist ein Paradigma, das ich nicht aufstellen möchte." Allerdings scheint sie ihre Entscheidung nicht geändert zu haben, da diese Schüler:innen im weiteren Verlauf der Dokumentation nicht mehr zu sehen sind.

Stattdessen wird die Weisheit der Achtsamkeitstrainerin aufgewertet, ebenso wie ihr Status als Zuchtmeisterin. Anstatt die Stärken und Talente ihrer jungen Schüler:innen in den Vordergrund zu stellen, werden im Film vor allem ihre Schwächen gezeigt, bis die Klasse von Cowan in eine Gruppe von fügsamen Meditierenden verwandelt wird. Das Publikum kann sich gut fühlen und optimistisch sein, was das Potenzial zur Verbesserung des städtischen Schulwesens angeht. Vielleicht spenden auch manche an Mindful Schools. Ohne radikale Investitionen in den sozialen Wandel wird die Aufmerksamkeit jedoch nur auf Einzelpersonen gelenkt. Die Schüler werden reformiert und nicht das System, das sie ausbildet, geschweige denn die breiteren sozialen Probleme, die es widerspiegelt.

Ein Großteil der Literatur von Mindful Schools unterstellt, dass nichtweiße Kinder und solche aus Arbeiterfamilien von staatlichen Sozialleistungen abhängig seien und über keine Handlungsfähigkeit oder Macht verfügen würden, weswegen sie gerettet werden müssten. Zum Glück verfügen aber zivilisierte Achtsamkeitslehrkräfte, die meistens weiß und wohlhabend sind, über Handlungsfähigkeit, kulturelles Kapital und gute Herzen, um den Benachteiligten emotionale Benimmregeln beizubringen. Parallelen zu christlichen Missionierenden sind dabei kein Zufall: Hier zeigt sich eine sentimentale „Gutmenschenmentalität", die sich bei den Privilegierten tief eingefleischt hat. Ihre Blindheit gegenüber den Ursachen von Ungerechtigkeiten ist auf die Vorteile zurückzuführen, die sie selbst daraus ziehen.

„Der weiße Erlöser unterstützt am Morgen eine brutale Politik, gründet am Nachmittag Wohltätigkeitsorganisationen und erhält am Abend Auszeichnungen", schreibt Teju Cole im Magazin *The Atlantic.* Weiter heißt es: „Beim Weißen-Retter-Industriekomplex geht es nicht um Gerechtigkeit. Es geht darum, große emotionale Erfahrungen zu machen, die die eigenen Privilegien bestätigen."[247] Die Aufrichtigkeit wohlmeinender Bemühungen macht es schwer, ihre allgemeine Naivität zu kritisieren. Versuchen Außenstehende aber nicht von den Menschen zu lernen, denen sie „helfen" möchten, so kann die Anwendung des beruhigenden Balsams der Achtsamkeit die Dinge insbesondere dann verschlimmern, wenn es um systembezogene Lösungen für ihre Probleme geht.

Innerhalb der Achtsamkeitsbewegung gibt es ein unausgesprochenes Tabu gegenüber solcher Kritik. Die Infragestellung der Effektivität von Lehrpersonen und ihrer Methoden kommt einer Blasphemie gleich, da sie alle so fest davon überzeugt sind, gut zu sein. Und da Achtsamkeit Leid zu mindern scheint, wird es als unnötig „negativ" erachtet, die Lehrinhalte oder die dahinter verborgenen Motive zu kritisieren. Diejenigen, die Achtsamkeit an Schulen lehren, sind meist nicht von den sozioökonomischen Benachteiligungen betroffen, welche die von ihnen angesprochenen Probleme verursachen. Sie mögen das Herz am rechten Fleck haben, doch das gilt nicht für ihre Fähigkeit zum kritischen Denken.

Kognitiver Kapitalismus

Insbesondere Achtsamkeitslehrenden im Bildungsbereich scheint es nicht bewusst zu sein, dass ihre Angebote der Stabilisierung der bestehenden Gesellschaftsordnung dienen. Achtsamkeit existiert nicht in einem politischen Vakuum, sondern sie wird von neoliberalen Ansätzen geprägt, die uns alle beeinflussen, wenn wir uns nicht aktiv gegen sie stemmen. Die Erziehung der Kinder erfolgt so, dass sie auf Rollen in einem zunehmend wettbewerbsorientierten kapitalistischen System vorbereitet werden. Achtsamkeit ist daher eine Möglichkeit, die Resilienz zu stärken und junge Menschen hervorzubringen, die mit ihren Emotionen umgehen und mit dem Stress einer marktorientierten Welt fertig werden können. Da Schulen immer stärker den Kräften des Marktes unterworfen sind, versuchen sie ihre Leistung anhand von messbaren Resultaten nachzuweisen. Man denke zum Beispiel an die staatlich finanzierten, kostenlosen Charter Schools in freier Trägerschaft und Bildungsgutscheine in den USA sowie die zunehmende Akademisierung im Vereinigten Königreich. Achtsamkeit hilft dabei, Notendurchschnitte anzuheben und ein besseres Verhalten unter Schüler:innen zu fördern, was Manager:innen in einem guten Licht erstrahlen lässt.

„Der aus dem Schulsystem hervorgehende aufmerksame, ‚glückliche' Mensch ist Wasser auf die Mühlen des kognitiven Kapitalismus", warnt der skeptische Wissenschaftler James Reveley.[248] Der Neoliberalismus verlangt nach sich selbst voranbringenden und selbstdisziplinierten Subjekten, die ungeachtet der ihnen möglicherweise im Weg stehenden Hürden für ihr eigenes Wohlbefinden und den eigenen Erfolg verantwortlich sind. Aus neoliberaler Sicht gibt es keine Gesellschaft, da alles von individuellen Entscheidungen und Verantwortlichkeiten abhängt. Hierzu merkt Reveley an: „Es ist eine große Aufgabe, von jungen Menschen eine Ablehnung dieser Ideale zu verlangen, wenn ihnen zugleich durch selbstbezogene und Eigenverantwortung betonende Technologien beigebracht wird, sie anzunehmen."[249]

Dieses Problem wird aber von keinem Achtsamkeitsanbieter im Bildungsbereich angesprochen. Stattdessen konzentrieren sich ihre Angebote auf leistungsorientierte Passivität und indoktrinieren Schüler:innen dazu, sich selbst als verletzlich zu sehen. Um in der Schule und im Leben Erfolg zu haben, sollen sie lernen, ihre Emotionen mithilfe therapeutischer Achtsamkeit zu „managen". Gefühle gilt es vorurteilsfrei und ohne eine Unterscheidung zwischen „guten" und „schlechten" anzunehmen, was eine Vernachlässigung ihrer Bedeutung mit einschließt. Was passiert, wenn gefährdete Schüler:innen ein starkes und belastendes Gefühl aufgrund eines vorherigen Traumas erleben? Lehrer:innen verfügen selten über die geeignete psychologische Qualifikation, um mit solchen Situationen umgehen zu können. Darüber hinaus wird die Forschung zu den negativen Effekten von Achtsamkeit häufig ignoriert. Das wahllose Unterrichten aller Kinder in Achtsamkeit könnte verantwortungslos sein, da es an aussagekräftigen Studien mangelt, die einen eindeutigen Nutzen über die Beruhigung hinaus belegen.

Indem sie starke Gefühle pathologisieren und Kindern „emotionale Kompetenz" beibringen, vermitteln die Achtsamkeitslehrpläne in den Schulen ein starkes Gefühl für „richtiges" Verhalten. Dies impliziert, dass alles andere „inkompetent" oder „ungebildet" sei. In ihrem Buch *The Dangerous Rise of Therapeutic Education* warnen Kathryn Ecclestone und Dennis Hayes davor, dass diese Mentalität „die Vorstellung vom Menschen als bewusstem Akteur untergräbt, der sein Potenzial für individuelle und soziale Veränderungen durch Projekte zur Umwandlung seiner selbst und seiner Welt verwirklicht, und sie durch eine enge sowie introspektive Sichtweise dessen ersetzt, was Menschsein bedeutet“.[250]

Manche Angebote sind angepasst worden, um neue Botschaften zu transportieren. In den USA spricht Mindful Schools mittlerweile von der „Entwicklung von Herzsamkeit“, die als „bewusste Förderung positiver Geisteszustände wie Freundlichkeit und Mitgefühl“ beschrieben wird.[251] Der allgemeine Schwerpunkt liegt jedoch auf der Wahrnehmung des gegenwärtigen Augenblicks, was bedeutet, dass man Gefühle und Gedanken ausblendet. Das britische Mindfulness in Schools Project äußert sich dazu wie folgt: „Auf der grundlegendsten Ebene hilft Achtsamkeit dabei, die Aufmerksamkeit auf das tatsächlich Geschehene zu lenken, anstatt sich Sorgen darüber zu machen, was geschehen ist oder geschehen könnte.“[252]

Obwohl das nach einer Auseinandersetzung mit der Gegenwart klingt, wird Quietismus gelehrt. Vor allem in den ersten Jahren der Bildung liegt der Schwerpunkt auf der „Schulreife“, also darauf, die Schüler auf die Einhaltung von Regeln, Normen und Verhaltensanforderungen vorzubereiten. Achtsamkeit ist Teil dieser Lehrinhalte, die Kinder vermittelt werden. Das hat beunruhigende Auswirkungen. „Die Betonung der Sublimierung starker Emotionen wie Wut könnte ungewollt die Botschaft vermitteln, dass man nicht die Stimme gegen Ungerechtigkeiten erheben sollte, und Kinder später von sozialem Aktivismus abhalten“, sagt Natalie Flores.[253] Andere sagen wiederum, dass die Angebote sich explizit auf soziale Gerechtigkeit konzentrieren sollten, insbesondere wenn sie in einkommensschwachen Gegenden angeboten werden. Anstatt Achtsamkeit „zur Beruhigung von Prüflingen“ einzusetzen, würde ein fortschrittlicher Ansatz eine kritische Analyse von Machtsystemen beinhalten, „um die Herzen unserer Schüler:innen zu beleben, sodass sie angeregt werden, die Welt zu schaffen, die sie verdienen“, erklärt Funie Hsu.[254]

Hsu zitiert den Vordenker des sozial engagierten Buddhismus Thich Nhat Hanh, der von einer notwendigen Verbindung zwischen Achtsamkeit und Handeln spricht. „Wenn Bomben auf Menschen geworfen werden, dann kann man nicht einfach die ganze Zeit in einer Meditationshalle sitzen bleiben“, sagt Hanh. „Man muss lernen, einem verwundeten Kind zu helfen und gleichzeitig achtsam zu atmen.“[255]

Dies ist selten die Botschaft der Achtsamkeit in Schulen, die Passivität statt Engagement fördern. Schüler:innen wird gesagt, dass sie sich auf sich selbst konzentrieren sollen, während die Schulen auf standardisierte Tests, konstante Begutachtung und Überwachung setzen, was alles den Stress erhöht und den Bedürfnissen des Neoliberalismus dient. Das geschieht oft unbewusst, könnte aber durch Einsicht korrigiert werden. Laut Hsu „disziplinieren Achtsamkeitsangebote Schüler:innen sowohl durch neoliberale Selbstregulierung als auch durch rassistische Konditionierung, die weiße Überlegenheit als gegebene und entspannte Vernunft erscheinen lässt".[256] Ein derartiges Machtgefälle wird oft nicht mitgedacht, was die kolonialistische Haltung weißer Achtsamkeitstrainer:innen verstärkt, die nicht-weiße Schüler:innen unterrichten sollen. Wenn sie sich der rassistischen Implikationen der Nichtanerkennung von strukturellem Rassismus nicht bewusst sind, ist es kaum überraschend, dass Achtsamkeit so selten als Ausgangspunkt für kritisches Denken und soziale Gerechtigkeit unterrichtet wird.

Achtsame Tarnung

Ein weiterer Streitpunkt für Achtsamkeit an Schulen bleibt die ungelöste Frage, wie sie es mit der Religion hält. Vonseiten des britischen Mindfulness in Schools Project heißt es dazu: „Ruhe und Besinnung spielen bei allen Weltreligionen eine wichtige Rolle, aber die MiSP-Lehrpläne sind streng säkular."[257] Aber so einfach ist es nicht, da viele der Befürworter:innen von Achtsamkeit an Schulen entweder selbst praktizierende Buddhist:innen sind oder an buddhistischen Freizeiten teilnehmen. „Die Tatsache, dass Achtsamkeit einen säkularen Nutzen hat, macht die Praxis nicht säkular", kritisiert die Religionswissenschaftlerin Candy Gunther Brown. Dieser Punkt ist besonders wichtig, da Achtsamkeitslehrer:innen gerne behaupten, dass buddhistische Erkenntnisse noch Teil ihres Lehrangebots sind. Einer der Gründer des MiSP schrieb einen Artikel für eine buddhistische Fachzeitschrift, in dem er seinen Arbeitsbereich als „den noch nicht definierten Mittelweg zwischen Achtsamkeit als klinischer Ansatz und Achtsamkeit als spiritueller Praxis" vorstellte.[258]

Ein gutes Beispiel für diesen Wechsel zwischen säkular und spirituell ist die Art und Weise, wie Goldie Hawns MindUp-Lehrplan für Schüler:innen der Mittelstufe vermarktet wird. Hawn gibt zu, dass sie ein „Drehbuch" verfasst hat, um buddhistische Meditation „unter einem anderen Namen ins

Klassenzimmer zu schmuggeln", da Menschen bei Meditation sonst direkt an Buddhismus denken würden.[259] Als Hawn bei der „Heart-Mind"-Konferenz des Dalai Lama Center for Peace Education eine Rede hielt, wechselte sie in den buddhistischen Modus. Sie behauptete, dass ihr MindUp-Programm durch „seine Heiligkeit" (der „mir mein Mantra gab") und das Dalai Lama Center („es ist das Karma") inspiriert worden sei.[260] Das MindUp-Drehbuch ersetzt den Begriff „Buddhismus" durch „Neurowissenschaft" und den der „Meditation" durch „Kernpraxis".[261] Unter Berücksichtigung der Gesetze zur Trennung von Kirche und Staat ist es Hawns Ziel, MindUP an so vielen Schulen wie möglich zu verbreiten, indem es „in jedem Staat absolut verpflichtend gemacht wird … das ist unsere Mission".[262]

Bisher wurde aufgezeigt, dass Achtsamkeit normalerweise mit einem Verweis auf wissenschaftliche Erkenntnisse vorgestellt wird. Die Religionswissenschaftlerin Brown bestreitet jedoch, dass dies die Achtsamkeit säkular macht. Sie argumentiert, dass es auch viele Studien zu den körperlichen und geistigen Vorzügen des Betens gebe, aber Beten an US-amerikanischen Schulen trotzdem verboten sei. Mit Verweis auf diese Diskrepanz sagt sie: „Am Ende kann der Verweis auf die Wissenschaft nicht über religiöse Inhalte hinwegtäuschen."[263]

Eine Reihe von Schulen, die Achtsamkeitsprogramme anbieten, wurde verklagt und beschuldigt, verdeckte religiöse Indoktrination zu betreiben. An der Warstler Grundschule in Plain Township im Bundesland Ohio wurde das Achtsamkeitsprogramm nach nur sechs Wochen wieder eingestellt.[264] Die Eltern erhoben heftige Einwände gegen die unausgesprochene Tatsache, dass Achtsamkeit aus dem Buddhismus stammt. Unter Berufung auf die Einführungsklausel des 1. Zusatzartikels zur Verfassung der Vereinigten Staaten, die das Aufzwingen religiöser Überzeugungen oder jeglicher Form der Anbetung in öffentlichen Einrichtungen verbietet, haben Gerichte Praktiken wie das Anbringen der Zehn Gebote in Klassenzimmern untersagt. Selbst Schweigeminuten sind bisweilen angefochten worden. Warum also sollten Achtsamkeitstrainer:innen die Freiheit haben dürfen, buddhistische Klangschalen zu verwenden oder den Schüler:innen vorzuschreiben, in einer meditativen Haltung im Schneidersitz zu sitzen?

Manche stören sich daran. Das National Center for Law and Policy hat evangelikale Christen bei Rechtsstreitigkeiten gegen öffentliche Schulen vertreten, die Yoga und Meditation unterrichten. Im Bundesland Massachusetts schickte es eine Erklärung von Eltern an die Schulverwaltung von Dennis-

Yarmouth, die sich gegen das Achtsamkeitsprogramm „Calmer Choice“ richtete. Darin heißt es:

> *„Achtsamkeit ist ohne Zweifel eine buddhistische religiöse Praxis. In einem Geist, der ganz offen nach philosophischem und spirituellem ‚Insidertum‘ oder Elitismus riecht, behaupten die Befürworter:innen von Achtsamkeit, besondere ‚neue‘ Einsichten in die universellen Ursachen und die universellen Lösungen des Menschseins zu besitzen. Genau diese Verschreibung von Achtsamkeit als universelles, nicht-sektiererisches Heilmittel für fast alles, was uns im modernen Leben plagt, ist eindeutig eine religiöse Haltung!“*[265]

Das Calmer-Choice-Programm ist an Kabat-Zinns MBSR-Konzept angelehnt und wird an Schulen als „Mindfulness-Based Inner Reliance Training“ („Achtsamkeitsbasiertes Training für Inneres Vertrauen“) vermarktet. Die Verbindungen zu MBSR sind offensichtlich und Kabat-Zinn sitzt als Ehrenmitglied im Vorstand von Calmer Choice. Was sollen Eltern denken, wenn er MBSR als „Platzhalter für das gesamte Dharma“ bezeichnet und sagt, dass es sich mit dem zentralen Kern des Buddhismus decke und ein Ausdruck davon sei?

Die Erklärung der Eltern verweist auf verschiedene wissenschaftliche Studien, die auf eine Verbindung zwischen MBSR-Training und verstärkten religiösen Ansichten hindeuten. In einer Studie wurde die gesundheitsfördernde Wirkung von MBSR auf „tägliche spirituelle Erfahrungen“ zurückgeführt.[266] Eine weitere Studie fand heraus, dass britische Männer Meditationskurse zur Steigerung ihres Wohlbefindens besuchten, sich anschließend aber für Buddhismus interessierten.[267] In einer weiteren randomisierten Studie berichteten die Teilnehmer:innen eines MBSR-Kurses über statistisch „höhere Werte bei einer Messung spiritueller Erfahrungen“.[268] In diesem Beitrag wird auch darauf hingewiesen, dass MBSR auf buddhistischen „Meditationstechniken beruht, die ursprünglich nicht als Übungen zum Stressabbau gedacht waren, sondern als kontemplative Praktiken, die speziell zur Förderung von spirituellem Wachstum und Verständnis entwickelt wurden“.[269] Derlei Erkenntnisse können Unbehagen auslösen bei Menschen mit anderen religiösen Ansichten.

Diese Bedenken erinnern an frühere Anfechtungen. In einem viel beachteten Fall aus den 70er-Jahren, der Fall Malnak gegen Yogi, entschied ein Gericht in New Jersey, dass das Lehren der Transzendentalen Meditation (TM) an öffentlichen Highschools gegen die Einführungsklausel des 1. Zusatzartikels zur Verfassung verstößt.[270] Die Befürworter:innen von TM behaupten mittlerweile, etwas Säkulares anzubieten, indem sie religiöses Vokabular vermeiden und mit wissenschaftlicher Forschung werben. Das TM-Schulprogramm „Quiet Time" wird durch die Foundation for Consciousness-Based Education and World Peace des Filmemachers David Lynch unterstützt. Die Stiftung sieht ihre Aufgabe in „der Förderung der weitverbreiten Anwendung von evidenzbasierten transzendentalen Meditationsprogrammen, um die Gesundheit, die kognitiven Fähigkeiten und die Lebensleistungen der Schüler:innen zu verbessern".[271] Lynch selbst ist seit 1973 ein begeisterter TM-Propagandist. Wie andere Achtsamkeitsprogramme greift auch Quiet Time auf pseudowissenschaftliche Aussagen zurück, um Kontroversen zu vermeiden.

In San Francisco wurde Quiet Time an sechs öffentlichen Schulen eingeführt, aber es gab Einwände. Und das, obwohl sich diese in ärmeren Vierteln befinden, in denen die Mehrheit der Familien Minderheiten angehören und nicht englische Muttersprachler sind, was die Wahrscheinlichkeit verringert haben könnte, die Autorität infrage zu stellen. Allerdings protestierte eine Mutter und gründete die Facebook-Gruppe „SF Parents Against TM in Public Schools" („Eltern aus San Francisco gegen TM an öffentlichen Schulen").[272] Aufmerksam wurde sie darauf, nachdem ihr Sohn mit einer Einverständniserklärung nach Hause kam, die nicht wie sonst auch ins Spanische übersetzt worden war. Sie informierte sich und fand heraus, dass TM geheime Mantras und religiöse Ideen beinhaltet. In der Schule wurde sogar eine Art Altar gebaut. Auf Facebook merkte sie an, dass nichts davon in der Einverständniserklärung gestanden habe. Daher fragte sie: „Ist das Auslassen nicht eine Art Täuschung? Kann mir jemand erklären, wie man da *BEWUSST EINWILLIGEN* soll?"[273]

Nachdem sie den Schuldirektor zur Rede gestellt hatte, erhielt sie ein „Unterlassungsschreiben" von einem angeblich das „Quiet Time"-Programm vertretenden hochrangigen Anwalt. In dem Schreiben wurde ihr unterstellt, das Programm der religiösen Indoktrination zu beschuldigen, und sie wurde aufgefordert, sich selbst rechtlich vertreten zu lassen. Das scheint nicht untypisch zu sein. John Knapp, der sich von TM losgesagt hat, betreibt eine Internetseite namens „TM-Free Blog: Skeptical Views of Transcendental Meditation and Maharishi Mahesh Yogi" („TM-freier Blog: Skeptische Ansichten über Transzendentale Meditation und Maharishi Mahesh Yogi").[274] Knapp plante einmal ein Onlinesymposium mit dem Titel „Tell TM: Hands Off Our Schools" („TM: Hände weg von unseren Schulen"). Wie das *Church & State Magazine* berichtet, sagte er es jedoch ab, nachdem er einen Drohbrief von William Goldstein erhalten hatte, dem allgemeinen Rechtsberater der Stiftung von David Lynch. In Goldsteins Brief heißt es:

> *„Die aufgelisteten Referent:innen Ihrer Veranstaltung scheinen alle ein ähnlich negatives Ziel zu verfolgen [...]. Daher möchte ich Sie höflich darauf hinweisen, dass wir die weltweite Internetpräsentation der Veranstaltung sorgfältig auf falsche, verleumderische, unerlaubte, verletzende, böswillige oder anderweitig ungesetzliche Aussagen oder Materialien überprüfen werden, die von Ihnen oder den Referent:innenen gemacht oder veröffentlicht werden."*[275]

Als Redner war unter anderen der Soziologieprofessor Barry Markovsky von der University of South Carolina vorgesehen, der die wissenschaftlichen Behauptungen der TM in Zweifel zieht.

In San Francisco wurde das „Quiet Time"-Programm nach nur drei Monaten wieder eingestellt, was den Steuerzahler 110.000 US-Dollar kostete. Als einzige der ursprünglich sechs Schulen nutzt nur die Visitation Valley Middle School dieses Lehrangebot noch. Hier unterrichten drei Lehrkräfte in Vollzeit, die von David Lynchs Stiftung finanziert werden – und die Medien berichten positiv darüber.[276]

Achtsame Versuchskaninchen

Die Kritiker:innen von Achtsamkeitsangeboten an Schulen verweisen häufig auf mögliche Risiken und mangelnde ausführliche Studien, die ihre Wirksamkeit belegen. „Momentan übersteigen die versprochenen Resultate die tatsächlichen wissenschaftlichen Erkenntnisse", warnt der Psychologe Mark Greenberg von der Penn State University.[277] Selbst bei der wissenschaftlichen

Fachzeitschrift *Mindfulness,* in der auch Kabat-Zinn veröffentlicht, herrscht eine gewisse Skepsis. In einer Sonderausgaube zum Thema „Achtsamkeitsbasierte Interventionen im schulischen Umfeld“ heißt es in der Einleitung: „Über Achtsamkeitsforschung wird häufig gesagt, dass sie noch in den Kinderschuhen stecke. Wenn das stimmen sollte, dann steckt die Erforschung von Achtsamkeit bei Jugendlichen und in Schulen noch in der pränatalen Entwicklungsphase.“[278]

Die Analyse von drei kürzlich erschienen metaanalytischen Studien zu Achtsamkeit an Schulen hat ergeben, dass ihre Auswirkungen nur sehr gering und die allgemeinen Ergebnisse nicht aussagekräftig sind. Die Zahl der Studien ist nach wie vor sehr begrenzt – im Vergleich zu einer ähnlichen metaanalytischen Studie über Achtsamkeit bei Erwachsenen, bei der die Forscher:innen aus über 18.000 Artikeln schöpften, waren es bei Kindern in allen drei Übersichten zusammen nur 111. Und selbst diese Studien waren von zweifelhafter Qualität. In einer Übersicht wurden elf Studien behandelt, die in Zeitschriften ohne Peer-Review-Verfahren veröffentlicht worden waren. In einer anderen schlossen einige der untersuchten 15 Studien die TM ein. In der dritten schließlich waren nur 35 der 72 beleuchteten Studien randomisiert.

Der Schulpsychologe David Klingbeil von der University of Wisconsin ist der Hauptverantwortliche der dritten Übersicht. Dazu schreibt er: „Das Erste, was mir auffiel, war schlicht die große Variation an Dingen, die als achtsamkeitsbasierte Interventionen bezeichnet werden.“[279] Eine Studie untersuchte die Auswirkungen von 15-minütigem Malen auf Kinder. Bei anderen wird auf eine Vielzahl von Aktivitäten zurückgegriffen, sagt der Koautor der zweiten Übersicht Harold Walach. Darunter finden sich achtsames Atmen, das Hören von Glockenklängen, Gruppendiskussionen und so weiter.[280] Bei einer so uneinheitlichen Sammlung von Aktivitäten ist es schwer zu sagen, wie Achtsamkeit definiert und operationalisiert wird oder was der eigentliche Mechanismus ist, der für positive Veränderungen verantwortlich ist. Wie Walach es ausdrückt: „Was ungeklärt bleibt, ist die Frage, ob der wahre Beitrag die Achtsamkeitspraxis selbst ist.“[281]

Die positiven Auswirkungen könnten einfach darauf zurückzuführen sein, dass die Kinder während des Schultages eine Auszeit hatten oder das Gefühl, in der Diskussion gehört zu werden. Es besteht auch das Risiko der „sozialen Erwünschtheit“, da die Kinder wissen, dass sie als Proband:innen für eine Studie ausgewählt wurden, von der sie sich Verbesserungen versprechen. Dann gibt es noch das Problem der Publikationsverzerrung, bei der nur positive Ergebnisse veröffentlicht werden. Eine kürzlich von einer Gruppe von Psychologen der McGill University durchgeführte Studie ergab, dass von den 124 von ihnen untersuchten randomisierten Kontrollstudien 90 % positive Ergebnisse meldeten.[282] Eine solche Zahl ist angesichts der kleinen Stichprobengrößen recht hoch; ein normaler, nicht voreingenommener Schwellenwert für dieselbe Stichprobengröße sollte nicht mehr als 65 % betragen.

Ist es unverantwortlich, Achtsamkeit in marginalisierten Bevölkerungsgruppen zu unterrichten, wenn die wissenschaftlichen Erkenntnisse dazu so gering sind? Und was ist mit traumatisierten Kindern? Es gibt aussagekräftige Forschungsergebnisse, wonach achtsamkeitsbasierte Interventionen für Traumatisierte kontraindiziert sind.[283] Es gibt auch allgemeine Anzeichen dafür, dass sich solche Angebote nicht für alle eignen. Willoughby Britton ist Experte auf diesem Gebiet. Wie er in seinem Artikel „Dark Night of the Soul" aus dem Jahr 2014 feststellte, „hat sich bisher niemand die Frage gestellt, ob es mögliche Schwierigkeiten oder unerwünschte Wirkungen gibt und ob manche Praktiken für manche Menschen besser oder schlechter geeignet sind als für andere".[284] Dies beginnt sich zu ändern. Ein Artikel in der Fachzeitschrift *International Journal of Psychotherapy* untersuchte 75 Studien, die negative Folgen durch achtsame Meditation festhielten.[285] Die Forscher:innen beobachteten Effekte wie entspannungsinduzierte Angst und Panik, paradoxe Spannungssteigerung, beeinträchtigte Realitätsprüfung und leichte Dissoziation, um nur einige zu nennen. Britton ist auch besorgt darüber, dass Achtsamkeitsprogramme in Schulen Kinder nicht angemessen auf psychiatrische Störungen untersuchen und auch die Ausschlusskriterien nicht kennen, zu denen bei Erwachsenen Depressionen, soziale Ängste, Psychosen, Posttraumatische Belastungsstörungen (PTBS) und Suizidalität gehören.

Was bleibt angesichts der mangelhaften Forschungsgrundlage als wissenschaftliches Verkaufsargument für Achtsamkeit in der Schule? Es wird gerne auf die Neurowissenschaft und Neuroplastizität verwiesen: Schaut doch, wie Achtsamkeit das Gehirn verändert! Warum sollten wir noch mehr Beweise benötigen? Leider ist der Hype um die Bildgebung des Gehirns bei jungen Menschen noch ausgeprägter. Das ist eine Ironie des Schicksals, da es bisher keine neurowissenschaftlichen Untersuchungen zur Wirkung von Achtsamkeit auf die Gehirne von Kindern und Jugendlichen gibt. Außerdem ist bekannt, dass sich das Gehirn bis zum 25. Lebensjahr noch weiterentwickelt, sodass die Auswirkungen der Achtsamkeit auf das Gehirn von Kindern anders sein könnten als bei Erwachsenen.[286]

Achtsamkeitsprogramme lehren jedoch routinemäßig neurologisches Vokabular und verlangen von Kindern, ihre Emotionen auf diese Weise auszudrücken. Ein gut trainiertes Kind könnte sagen: „Meine Amygdala hat mich in Beschlag genommen", um auszudrücken, dass „mehr Achtsamkeit" geholfen hätte. Der Import der „Volksneurologie" in den öffentlichen und pädagogischen Diskurs verortet alle Erfahrungen im Gehirn und schließt andere Betrachtungsweisen aus. Es gibt aber auch säkulare Einwände. Ein Bericht der British Royal Society mit dem Titel „Neuroscience: Implications for Education and Lifelong Learning" ist besonders kritisch. Darin heißt es:

> *„In der Öffentlichkeit gibt es ein großes Interesse an den Neurowissenschaften, aber zugängliche Informationen von hoher Qualität sind selten. Wir raten zur Vorsicht bei der Anwendung sogenannter gehirnbasierter Methoden, da viele noch keine solide wissenschaftliche Grundlage haben. Es gibt inspirierende Entwicklungen in der Grundlagenwissenschaft, aber praktische Anwendungen liegen noch in weiter Ferne."*[287]

Die Vermittlung neurologischer Narrative an Kinder ist eine Form der Disziplinierung, durch die ihre Entwicklung geformt werden kann. Nachdem sie die Sprache der Neurowissenschaften gelernt haben, werden sie gehorsamer gegenüber dem, was sie vermitteln. Sie tun das sogar freiwillig und konzentrieren sich auf die emotionale Selbstregulierung, während sie gleichzeitig die Normen der Autorität verinnerlichen. Wer daran zweifelt, sollte daran denken, dass die Ausrede „Aber meine Amygdala ist schuld" sonst nicht von Lehrer:innen akzeptiert werden würde.

In dieser Hinsicht ist Achtsamkeit an Schulen Teil einer breiteren Sozialstruktur, die neoliberale Subjekte hervorbringt. Schüler:innen wird beigebracht, sich selbst als unternehmerische Subjekte zu sehen, die sich einer Therapie unterziehen können, um bei der Arbeit „aufzublühen". Dies wird als wichtige Fähigkeit bezeichnet, aber es macht die Kinder dafür verantwortlich, sich an die Umstände anzupassen, anstatt Veränderungsversuche zu unternehmen. Können achtsame Augenblicke wirklich etwas gegen die

Traumata bewirken, die durch Armut, Arbeitslosigkeit, Gefängnisstrafen, jedwede Art von Rassismus, Polizeigewalt und Kriminalität verursacht werden? Liegt das Problem nur darin, dass die Schüler:innen nicht in der Lage sind, ihre Emotionen „selbst zu regulieren“? Eine solche Sichtweise erzeugt eine moralische Panik, die Achtsamkeitslehrer:innen als Retter:innen erscheinen lässt. Es ist traurig, dass Menschen, die so wenig haben, die Schuld für so viele Dinge gegeben wird und sie dazu angehalten werden, an ihren „Defiziten“ zu arbeiten. Stattdessen wäre es möglich, sie über die zugrunde liegenden Probleme in der Gesellschaft aufklären und ihnen Wege aufzeigen, wie sie diese im Rahmen einer umfassenderen bürgerschaftlichen Achtsamkeit angehen könnten. Achtsamkeitstrainer:innen an Schulen stellen ihre Lehrpläne als unpolitisch, unideologisch und evidenzbasiert dar, aber solche Behauptungen sind illusorisch.

Kapitel 12: Achtsame Krieger:innen

Im Jahr 1966 kehrte mein Onkel von seinem zweiten Einsatz im Vietnamkrieg zurück. Er erzählte mir, dass er bei seinem nächsten Einsatz „einem Schlitzauge" ein Ohr abschneiden und es mir als Andenken an den Krieg nach Hause schicken würde. Während ich damals angewidert war von diesem grotesken Versprechen, empfinde ich im Nachhinein Mitgefühl für das, was er durchgemacht haben muss. Mein Onkel litt bereits an einer Posttraumatischen Belastungsstörung (PTBS) aufgrund der Schrecken, die er als Vietnamesisch-Dolmetscher der US-Armee an der Front eines extrem gewalttätigen und ungerechten Krieges erlebt hatte.

Bis zu einem Drittel der US-Soldat:innen leidet heute unter Stress, Traumata und unvorstellbaren Schmerzen durch den wiederholten Einsatz im Irak und in Afghanistan.[288] Ich bin der Meinung, dass alle Anstrengungen unternommen werden sollten, um sicherzustellen, dass Soldat:innen, Reservist:innen und Veteran:innen die besten verfügbaren medizinischen und psychologischen Behandlungen für PTBS erhalten, einschließlich meditativer Praktiken. Das Militär setzt diese Methoden jedoch auch ein, um die „Leistungsfähigkeit der Soldaten" vor einem Kampfeinsatz zu optimieren.[289] Ich habe starke Vorbehalte gegen den Einsatz von Achtsamkeit zur besseren Ausbildung von Killer:innen.

In einer Erklärung zu den neuesten Forschungsergebnissen heißt es: „Das US-Militär hat untersucht, ob Achtsamkeitstraining ein kostengünstiges Instrument zur Optimierung der kognitiven Leistungsfähigkeit und des Wohlbefindens der Soldat:innen ist."[290] An der zugrunde liegenden Studie nahmen 120 Elitesoldat:innen aus Spezialeinheiten teil, die alle einen gekürzten, achtstündigen Kurs in Mindfulness-Based Attention Training (MBAT – Achtsamkeitsbasiertes Aufmerksamkeitstraining) absolvierten. Dabei handelt es sich um eine Anpassung von MBSR, wie sie häufiger für militärische Kursangebote vorgenommen wird. In der Studie wird die Relevanz von „anhaltenden Aufmerksamkeitsreaktionsfähigkeiten" hervorgehoben: „Bei simulierten Handfeuerwaffengefechten kommt es zu einem ähnlichen Ausgleich zwischen Schnelligkeit und Genauigkeit."[291] Das bedeutet, dass die Soldat:innen präziser geschossen haben.

Hauptautorin dieser Studie war Amishi Jha, die Kodirektorin einer Forschungs- und Praxisinitiative für Achtsamkeit an der University of Miami. Jha ist eine weltweit gefragte Expertin für die Vermittlung von Achtsamkeit an Soldat:innen. Laut ihren Aussagen wirkt das Training vor dem Einsatz als eine Art „mentale Rüstung", die vor Stress bei Gefechten schützt.[292] Dies scheint mir ein weiteres Beispiel für die Vorliebe des Militärs für Orwell'sche Doppeldeutigkeit zu sein, oder wie Professor William Lutz es nennt: „Sprache, die Verantwortung vermeidet oder verschiebt, Sprache, die von ihrer tatsächlichen oder angeblichen Bedeutung abweicht".[293] Sie schreckt vom Nachdenken ebenso ab wie die euphemistische Unbestimmtheit eines verschleiernden Jargons wie „chirurgische Schläge" (die oft fehlschlagen), „Kollateralschäden" (die vorhersehbare Tötung von Zivilisten) oder „einen Teppich auslegen" (flächendeckende Bombardierung). Die Behauptung, Achtsamkeit sei eine Prophylaxe gegen die „Stressfaktoren des Einsatzes", ist nichts anderes als ein Deckmantel für die Mission des Tötens.

Wir sollten nicht vergessen, dass die Zahl der Todesopfer im Irak seit der US-geführten Invasion im Jahr 2003 vorsichtigen Schätzungen zufolge bei 500.000 liegt. Fast 5.000 US-Soldaten wurden getötet, und die Kosten der ungerechten Kriege im Irak und in Afghanistan beliefen sich laut dem Congressional Budget Office (einer Behörde des US-Kongresses) im Jahr 2017 auf 2,4 Billionen US-Dollar. Die Zahl der zivilen Opfer in Afghanistan, das die US-Truppen im August 2021 auf Anordnung des aktuell regierenden Präsidenten Joe Biden verließen, was wiederum den Abzug aller NATO-Truppen zur Folge hatte, erreichte Anfang 2018 mit durchschnittlich zehn Toten pro Tag ein Rekordhoch.

Ein amoralischer Irrgarten

Im Jahr 2009 präsentierte Jha dem Dalai Lama ihre Erkenntnisse bezüglich der Anwendung von Achtsamkeit beim Militär. Sie beschrieb sich selbst als „sehr zwiegespalten" in der Frage, ob ihre „Wissenschaft für das Gute oder das Böse genutzt werden könnte". Sie warb um Zustimmung, indem sie sagte: „Es scheint mir, dass es ein Vertrauen in diese Praktiken gibt, vorausgesetzt, sie werden richtig gelehrt, dass sie korrigierend sind, dass die Qualitäten, die entwickelt werden, zu etwas Gutem beitragen könnten." Da sie keine Antwort erhielt, bat sie um einen Rat. Die Antwort war knapp. Der Dalai Lama sagte: „Keine Chance!" Nach einer Pause, in der die Anwesenden lachten, fügte er hinzu: „Ich schätze Ihre Arbeit. Das ist alles."[294]

Jha verteidigt ihre Arbeit als Schadensbegrenzung. „Zu Verletzungen von Unbeteiligten oder von Verbündeten kommt es oft, wenn Schützen ihr Ziel falsch identifizieren oder es versäumen, vorschnelle Reaktionen angemessen zu unterbinden, was zu unbeabsichtigten Verwundungen von Unbeteiligten oder Verbündeten führt", heißt es in ihrer jüngsten Studie. „Die Chance, auch nur gegen einen einzigen Aufmerksamkeitsfehler oder ein kognitives Versagen vorzugehen, wäre von großer Bedeutung, wenn dieses Versagen zum unnötigen Verlust von Menschenleben oder zum Verlust wichtiger Missionsziele beiträgt."[295]

Gibt es nicht bessere Möglichkeiten, den Verlust von Menschenleben zu verhindern, als dem Militär bei seinen Zielen zu helfen? Es ist fraglich, ob Achtsamkeit in diesem Kontext „richtig unterrichtet" werden kann, zumal zunehmend Programme Anwendung finden, die das Augenmerk vorwiegend auf die Vermittlung einer erhöhten Konzentrationsfähigkeit legen. Jha hat für ihre Forschung mehr als sieben Millionen US-Dollar an Zuschüssen von der US-Armee und dem Verteidigungsministerium bekommen. Eine weitere Million erhielt sie von der Henry Jackson Society, einem neokonservativen Thinktank mit Sitz in London, der sich für eine interventionistische Außenpolitik stark macht.[296]

Das Militär investiert viel Geld in Achtsamkeit. Allein die US-Armee hat im Rahmen ihrer Initiative „Comprehensive Soldier Fitness" (CSF – „Umfassende Fitness für Soldat:innen") über 125 Millionen Dollar für die Erforschung der Belastbarkeit ausgegeben.[297] Im Rahmen dieses umstrittenen Programms erhielt Martin Seligman von der University of Pennsylvania einen öffentlich nicht ausgeschriebenen 31-Millionen-Dollar-Vertrag, um 1,1 Millionen US-Soldat:innen in Positiver Psychologie zu unterrichten.[298] Das CSF-Programm bietet Schulungen in emotionaler Selbstregulierung, einschließlich Achtsamkeit. Und das Army Research Laboratory (das zentrale Forschungslabor der US-Armee) hat Valerie Rice fast eine Million US-Dollar für die Forschung zu „schnell verfügbarer Resilienz" zur Verfügung gestellt.

Diskussionen über den Resilienz erfordernden Kontext sind Tabu. Der klinische Psychologe John Dyckman erinnert sich an ein Treffen mit Soldat:innen und Zivilist:innen, die am CSF-Programm teilnahmen: „Sie legten als Grundregel für unsere Diskussionen fest, dass es keinerlei Diskussion über die Ethik von ‚Missionen' – also den moralisch fragwürdigen Kriegen, zu denen sie entsandt werden – geben würde." Als er Einspruch erhob, erinnerten sie Dyckman daran, dass die Streitkräfte von gewählten Vertreter:innen des Staates kontrolliert werden. So wurde ihm gesagt: „Die moralische Verantwortung liegt bei der Regierung und den Menschen, die sie wählen."[299]

In der Zwischenzeit basteln Wissenschaftler:innen an amoralischen Rahmenmodellen, um Achtsamkeit zu militarisieren. Das auf MBSR basierende Ursprungskonzept wurde Mindfulness-Based Mind Fitness Training (MMFT – Achtsamkeitsbasiertes geistiges Fitnesstraining) beziehungsweise kurz „M-Fit“ genannt. Es wurde Soldat:innen vor Kampfeinsätzen angeboten und basierte auf „realen Beispielen aus dem Umfeld der Aufstandsbekämpfung, die zeigen, wie geistige Fitnessfähigkeiten die Leistung verbessern können“, so eine Studie der MMFT-Entwicklerin Jha und ihrer Kollegin Elizabeth Stanley.[300]

Die ersten Experimente mit MMFT führte das Labor für Kampfführung des Naval Health Research Center durch, ein Forschungszentrum des US-Verteidigungsministeriums mit Sitz auf dem Marinestützpunkt Point Loma im kalifornischen San Diego. Dazu gehörte die Errichtung eines nachgebildeten afghanischen Dorfes in der Nähe von San Diego, in dem Marineinfanterist:innen mit Explosionen und schreienden Schauspieler:innen konfrontiert wurden, um Stress zu erzeugen. „Wir vermitteln euch jetzt diese Emotionen, damit ihr euch im Ernstfall nicht so verrückt verhaltet“, erklärte Oberleutnant Giles Royster einem Team mit geringer Kampferfahrung. „Ihr werdet in der Lage sein, euch selbst zu beruhigen.“[301] Die Marines wiesen den Vorwurf von sich, dass sie Achtsamkeit zweckentfremden würden. „Manche Menschen sagen vielleicht, dass dies östliche Religionspraktiken sind, aber es geht hier um viel mehr“, sagte Jeffery Bearor von der Trainings- und Bildungszentrale des Marine Corps in Quantico, Virginia. „Das hat nichts mit einer religiösen Praxis zu tun. Es geht um die mentale Vorbereitung, um besser mit Stress umgehen zu können.“[302]

Auf die Zwecke von MMFT zugeschnitten heißt es: „Achtsamkeit ist ein mentaler Zustand, der sich durch volle Aufmerksamkeit auf die gegenwärtige Erfahrung ohne Bewertung, Verarbeitung oder emotionale Reaktivität auszeichnet.“[303] Dies ist eine Abwandlung der MBSR-Definition von Jon Kabat-Zinn, der sich seit Langem mit der Vermittlung von Achtsamkeit an Soldat:innen befasst und Jha immer noch als Berater zur Seite steht.[304] In einem von Elizabeth Stanley zitierten Interview von 2014 erwähnt er kurz, dass er gegen den Vietnamkrieg war, und sinniert dann lange über seine neuen Bekanntschaften im Militär. Darunter seien „einige Generäle, die sich zumindest über den Wert von erhöhter Achtsamkeit in ihren Einheiten unterhalten wollten“. Inzwischen sagt Kabat-Zinn:

> *„Oberst Brumage [ein Militärarzt] lud mich ein, nach Oahu zu kommen und eine zweitägige Achtsamkeitsfreizeit zu leiten. Liz Stanley und ich führten eine Veranstaltung für 200 Menschen durch. Es fühlte sich so an, als würden wir durch das Säen dieser Samen mehr Gutes als Schlechtes ausrichten. Und diese Entdeckungsreise setzten wir mit dem Generalstabsarzt der US-Armee und hochrangigen Offizieren der Marine und Luftwaffe fort."*[305]

Unabhängig davon, ob diese kleine Reise nach Hawaii von den Steuerzahlern finanziert wurde oder nicht, wirft Kabat-Zinns Zusammenwirken mit den höchsten Militärs ethische Fragen auf. Die Herauslösung von Achtsamkeit aus ihrem traditionellen Kontext macht sie ethisch neutral, egal ob er „das Gefühl hatte", dass er „mehr Gutes als Schlechtes" anrichten würde. Technokratische Beschreibungen von MMFT als „Aufmerksamkeitskontrolltraining" oder „Stressimpfung" wären ohne Kabat-Zinns Reduktion von Achtsamkeit auf „bloße Aufmerksamkeit" kaum möglich gewesen, was sie anfällig für dekontextualisierte Anwendungen macht. Wären die ethischen Aspekte der Achtsamkeit nicht entfernt worden, ließen sich solche Formen des Trainings nicht mit dem Auftrag des Militärs vereinbaren. Schließlich werden Soldat:innen ab der Grundausbildung indoktriniert, dem Feind Schaden und Schmerzen zuzufügen.

Kabat-Zinn stellt sich gerne vor, dass Achtsamkeit dies irgendwie rückgängig und Krieger:innen freundlicher machen könnte. „Selbst wenn Banker:innen oder Soldat:innen die Achtsamkeit nutzen, um ihre beruflichen Fähigkeiten zu verbessern", sagte er einmal zu Oprah Winfrey, „wird sie auch das angeborene Mitgefühl ihrer Menschlichkeit nähren."[306] Es gibt wirklich keinerlei Beweise für diese luftige Idee. Das US-Militär hätte sicherlich längst aufgehört, in Achtsamkeit zu investieren, wenn sie ausgebildete Killer:innen in Vorbilder des Mitgefühls verwandeln würde, die sich bei Gewissensbissen Befehlen verweigern. Es scheint, als würden MBAT und MMFT einfach das halten, was sie versprechen: die Konzentrationsfähigkeit der Soldat:innen erhöhen und ihnen im Umgang mit Stress helfen. Wenn sie dadurch davon abgehalten werden, wie wild auf Unschuldige zu schießen, ist das wohl besser als ein weiteres My Lai (ein Teil eines Dorfes, in dem die USA während des Vietnamkriegs ein Massaker anrichteten), aber es trägt nur wenig dazu bei, das für Kriege charakteristische Massenmorden zu verhindern.

Die MMFT-Schöpferin Elizabeth Stanley ist da direkter. Sie ist ehemalige Offizierin des militärischen Geheimdienstes und entstammt laut eigener Aussage „einem langen Krieger:innengeschlecht, die Stanleys haben in jeder Generation seit dem Revolutionskrieg im US-Militär gedient".[307] Durch ihre Ausführungen zu MMFT wird klar, dass das Kernziel von Soldat:innen weiterhin das Töten ist:

> *„Echte Krieger:innen müssen in der Lage sein, den eigenen Körper und den eigenen Geist zu beruhigen, um Kraft zu schöpfen; sie müssen auch unter schwierigen Umweltbedingungen ausdauernd sein; sie müssen sich ihrer selbst, ihrer Mitmenschen und ihres Umfelds bewusst sein, um kritische Entscheidungen treffen zu können; sie müssen Mitgefühl für sich selbst, ihre Kamerad:innen, ihre Gegner:innen und die Menschen in ihrem Einsatzgebiet haben; und sie müssen sich bei Provokationen beherrschen können, um nicht überzureagieren. Und wenn es der Moment erfordert, müssen sie auch die Fähigkeit besitzen, sauber, ohne Zögern und ohne Reue zu töten."*[308]

Wie sie an anderer Stelle reflektiert, ist die grundlegende Lehre von MMFT – „das Achten auf das, was passiert" – keineswegs neu. „Krieger:innen wenden diese Techniken schon seit Jahrtausenden an, bevor sie in die Schlacht ziehen", sagt sie. „Mediation wird vielleicht so selbstverständlich im Militär wie Schießtraining, eine andere Methode, um Truppen effektiver und belastbarer zu machen."[309] Sie liegt damit nicht falsch. Dort, wo der Buddhismus mit dem Staat verbunden war, wurde er auch als Instrument der Militarisierung eingesetzt. Das ist insbesondere dann wahrscheinlich, wenn seine ethischen Grundlagen entfernt werden, wie es beim japanischen Zenbuddhismus im Zweiten Weltkrieg der Fall war.

Zenbuddhismus und die Kunst des MI6

In seinem Buch *Zen at War* (dt. Titel: *Zen, Nationalismus und Krieg*) legt Brian Victoria dar, wie sowohl die Soto- als auch die Rinzai-Sekte des japanischen Buddhismus den militärischen Imperialismus unterstützten.[310] Zu Beginn des 20. Jahrhunderts feierte Japan einen bedeutenden Sieg über Russland. Es war das erste Mal, dass eine asiatische Macht die Europäer besiegt hatte. Viele Kriegsbefürworter:innen führten Japans wilden Kampfgeist auf den uralten Kodex des Bushido zurück, den Weg des Kriegers. Verzerrte Interpretationen von Begriffen wie „Leere" *(ku)* und „kein Geist" *(mu)* nährten eine nicht-dualistische Theorie, die besagte, dass Töten keine karmischen Auswirkungen habe. Im 17. Jahrhundert versicherte der Zenmeister Takuan seinen Samurai-Schülern: „Das erhobene Schwert hat keinen eigenen Willen, es ist vollkommen leer. Der Mann, der niedergestreckt werden soll, ist ebenfalls leer, ebenso wie derjenige, der das Schwert schwingt."

Dieser Satz wurde von dem einflussreichen Gelehrten D. T. Suzuki in seinem Buch *Zen and Japanese Culture* (dt. Titel: *Zen und die Kultur Japans*) zitiert, das erstmals im Jahr 1938 erschien. Im Westen wurde er in den 50er-Jahren als inspirierender Lehrer bekannt, doch er trug auch dazu bei, den Tod während des Zweiten Weltkriegs zu rationalisieren. Die imperialistische Version des Zen überarbeitete die buddhistischen Lehren und nutzte die Meditation für die Kriegsanstrengungen. So unglaublich es auch klingen mag, der Krieg wurde als Ausdruck des Mitgefühls angesehen. Das Kämpfen und sogar das Sterben in der Schlacht stellten eine Möglichkeit dar, dem Kaiser Dankbarkeit zu erweisen. Japanische Krieger wurden als „Bodhisattvas" („Erleuchtungswesen") betrachtet, die furchtlos ihr Leben opferten, um den Staat zu retten.

„Das Schwert wird im Allgemeinen mit dem Töten assoziiert und die meisten von uns fragen sich, wie es mit Zen in Verbindung gebracht werden kann, einer buddhistischen Schule, die das Evangelium der Liebe und Barmherzigkeit lehrt", schreibt Suzuki in *Zen and Japanese Culture.* „Tatsächlich unterscheidet Schwertkampfkunst zwischen dem Schwert, das tötet, und dem Schwert, das Leben schenkt." Er versuchte zu erklären, dass „jemand, der gezwungen ist, das Schwert zu erheben", eine höhere Berufung habe als das bloße Töten. Im Falle eines tödlichen Stoßes „ist es, als ob das Schwert automatisch seine Gerechtigkeitsfunktion erfüllt, nämlich die Funktion der Gnade".[311]

Diese Vereinigung von Zen und Schwert spielte eine zentrale Rolle bei der Indoktrinierung der Truppen. Ein weiterer viel zitierter Lehrer war Suzuki Shosan, dessen Lehren aus dem 17. Jahrhundert die Bedeutung von *Samadhi* betonten. Hierbei handelt es sich um einen Sanskrit-Begriff, der oft mit „meditativer Versenkung" übersetzt wird. Shosan erklärte, dass die aufrichtige Konzentration der Samurai die Quelle ihrer Macht sei. „Vor allem die Kriegskünste können mit einem schwachen Geist nicht ausgeführt werden", schrieb er. „Diese Energie des Zen-*Samadhi* ist allumfassend. Der Krieger befindet sich hingegen im Zustand des Zen-*Samadhi,* während er sein Können unter Beweis stellt."[312]

Shosan betonte insbesondere die Notwendigkeit, *Tokinokoe-Zazen* oder Zenmeditation „inmitten von Kriegsgeschrei" zu praktizieren. Das klingt eher wie die modernisierte Version der militärischen Achtsamkeit, bei der schreiende Schauspieler:innen Marines im Umgang mit Stress auf dem Schlachtfeld trainieren. Man sollte sich Shoshans Warnung an Krieger:innen zu Gemüte führen:

> *„Am besten übt man* Zazen *von Anfang an inmitten von Hektik und Trubel. Vor allem Krieger:innen müssen unbedingt* Zazen *üben, das inmitten von Kriegsgeschrei funktioniert. Gewehrfeuer knattert, Speere prallen aufeinander, ein Gebrüll ertönt und der Kampf beginnt: Und da setzen sie, fest entschlossen, die Meditation in die Tat um. Welchen Nutzen könnten sie in einem solchen Moment aus dem* Zazen *ziehen, das die Stille bevorzugt? Egal wie sehr Krieger:innen den Buddhismus auch mögen: Sie sollten ihn aufgeben, wenn er inmitten von Kriegsgeschrei nicht funktioniert."*[313]

Wie Brian Victoria in seinem Buch erklärt, war im Zweiten Weltkrieg „die Meditation im Schneidersitz *(Zazen)* die Quelle der aus *Samadhi* abgeleiteten geistigen Kraft, eine Kraft, die den modernen japanischen Soldaten ebenso zur Verfügung stand wie einst den Samurai".[314] Eine ähnliche Konzentration auf einen Punkt motivierte spezielle Angriffseinheiten von *Kamikaze*-Piloten (wörtlich Piloten des „göttlichen Windes"). Der Soto-Zenpriester Masunaga Reiho sagte sogar, ihre selbstmörderische Einstellung sei eine „Bekehrung des Geistes als Erlangung der vollständigen Erleuchtung".[315]

Im Gegensatz zu diesen Behauptungen – ebenso wie zu der modernen Vorstellung, Achtsamkeit bedeute lediglich Aufmerksamkeit – enthalten die traditionellen buddhistischen Lehren ein klares Verbot, Lebewesen absichtlich zu töten. Dieser Grundsatz findet sich in vielen buddhistischen Lehrtraditionen. Aber allen gemeinsam ist die grundlegende Verpflichtung zur Gewaltlosigkeit, zum Nicht-Verletzen anderer und zur Kultivierung des guten Willens gegenüber allen fühlenden Wesen.

Losgelöst von diesen Ideen – oder in Verbindung mit politischen Doktrinen wie dem militaristischen Zen oder der Dämonisierung von muslimischen Minderheiten im modernen Myanmar – werden spirituelle Praktiken wie die Achtsamkeit leicht zur Rechtfertigung von Gewalt missbraucht. Da Elizabeth Stanley der Meinung ist, dass MMFT nur ein Mittel zur Verbesserung der Konzentration sei, sieht sie kein Problem darin, es zur Ausbildung achtsamer Killer:innen einzusetzen. Im Buch *Bio-Inspired Innovation and National Security* schreibt sie:

> *„Das Militär nutzt Achtsamkeitstraining bereits bei der vielleicht wichtigsten soldatischen Fähigkeit, dem Schießen, auch wenn es dies nicht so nennt. Soldat:innen wird bei der Schießausbildung mit dem M16-Sturmgewehr beigebracht, auf ihre Atmung zu achten und sie mit der Bewegung des Abzugsfingers zu synchronisieren, indem sie ‚abdrücken', während sie ausatmen."*[316]

Die Verbindung von Achtsamkeit und Schießen ähnelt auffallend Suzukis Propaganda zum Thema Zen und Schwert.

Achtsame Terrorist:innen

Japanische Attentäter nutzten in den 1930er-Jahren die Kraft des Zen-*Samadhi* und töteten unter anderen den ehemaligen Finanzminister. Bei seiner Gerichtsverhandlung erklärte einer der Attentäter:

> *„Nachdem ich mit meinen* Zazen-*Übungen begonnen hatte, fand ich mich in einem Zustand des* Samadhi *wieder, den ich so bisher nie erlebt hatte. Ich spürte, wie sich mein Geist vereinigte, wirklich vereinigte, und als ich meine Augen aus ihrer halbgeschlossenen meditativen Position öffnete, sah ich den Weihrauch aufsteigen und die Decke berühren. In dem Moment wurde*

> *mir plötzlich klar: Ich würde in der Lage sein, [den Mord] in dieser Nacht zu begehen."*[317]

Ein ähnliches, aktuelleres Beispiel ist der norwegische Rechtsextremist und Massenmörder Anders Behring Breivik. Im Jahr 2011 zündete Breivik in der Osloer Innenstadt eine Autobombe und tötete acht Menschen. Anschließend startete er einen Amoklauf und ermordete 69 Teilnehmer:innen eines Sommerlagers. Breivik bezeichnete sich nicht nur als Faschist, Odin-Anbeter und Nazi, sondern verglich sich auch mit einem japanischen *Banzai*-Krieger auf der Suche nach Erleuchtung. Im Rahmen einer psychiatrischen Begutachtung beschrieb Breivik, wie er die Meditation nutzte, um „das gesamte Spektrum menschlicher Emotionen von Glück bis Trauer, Verzweiflung, Hoffnungslosigkeit und Angst zu betäuben".[318] Dies lehrte ihn jedoch kein Mitgefühl für seine Opfer. Ein gerichtlich bestellter Psychiater schrieb in seinem Bericht:

> *„Er zeigt keine Emotionen in Bezug auf die ihm zur Last gelegte Tat und erklärt seinen desensibilisierten Zustand mit Meditation (*Bushido *= Meditation, um den Tod verachten zu können), wie andere ‚Krieger:innen', zum Beispiel Truppen in Afghanistan und andere, die tun, was sie tun müssen (Leben nehmen)."*[319]

Diese Beispiele verdeutlichen die Gefahren, die entstehen, wenn man Meditation lediglich als eine Methode zur Schulung der Aufmerksamkeit betrachtet. Die Dekontextualisierung von Achtsamkeit macht sie für Terrorist:innen und Killer:innen leichter zugänglich. Doch wann immer Kabat-Zinn gebeten wird, diese wichtigen Bedenken über die militarisierte Praxis anzusprechen, greift er auf die für ihn typische blumige Ausdrucksweise zurück:

> *„In die Achtsamkeit eingewoben ist eine Orientierung auf Nicht-Verletzen und ein tiefes Hineinschauen in die Natur der Dinge, was in gewisser Weise die Erkenntnis der Verwobenheit zwischen dem Sehenden und dem Gesehenen, dem Objekt und*

> *dem Subjekt impliziert oder zumindest dazu einlädt. Es handelt sich von Anfang an um eine nicht-dualistische Perspektive, die auf einem ethischen Fundament basiert."*[320]

Er geht sogar noch weiter und behauptet, dass die von ihm vermittelte Achtsamkeit die Kultivierung von „liebevoller Aufmerksamkeit" beinhalte und daher von Natur aus heilsam sei.[321] Die Vorstellung von Soldat:innen, die beim Betätigen des Abzugs ihrer M16 Afghan:innen „liebevolle Aufmerksamkeit" schenken, scheint absurd. Wie genau soll das Kampftraining bei Marines dazu führen, dass sie „keinen Schaden" anrichten und „die Verbundenheit" zwischen sich und ihren Zielobjekten erkennen? Es scheint sehr schwer zu sein, die Achtsamkeit innerhalb des Militärs mit Ethik zu verbinden, und zwar nicht zuletzt aufgrund der zweifelhaften Missionen und politischen Ziele der USA.

Wie der französische buddhistische Mönch Matthieu Ricard feststellte, „kann es achtsame Scharfschütz:innen und achtsame Psychopath:innen geben, die einen ruhigen und stabilen Geist bewahren. Aber es kann keine liebevollen Scharfschütz:innen und liebevollen Psychopath:innen geben."[322] Selbst wenn man Soldat:innen auch noch so sehr beizubringen versucht, beim Töten Rücksicht zu nehmen, wird das wohl kaum etwas ändern. John Dyckman lehnt die Rationalisierungen von Kabat-Zinn ab und schlägt vor, vom japanischen Zenbuddhismus zu lernen, der immer noch unter seiner enthusiastischen Zusammenarbeit mit dem Militarismus leidet. „Wir müssen sehr vorsichtig sein, wenn wir die ‚Techniken' der buddhistischen Praxis vom Kontext der Gewaltlosigkeit trennen, damit wir nicht dieselbe beschämende Geschichte wiederholen", warnt Dyckman.[323]

Befürworter:innen der militärischen Achtsamkeit bezeichnen sie als eine Form der „Schadensbegrenzung". Sie sagen, sie verbessere die Kapazität des Arbeitsgedächtnisses und die emotionale Selbstregulierung und verhindere, dass Soldat:innen in Kriegsgebieten überreagieren. Das sind keine leeren Behauptungen und es ist natürlich besser, zwischen Kämpfenden und Kindern unterscheiden zu können. Die Konzentration auf solche Vorteile lenkt jedoch von den allgemeinen ethischen und politischen Aspekten des Einsatzes von Achtsamkeit ab, um ausgebildete Killer:innen effektiver zu machen. „Aufmerksamkeitskontrolle" bei Soldat:innen muss von wahrer buddhistischer Achtsamkeit unterschieden werden, bei der es nicht um die Verbesserung der Treffsicherheit geht, sondern um die Entwicklung von Mitgefühl, heilsamen Geisteszuständen und geschickten (nicht verletzenden) Verhaltensweisen, die in den Dienst aller fühlenden Wesen gestellt werden, einschließlich derer, die als „Feinde" wahrgenommen werden.[324]

Das ist ein großer Unterschied zu den Zielen von MMFT, MBAT oder anderen militärischen Trainingskonzepten für Konzentrationsfähigkeit. Ein paar Berichte über Soldat:innen, die Kurzschlussreaktionen vermieden, welche zum Tod von Zivilist:innen hätten führen können, taugen nicht als Beweise dafür, dass diese Praktiken einen ethischen Nutzen haben. In der begrenzten Welt der „Militärethik" ist dies vielleicht ein Durchbruch. Aber es bedeutet sehr wenig, wenn die USA ungerechtfertigt in andere Länder einmarschieren und die Autorität jeder Institution ablehnen, sie wegen Kriegsverbrechen anzuklagen.

Das US-Militär ist ein hochgradig organisiertes System von Gewalt und institutionalisiertem Unwillen. Das Töten ist seine Daseinsberechtigung. Es ist eine wenig bekannte Tatsache, dass im Zweiten Weltkrieg 75 bis 80 % der Soldat:innen nicht auf ungeschützte Feinde schossen, was den US-Generälen große Sorgen bereitete. Auf dem Höhepunkt des Vietnamkriegs stieg die Schussabgabequote auf fast 95 %, was auf verbesserte psychologische Techniken bei der Grundausbildung zurückzuführen war.[325] Diese sind inzwischen gut etabliert und beruhen auf Desensibilisierung, operativer Konditionierung und dem Abwehrmechanismus der Verleugnung. Rekrut:innen werden systematisch darauf trainiert, auf Befehl Schaden anzurichten. Achtsamkeit macht sie nur widerstandsfähiger. Wenn sich dadurch die Wahrscheinlichkeit verringert, dass sie nach Hause zurückkehren und sich umbringen oder Gewaltverbrechen begehen, dann zählt das vielleicht als Schadensbegrenzung. Aber es ist wirklich weit entfernt vom hippokratischen Eid und seinem Grundsatz, zunächst einmal keinen Schaden anzurichten, doch in genau diesem Kontext wurde MBSR ursprünglich entwickelt.

In den Reden des Buddha findet sich nichts, was die absichtliche Tötung eines anderen Menschen rechtfertigt, ganz egal ob es sich hierbei um Zivilist:innen oder Feinde handelt. Gelehrte wie P. D. Premasiri und Laksiri Jayasuriya versichern uns, dass das Konzept eines heiligen oder gar eines „gerechten Krieges" im frühen buddhistischen Kanon nicht zu finden ist.[326, 327] Obwohl der Buddha die unvermeidliche Realität menschlicher Konflikte nicht leugnete, vermied er es, sich bei Armeen einzuschmeicheln und deren Soldat:innen zu mehr Widerstandskraft zu erziehen. Stattdessen riet er König:innen und General:innen, gewaltsame Mittel zu meiden und den Ursprung von Konflikten zu untersuchen, um geschickte Verhaltensweisen zu identifizieren, die zu ihrer Beilegung führen könnten.

Wenn MBSR wie von Kabat-Zinn behauptet ein Ausdruck des „universellen Dharma ist, das sich mit den Lehren des Buddha deckt, wenn nicht sogar identisch ist“, dann steht die Achtsamkeitsbewegung am Scheideweg. Entweder sollte sie klar sagen, dass militärische Anwendungen nicht mit buddhistischen Lehren vereinbar sind, oder sie sollte ihre eigene Mitschuld am US-Militarismus eingestehen und sich ethischen Dilemmata mit Mut und Ehrlichkeit stellen, nicht mit Plattitüden und Doppelzüngigkeit.

Kapitel 13: Achtsame Politik

Nachdem er zum dritten Mal als Wahlsieger im politisch umkämpften Bundesstaat Ohio hervorgegangen war, fühlte sich der Kongressabgeordnete Tim Ryan gestresst. Er meldete sich daher für eine Achtsamkeitsfreizeit mit Jon Kabat-Zinn an und hatte dort eine Erleuchtung. Als der Druck in seinem Kopf sich löste, verspürte er den Drang, die Vorzüge der Achtsamkeit mit allen Menschen zu teilen. „Warum wurde mir das nicht als Kind beigebracht?", schreibt er in seinem Buch *A Mindful Nation*. „Ich wollte es meinem zweijährigen Neffen, meinem Bruder und meiner Mutter beibringen." Als er merkte, dass er „ein wenig übertrieben" hatte, zeigte er sich wieder etwas besonnener. „Ich beschloss, mich im Kongress und im Haushaltsausschuss dafür einzusetzen, dass Achtsamkeit in die wichtigsten Bereiche der Gesellschaft integriert wird."[328]

Kabat-Zinn war hocherfreut. „Jeder von uns könnte die Welt beeinflussen, indem wir ein wenig persönliche Verantwortung dafür übernehmen, auf unsere eigene Art achtsames Bewusstsein zu verkörpern", schreibt er im Vorwort zu Ryans Buch. „Vielleicht stellt das die tiefgreifendste Möglichkeit dar, um zum Wohlbefinden der gesamten Gesellschaft und des Planeten beizutragen."[329] Das ist Kabat-Zinns revolutionäre Vision: die Welt zu verändern, und zwar eine Person nach der anderen. „Der durch die Achtsamkeit ausgelöste Bewusstseinswandel ist wirklich ein radikaler Akt in dem Sinne, dass er an die Wurzel unserer Probleme mit dem Leiden und dessen menschliche Ursachen geht", sagt er.[330] Wir müssen nur in uns gehen und die Welt wird sich verändern. Konkret bedeutet das lediglich, dass wir uns auf die Ausbildung weiterer Achtsamkeitstrainer:innen zu konzentrieren haben.

Was aber wäre, wenn Ryan ein anderes Ziel verfolgen würde? Was wäre, wenn er seinen achtsamen Moment mit einer Rosine aus einer breiteren Perspektive als seinem egozentrischen Blickwinkel betrachtet hätte? Egal wie die Rosine für einen privilegierten Kongressabgeordneten aussieht, sich anfühlt, riecht und schmeckt, was wäre, wenn Ryan an die Farm gedacht hätte, auf der die Rosine von hispanischen Migrant:innen angebaut wurde, die im San Joaquin-Tal Schwerstarbeit leisten und für 200 geerntete Trauben einen einzigen Cent verdienen.

Das Nachdenken über die Rosine könnte Einheiten der US-Einwanderungs- und Zollbehörde in Erinnerung rufen, die Arbeiter:innen wie Vieh zusammentreiben und abschieben. Ist sich Ryan des Smogs bewusst, der dort in der Luft hängt, wo die Rosine angebaut wird? Was ist mit der Wasserknappheit oder den fossilen Brennstoffen, die für den Transport der Rosinen von Mittelkalifornien zu seinem Rückzugsort in den Catskill Mountains im Bundesstaat New York verbrannt wurden? Was ist mit den Mitarbeiter:innen in den Lebensmittelgeschäften, die die Rosinen ausladen, auspacken und in die Regale stellen? Denkt Ryan vielleicht daran, dass die Vorstandsvorsitzenden großer Agrarunternehmen und Lebensmittelketten 100 Mal so viel verdienen wie Angestellte in den Geschäften?

Es erübrigt sich zu sagen, dass sein Buch keine dieser Fragen aufwirft. Stattdessen wirbt Ryan für eine Form der „geistigen Heilung", die auf die spirituelle Lebensphilosophie des New Thought (Neues Denken) des 19. Jahrhunderts zurückgeht, das die Vorstellung verbreitete, man könne sich durch positives mentales Training selbst von Krankheiten befreien. So überrascht es nicht, dass er sich schon früh von Deepak Chopra inspirieren ließ, einem Vertreter des als Wissenschaft verkleideten Hindu-Mystizismus. „Ich glaube, ich habe mir *Die sieben geistigen Gesetze des Erfolgs* anderthalb Millionen Mal auf dem Weg zur juristischen Fakultät angehört", erinnert sich Ryan.[331] Der ehemalige High-School-Quarterback begann sich für Achtsamkeit zu interessieren, als er erfuhr, dass der legendäre NBA-Trainer Phil Jackson Michael Jordan und den Chicago Bulls das Meditieren beigebracht hatte. Wenn sie ihnen im Wettbewerb helfen konnte, dann musste sie wirklich wirkungsvoll sein. Kein Wunder also, dass Ryan sie mit allen teilen möchte; in der ihn umgebenden neoliberalen Welt ist Gewinnen schließlich das A und O. Als er 2002 im Alter von 29 Jahren gewählt wurde, war er der jüngste Abgeordnete im Kongress. Später (im Jahr 2017) meinte er, dass Achtsamkeit ihm dabei helfen würde, mit Donald Trump umzugehen und ihn vielleicht sogar zu besiegen.[332]

Politik als Therapie

Viele der von Ryan vertretenen Menschen sind weit davon entfernt, Gewinner zu sein. In seinem Wahlkreis liegt die Stadt Youngstown, die zum Rostgürtel (Rust Belt) zählt, der ältesten und größten Industrieregion der USA. Bruce Springsteen hat die Stadt durch ein Lied über ihren Niedergang unsterblich gemacht. Youngstown war einst als „Steeltown" („Stahlstadt") bekannt. Seit dem Zusammenbruch des verarbeitenden Gewerbes hat sie jedoch mehr als 60 % ihrer Bevölkerung verloren und Tausende von gut bezahlten Arbeitsplätzen eingebüßt. Die von einer hohen Rate an Armut, Arbeitslosigkeit, Kriminalität, häuslicher Gewalt und psychischen Erkrankungen geplagte Stadt liegt auf dem letzten Platz des Gallup-Wohlfühl-Indexes und war 2014 offiziell der unglücklichste Ort zum Leben in den Vereinigten Staaten. Wie könnte Achtsamkeit den Überlebenden in einer Stadt helfen, die einem zerbombten Kriegsgebiet ähnelt? Wird eine positivere mentale Einstellung Arbeitsplätze zurückbringen? Sind die Einwohner:innen selbst schuld an ihrem Stress und ihrer Angst? Ist Achtsamkeit mehr als das stoische Akzeptieren einer schlimmen Situation?

Für Ryan und Kabat-Zinn scheinbar nicht. Beide Männer sind angeborene Optimisten und sehen die Aufgabe darin, durch Charakterbildung die Hoffnung wiederherzustellen. Wie es im Untertitel von Ryans Buch heißt, könne Achtsamkeit „den amerikanischen Geist zurückerobern". Die Möglichkeiten sind buchstäblich grenzenlos. „Die Achtsamkeitsbewegung ist nicht ganz so spektakulär wie die Mondlandung oder die Bürgerrechtsbewegung, aber ich glaube, sie kann auf lange Sicht eine ebenso große Wirkung entfalten", schreibt Ryan.[333] Spannend! Woraus besteht sie also? Natürlich die übliche Konzentration nach innen, das Loslassen schmerzhafter Gedanken: Auf diese Weise könnten die Unterdrückten von Youngstown „ihre amerikanischen Werte wiederentdecken, die zu einem Leben in Wohlstand führen".[334]

Kabat-Zinn gibt sich entpolitisierter und hat Achtsamkeit bereits auf ein „ideologisches Opiat" reduziert, um Craig Martins Begriff aus seinem Buch *Capitalizing Religion* zu zitieren.[335] Kabat-Zinns psychologisierte Version fordert die Menschen auf, ihre Erfahrungen neu zu formulieren und zu ignorieren, was sie verursacht hat – oder sich politisch zu engagieren, um diese Bedingungen zu ändern. „Achtsamkeit ist nicht eine Frage von links oder rechts, Republikaner:in oder Demokrat:in, liberal oder konservativ", schreibt er im Vorwort zu Ryans Buch. „Am Ende geht es darum ein Mensch zu sein und nichts anderes."[336] Er scheint anzudeuten, dass diese rein menschliche Natur aus dem Nichts entsteht, also kann sich jede Person von ihrer sozialen Konditionierung befreien, sofern sie achtsam genug ist, um sich davon loszusagen. Und wenn das bedeutet, die gegen einen stehenden Chancen akzeptieren zu müssen, dann ist das eben so.

Diese überindividuelle Religion hat auch politische Auswirkungen. Ryan ist beziehungsweise war Mitglied im Bewilligungsausschuss wie auch im Haushaltsausschuss des Repräsentantenhauses – zwei mächtige Finanzgremien für staatliche Ausgaben. Ryans Vision von Achtsamkeit besteht nicht darin, die wirtschaftlichen Prioritäten zu ändern, um die Gesellschaft weniger wettbewerbsintensiv und ungleich zu machen. Stattdessen will er den Menschen helfen, mit diesen schmerzhaften Bedingungen fertig zu werden, indem er den Zugang zu privatisierten Achtsamkeitstrainings in Schulen, Unternehmen, Behörden und beim Militär verbessert. Obwohl Ryan ein Demokrat ist, ist seine Vorstellung von einer „achtsamen Nation“ konservativ und macht den Einzelnen für sein eigenes Wohlergehen verantwortlich. Die Rhetorik der Selbsthilfe verdeckt den Bereich des politischen Kampfes und untergräbt die Solidarität und das Streben nach sozialer und wirtschaftlicher Gerechtigkeit. Alles andere wird den persönlichen Bemühungen um mehr Achtsamkeit untergeordnet. „Wir müssen uns weder nach links noch nach rechts bewegen“, schreibt Ryan. „Wir müssen alle einfach ein bisschen tiefergehen.“[337] Diese gut gemeinte „Politik der Tiefe“ mit ihrer Hoffnung auf eine gütigere, mitfühlendere Welt hat in der täglichen Realität der neoliberalen Kultur kaum eine Chance.

Wie Bio-Lebensmittel und kommerzielles Yoga hat auch Achtsamkeit eine große Anziehungskraft, aber keine politische Zugehörigkeit. Außerdem argumentiert der Politikwissenschaftler Matthew Moore: „Da es unwahrscheinlich ist, dass Achtsamkeit die grundlegenden Werte oder Überzeugungen der Menschen verändert, ist es unwahrscheinlich, dass eine breitere Praxis der Achtsamkeit sonst eher unsympathische Amerikaner:innen näher an die Linke heranführt.“[338]

Dies ist eine verpasste Gelegenheit. Stress hängt nachweislich mit sozialen Hierarchien zusammen. Und Forscher wie Nancy Adler von der University of California San Francisco haben gezeigt, dass der wahrgenommene sozioökonomische Status ein zuverlässiger Prädiktor für eine Reihe von Krankheiten ist, darunter Herz-Kreislauf-Erkrankungen, Bluthochdruck, Diabetes, Arthritis, Stress und Depressionen.[339] Die Qualität sozialer Beziehungen hängt indessen von einer angemessenen materiellen Grundlage ab. In ihrem Buch *The Spirit Level* (dt. Titel: *Gleichheit ist Glück*) stellen Richard Wilkinson und Kate Pickett fest, dass „das Ausmaß der Ungleichheit einen mächtigen politischen Hebel für unser aller psychologisches Wohlbefinden darstellt“.[340]

In Ryans Buch finden sich solche Verweise nicht. Stattdessen behauptet er, dass die gesellschaftlichen Probleme durch unsere Ablenkung von unserem authentischen inneren Selbst verursacht werden. Seine Diagnose ist fehlerhaft und fehlgeleitet. Wäre er der Kandidat der Demokrat:innen geworden, hätte er sie vermutlich im Kampf um die US-Präsidentschaft eingesetzt. Doch wie dem auch sei, im Sommer 2018 hieß es, er buhle um die Gunst von „Yoga-Wähler:innen". James Gimian, der ein Freund Ryans und noch dazu Herausgeber des Magazins *Mindful* ist, bezeichnet diese Wählerschaft als „die Art von Menschen, die erkennen, dass ihre Mutter ihnen zwar stets predigte aufzupassen, denen aber niemand beigebracht hat, aufzupassen und ihren Verstand zur Konzentration auf das Wesentliche einzusetzen".[341]

Für Ryan zählt die Konzentration auf das Innere. Er hat eine „Fraktion für Ruhezeit" („Quiet Time Caucus") im Regierungsviertel ins Leben gerufen, der eine Handvoll demokratischer Mitarbeiter:innen und Kongressmitglieder zu einer meditativen Auszeit zusammenführt. Die Vorteile scheinen darin zu liegen, dass man weniger urteilt. Wenn wir unsere Achtsamkeit erhöhen, „sind wir vielleicht etwas weniger kritisch gegenüber anderen und uns selbst", sagt er. „Wir können den Menschen, die uns verletzt haben, leichter verzeihen. Wir können uns hinsetzen und zivile politische Gespräche mit denjenigen führen, die nicht mit uns übereinstimmen."[342] Oder wir schalten einfach ab, wie die Vorsitzenden von Google, als sie während der Wisdom 2.0-Konferenz von Protestierenden konfrontiert wurden. So oder so scheint sein revolutionärer Slogan nicht inspirierender zu sein als „Können wir nicht einfach alle miteinander auskommen?".

Das ist nicht überraschend, da er sich so stark an Kabat-Zinn anlehnt. Als Guru par excellence zieht dieser mystisches Geschwafel einer Stellungnahme vor, die sein Publikum einengen könnte. Sein Ziel ist es, die Menschen achtsam zu machen. Wenn genug von uns üben, könnte eine kritische Masse erreicht werden. Wenn Politiker:innen sich uns anschließen, könnten sie freundlicher werden und sich fruchtbarer engagieren. Vielleicht können sie uns sogar in das gelobte Land führen, in dem Milch und Honig fließen. Aber das Letzte, was wir jetzt brauchen, ist eine politische Agenda, wie Kabat-Zinn uns in seinem Buch *Coming to Our Senses* (dt. Titel: *Zur Besinnung kommen*) sagt:

> *„Die Kultivierung von mehr Achtsamkeit in unserem Leben bedeutet nicht, dass wir in die eine oder andere ideologische Sichtweise und Meinung verfallen, sondern dass wir mit den Augen der Ganzheit von Augenblick zu Augenblick frischer sehen können. Aber was Achtsamkeit für uns tun kann, und das ist eine*

> *sehr wichtige Funktion, ist, unsere Meinungen und alle Meinungen als Meinungen zu enthüllen, sodass wir sie als das erkennen, was sie sind, und vielleicht nicht so sehr von ihnen gefangen und geblendet werden, unabhängig von ihrem Inhalt."*[343]

Vielleicht. Das ist eine von Kabat-Zinns Lieblingserklärungen. Seine hoffnungsvollen Behauptungen sind mit Wörtern wie „könnte" und „möglicherweise" gespickt, aber er bittet uns, ihnen Glauben zu schenken. Wenn man nach Beweisen fragt, zuckt er mit den Schultern und sagt: „Wer weiß das schon?" In einem Fachartikel formuliert er es so: „Ich liebe den Gedanken, dass es vielleicht noch zu früh ist, um etwas sagen zu können."[344]

„Make America Mindful Again"

Ryan und Kabat-Zinn scheinen ihr Eintreten für eine vollständige Präsenz im Augenblick mit bestimmten Formen des politischen Bewusstseins zu verwechseln. Präsentsein ist aber keine Garantie für Gerechtigkeit. Es besteht eine naive Annahme, dass spirituelle Praktiken zu einer „fortschrittlichen" Sichtweise führen würden, weswegen Praktizierenden mit anderen Perspektiven unterstellt wird, dass sie die Praxis falsch anwenden. Doch Heinrich Himmler, der Anführer der SS und Meisterarchitekt des Holocaust, war ein Fan von Yoga und Meditation. Er plante sogar Freizeiten für die Elite der SS auf einer mittelalterlichen Burg.[345] Er war der Meinung, dass das Praktizieren von Yoga Soldaten innerlich für den Kampf wappnen und den Wächter:innen der Todeslager helfen könnte, Stress zu verarbeiten.[346]

Der Politikwissenschaftler und Buddhismusforscher Matthew Moore widerspricht Kabat-Zinns Behauptungen und argumentiert, dass Achtsamkeit unsere Meinungen sogar verhärten könnte:

> *„Wenn ich durch meine Achtsamkeitspraxis feststelle, dass sich viele meiner Überzeugungen und Einstellungen als variabel und instabil, aber zwei oder drei Überzeugungen als konstant und dauerhaft präsent erweisen, dann könnte ich daraus schließen, dass diese Überzeugungen nicht nur zentral für meine Erfahrungen, sondern wahr sind. In dem Maße, in dem dies geschieht,*

> *kann Achtsamkeit entgegen den Hoffnungen von Ryan und Kabat-Zinn bewirken, dass ich weniger demütig, weniger flexibel und weniger tolerant werde und weniger bereit bin, mit anders glaubenden Menschen zusammenzuarbeiten."*[347]

Ryan scheint nicht bereit zu sein, sich stärker auf die Interessen der Arbeitnehmer:innen einzulassen. Obwohl einer seiner Bezirke 2016 nach dem Verlust von 19.000 Arbeitsplätzen im verarbeitenden Gewerbe zu den Republikanern wechselte, scheute er sich davor, die Sprache des Klassenkampfes zu sprechen. „Ihr werdet mich nicht dazu kriegen, eine Person zu hassen, nur weil sie reich ist", sagte Ryan zu moderaten Demokrat:innen im Jahr 2018, um sich von Sozialdemokrat:innen wie Bernie Sanders zu distanzieren. „Ich selbst möchte reich sein!"[348] Als Präsidentschaftskandidat wären ihm wohl Yoga-Praktizierende als Ansprechpartner:innen lieber gewesen, von denen es im Land zig Millionen geben soll. Dabei hätte er vielleicht festgestellt, dass dies die Arbeiter:innen abschreckt. Doch zurück zu den Tatsachen: Bis auf Weiteres versuchte er sich noch an beide zu verkaufen. „Ich denke, wenn ihr mich kennenlernt, dann merkt ihr, dass ich nicht unbedingt ein verweichlichter Yoga-Typ bin", sagte er. „Ich war schon bei Gewerkschaften. Ich trinke ein Miller Lite [eine Biermarke] mit euch."[349]

Vielleicht, wie Kabat-Zinn zu sagen pflegt. Aber es ändert nichts an Ryans Prioritäten, die Arbeitnehmer:innen entmachten. Nach dem vorherrschenden neoliberalen Konsens dient die Wirtschaftspolitik den Interessen des Kapitals. Einzelpersonen tragen die Hauptlast der Folgen und werden aufgefordert, ihre Wunden durch Achtsamkeit zu heilen. Die Praxis lehrt auch Selbstdisziplin, sodass sie achtsam lernen, um Chancen zu kämpfen. Das Ganze wird als Freiheit präsentiert, während soziale Solidarität als Bürde dargestellt wird. Wie Sam Binkley in seinem Buch *Happiness as Enterprise* feststellt, ist das gesamte durch Achtsamkeit unterstützte neoliberale Projekt „eine Privatisierung der Angst am Arbeitsplatz und die Unterdrückung ihres kollektivierenden Potenzials".[350]

Ryan tritt ehrlich und enthusiastisch auf. Er scheint optimistisch zu sein, dass Achtsamkeit ein scheiterndes öffentliches Bildungs- und Gesundheitssystems transformieren und sogar der Katalysator einer anderen Wirtschaft sein könnte. Die übertriebenen Versprechungen und die gesteigerten Erwartungen haben in Verbindung mit dem Interesse der Medien und der

Wissenschaft sowie dem kommerziellen Druck einen Hype ausgelöst. Dies hat aus Achtsamkeit mehr als eine nur vorübergehende Modeerscheinung gemacht – sie hat sich institutionalisiert. Aber das gilt auch für andere Modeerscheinungen, die kamen und gingen. Die Achtsamkeit ist derzeit zwar allgegenwärtig, doch dadurch wird sie noch lange nicht zum allseits gebrauchten Mittel der Wahl. Ryan hat sich jedoch von der Begeisterung anstecken lassen und scheint nicht in der Lage zu sein, über Schlagworte hinwegzusehen.

Als Subtext schwingt in seinem Buch mit, dass Achtsamkeit ein Elixier sei, welches die Gesellschaft retten könnte. „Wir brauchen keine neuen Werte", schreibt Ryan. „Ich glaube wirklich, dass wir unsere traditionellen, allgemein anerkannten amerikanischen Werte – wie Selbstvertrauen, Ausdauer, Pragmatismus und Fürsorge füreinander – wiederbeleben können, indem wir etwas mehr Achtsamkeit in unser Leben bringen."[351] Wir brauchen nicht einmal neue Ideen. Wir müssen Amerika bloß wieder großartig machen: „Make America Great Again". Wie üblich stammt dies direkt von Kabat-Zinn, der wehmütig den Transzendentalismus des 19. Jahrhunderts neu verpackt.

Kabat-Zinn erinnert an den Lobgesang des Schriftstellers Henry David Thoreaus auf die Natur und das ziellose Spazierengehen und lässt es so klingen, als sei nichts anderes nötig. „Thoreau sang ein Lied, das damals wie heute gehört werden muss", schreibt er. „Bis zum heutigen Tag weist er alle Zuhörwilligen auf die tiefe Bedeutung der Besinnlichkeit und der Nichtverhaftung an ein anderes Ergebnis als den reinen Genuss des Seins hin."[352]

Achtsamer Lobbyismus

Unabhängig davon scheint Kabat-Zinn von der Bewerbung von Achtsamkeit in staatlichen Institutionen sehr angetan zu sein. Im Vereinigten Königreich hat er dabei mehr Erfolg. 2012 nahm er gemeinsam mit Lord Richard Layard, einem Vertreter der „Glücksökonomie", und Mark Williams, dem Erfinder der Mindfulness-Based Cognitive Therapy (MBCT – Achtsamkeitsbasierte Kognitive Therapie), an einem Treffen mit Parlamentsabgeordneten teil. Im Jahr 2013 leiteten Williams und Chris Cullen vom Oxford Mindfulness Centre einen achtwöchigen Achtsamkeitskurs für Abgeordnete. Seitdem haben über 200 Parlamentarier:innen und Hunderte von Mitarbeiter:innen Kurse besucht.

Achtsamkeit hat in Westminster die Aufmerksamkeit der Medien auf sich gezogen, wobei der Schwerpunkt vor allem auf ihrer Wirkung bei der Behandlung psychischer Probleme lag. Die Komikerin Ruby Wax schreibt der Achtsamkeit gerne die Rettung ihres Lebens zu und hat Abgeordneten auch schon gesagt, dass ihnen diese Praxis dabei helfen könne, gezielter auf die Wähler:innen einzugehen.[353] Bereits 2004 sicherte sich Williams die Zustimmung des National Institute for Health and Care Excellence für die Anwendung der MBCT zur Behandlung wiederkehrender Depressionen im staatlich finanzierten National Health Service (NHS).[354]

In den Medien wie auch in offiziellen Informationsveranstaltungen der Regierung werden die steigenden Raten von Depressionen, Angstzuständen und psychischen Erkrankungen dramatisch hervorgehoben. Die Befürworter:innen murmeln zwar den Vorbehalt, dass Achtsamkeit vielleicht nicht für jeden geeignet sei, aber sie schwärmen meist von ihren Vorteilen. Bei der Besprechung von psychischen Erkrankungen werden sie auf mysteriöse Weise aus sozialen, ökonomischen und politischen Kontexten herausgelöst, die sie verschlimmern. Die Symptome dieser Leiden werden als eigenständige persönliche Probleme dargestellt, die durch „evidenzbasierte", wissenschaftliche Achtsamkeit behandelt werden könnten, um Menschen zu einer gesteigerten Produktivität zu verhelfen. Die Attraktivität der Achtsamkeit hat nach einem Jahrzehnt sparbedingter Kürzungen beim NHS und den öffentlichen Diensten zugenommen. Hierzu merkt die Kolumnistin des *Guardian* Madeleine Bunting an: „Achtsamkeit ist unbegrenzt anwendbar auf fast alle Gesundheitsprobleme, mit denen wir heute konfrontiert sind – und sie ist billig."[355]

Bunting hat 2013 eine Lobbygruppe mit ins Leben gerufen. Die auf Betreiben des Labour-Abgeordneten Chris Ruane gegründete Achtsamkeitsinitiative setzt sich bei Politiker:innen und ihren politischen Berater:innen dafür ein, die Finanzierung und Lehre der Achtsamkeit sowohl im Vereinigten Königreich als auch weltweit zu unterstützen.[356] Sie stützt sich auf die Arbeit der Forschungs- und Ausbildungszentren für Achtsamkeit in Oxford, Exeter, Bangor und Sussex. Und 2014 half sie bei der Gründung der parteiübergreifenden parlamentarischen Gruppe für Achtsamkeit (MAPPG). Deren erklärtes Ziel ist „die Überprüfung von Forschungsergebnissen, aktuellen bewährten Praktiken, Ausmaß und Erfolg der Umsetzung sowie potenziellen Entwicklungen bei der Anwendung von Achtsamkeit in einer Reihe von Politikbereichen und die Ausarbeitung politischer Empfehlungen für die Regierung auf der Grundlage dieser Erkenntnisse".[357]

Über die Gründung der MAPPG wurde in den Medien überschwänglich berichtet, zum Teil auch von persönlich Beteiligten. „Es war ein fesselndes Ereignis, was zum Teil an der Kulisse lag", schrieb der damalige Kovorsitzende der Achtsamkeitsinitiative, Verfasser von Artikeln für die Zeitschrift *Mindful* und bekannte Achtsamkeitslehrer Ed Halliwell. Bei ihm heißt es weiter:

> *„Wir haben uns vielleicht daran gewöhnt, dass Meditation in Gesundheitszentren, privaten Unternehmen und sogar in Schulen stattfindet. Aber hier wurde sie im Symbol des britischen Establishments praktiziert und ernst genommen, von Politiker:innen aller drei großen Parteien, und als ein Weg angeboten, einige der drängendsten sozialen Probleme unserer Zeit anzugehen."*[358]

Die MAPPG führte eine neunmonatige Studie durch, deren Ergebnisse sie 2015 im Bericht *Mindful Nation UK* festhielt.[359] Dieser enthielt ein Vorwort von Kabat-Zinn, in dem er erklärte, dass es sich um ein „einzigartiges und wegweisendes Dokument" handele, dessen Ergebnisse „einige der drängendsten Probleme der Gesellschaft an der Wurzel packen – auf der Ebene des menschlichen Geistes und des Herzens".[360] In der Zusammenfassung wurde vorgeschlagen, Achtsamkeitsprogramme im Gesundheitssystem, in Schulen, am Arbeitsplatz und in Gefängnissen einzuführen. „Unsere langfristige Vision", so die Autor:innen, zu denen auch Halliwell und Bunting gehörten, „ist das Vereinigte Königreich als eine Gruppe von achtsamen Nationen, ein internationaler Vorreiter eines nationalen Dienstes für psychische Gesundheit, der im Kern ein tiefes Verständnis dafür hat, wie man das menschliche Gedeihen und damit den Wohlstand des Landes am besten unterstützt."

Wenige Tage vor der Veröffentlichung des Berichts schrieb Kabat-Zinn selbst eine glühende Empfehlung und wich Kritiker:innen geschickt aus, indem er vor „opportunistischen Elementen" warnte, die mit der Begeisterung für Achtsamkeit Kasse machen wollten:

> *„Einige haben ihre Besorgnis darüber geäußert, dass eine Art oberflächliche ‚McMindfulness' die Oberhand gewinnt, die die*

> *ethischen Grundlagen der meditativen Praktiken und Traditionen, aus denen die Achtsamkeit hervorgegangen ist, ignoriert und sie von ihrem zutiefst transformativen Potenzial trennt. Obwohl dies meiner Erfahrung nach bei Weitem nicht die Norm ist, argumentieren diese Stimmen, dass Achtsamkeit für bestimmte opportunistische Elemente zu einem Geschäft geworden ist, das die verletzlichen Verbraucher:innen, die sie als Allheilmittel ansehen, nur enttäuschen kann."*[361]

Gleichzeitig versicherte er, dass nichts, was er befürworte, Teil dieser Kritik sein könne, da er sehr wohl wisse, dass „ein echtes Verständnis der Subtilität der Achtsamkeit erforderlich ist, wenn sie effektiv gelehrt werden soll".[362] Das Problem sind jedoch nicht nur schlechte Kurse – oder Zusatzprodukte wie achtsame Malbücher, Apps, Massageöle oder Kosmetika. Die Kommerzialisierung der Achtsamkeit beinhaltet den Verkauf von Fachwissen in Form von Trainingsprogrammen, für die Kabat-Zinn öffentliche Gelder fordert. „Die Fördergelder sind notwendig, um eine qualitativ hochwertige wissenschaftliche Grundlage mit der allgemeinen Popularität in Einklang zu bringen, um bewährte Verfahren zu etablieren und zu verbreiten, um Lehrer:innen auszubilden und um diejenigen zu identifizieren und angemessen zu unterstützen, die Achtsamkeit am dringendsten benötigen", schreibt er. „Regierungen und öffentliche Einrichtungen müssen eine entscheidende Rolle dabei spielen, den Zugang zu den besten evidenzbasierten Kursen zu verbessern."[363]

Kabat-Zinn scheint sich in Bezug auf McMindfulness plötzlich auf der richtigen Seite der Geschichte wiederfinden zu wollen. „Das ist auf keinen Fall McMindfulness", gab er ein paar Monate später gegenüber dem Magazin *The Psychologist* zu Protokoll.[364] Als er zu seiner Rolle im Kommerzialisierungshype um Achtsamkeit befragt wurde, reagierte er wie zu erwarten abweisend:

> *„Zunächst einmal kam dieser Begriff aus dem Mund oder dem Kopf einer Person. Wenn man sagt, dass er auftaucht, neigt natürlich jeder Begriff dazu, sich im Internet zu verbreiten, aber er kam nur aus dem Kopf einer Person."*[365]

Ja, der Begriff kam aus meinem Kopf (und auch aus dem meines Koautors David Loy, also aus zwei Köpfen), als wir unseren viel beachteten Artikel „Beyond McMindfulness" („Jenseits von McAchtsamkeit") veröffentlichten. Kabat-Zinn verteidigt seine MBSR-Marke, wenn er Behauptungen aufstellt wie: „Es geht hierbei um die Lehren des Buddha." Das Problem lässt sich so auf den Punkt bringen: MBSR ist buddhistisch, wenn es ihm passt, aber nicht, wenn es ihm nicht passt. Was andere „opportunistische Elemente" betrifft, so sind zwei der Herausgeber des *Mindful Nation UK*-Berichts professionelle Achtsamkeitslehrer. Dieses für Skeptiker:innen bestehende Hindernis, nämlich die Vorbereitung eines politischen Dokuments für die Beantragung von Staatsgeldern durch Lobbyist:innen, wurde nicht durch eine Erklärung offengelegt, wie sie in angesehenen wissenschaftlichen Zeitschriften üblich ist.

Neben Ed Halliwell ist der andere Redakteur und Achtsamkeitslehrer ein Buddhist, der als Vishvapani bekannt ist. Er erhielt diesen Namen von dem Buddhistischen Orden Triratna (früher Freunde des Westlichen Buddhistischen Ordens), der in den meisten seiner Zentren im Vereinigten Königreich und auf der ganzen Welt Achtsamkeitskurse anbietet.[366] Ein weiteres Triratna-Mitglied berät die Achtsamkeitsinitiative, die sie wie folgt beschreibt: „Vidyamala ist Mitbegründerin und Direktorin von Breathworks – einer internationalen Organisation für die Ausbildung von Achtsamkeitslehrer:innen, die sich auf Achtsamkeit bei Schmerz, Krankheit und Stress spezialisiert hat."[367] Vishvapani unterrichtet nicht nur selbst Kurse über ein privates Unternehmen, sondern ist ebenfalls ein Mitarbeiter von Breathworks.[368]

Die Triratna-Organisation ist selber in die Kritik geraten. Es gab zahlreiche Vorwürfe des sexuellen Missbrauchs durch ihren Leiter Sangharakshita (Dennis Lingwood), der 2018 im Alter von 93 Jahren starb. Lingwood forderte heterosexuelle Anhänger:innen auf, Homosexualität auszuprobieren. Einem unglücklichen jungen Mann soll er gesagt haben: „Du musst durchhalten."[369] Später entschuldigte er sich für „alle Gelegenheiten, bei denen ich Mitbuddhist:innen verletzt, geschädigt oder verärgert habe".[370]

Gewährleistungsausschluss

Die Kommerzialisierung der Achtsamkeit hat zu einer Professionalisierung der Lehrer:innen geführt. Die Konsument:innen von Achtsamkeitsprogrammen werden oft als „Kund:innen" oder „Dienstleistungsnutzer:innen" bezeichnet. Diese Vereinnahmung des Lehrprozesses durch die Marktlogik mit ihren Forderungen nach Wettbewerb, Marketinggeschick und Unternehmertum scheint Vishvapani zu belasten, wie er zugibt:

> *„Achtsamkeitstrainer:innen wie ich können nun ihren Lebensunterhalt mit dem Unterrichten von Meditation verdienen: Für einige wenige ist es ein sehr gutes Einkommen. Aber dabei vermischt sich die eigene Praxis mit Trieben wie Geldsorgen, Ehrgeiz und dem Wunsch nach Status. Ähnliche Probleme tauchen bei jeder beruflichen Tätigkeit auf, aber wir müssen auf sie achten, wenn unsere Praxis ihre Integrität bewahren soll. Meine Sorge bezüglich der säkularen Achtsamkeitsbewegung ist nicht so sehr, dass die Praxis einer Vereinnahmung und Kommerzialisierung ausgesetzt ist, sondern dass die Praktizierenden dies sind."*[371]

Eine elegante Präsentation ist keine Garantie für die Kompetenz der Lehrkraft. Die Verantwortlichen des *Mindful Nation UK*-Berichtes geben zu, dass es zu Problemen bei der Regulierung der Standards bei Lehrenden kommt. In einem Artikel mit dem Titel „Has the science of mindfulness lost its mind?" („Hat die Wissenschaft der Achtsamkeit ihren Verstand verloren?") stellen die Forscher:innen Miguel Farias und Catherine Wikholm fest: „Es ist keine professionelle oder gesetzliche Registrierung erforderlich, um achtsamkeitsbasierte Interventionen wie MBSR und MBCT zu unterrichten."[372] Da sich jeder mit minimaler Ausbildung selbstständig machen kann, ist das einzige Qualitätssiegel einer Lehrkraft die Anzahl der unterrichteten Schüler:innen. In der Zwischenzeit schaffen die Verantwortlichen des Berichts *Mindful Nation UK* das, was Kathryn Ecclestone einen „nicht rechenschaftspflichtigen, staatlich geförderten Interventionsmarkt" nennt, in dem die Schwachen nicht nur nach den Interessen des Neoliberalismus geformt, sondern auch aktiv von „neuartigen therapeutischen Unternehmer:innen" gewinnbringend eingesetzt werden.[373]

Laut dem *Mindful Nation UK*-Bericht ist das Haupthindernis für die Umsetzung seiner Ideen der Mangel an Lehrer:innen. Obwohl Schätzungen zufolge in den letzten zehn Jahren 2.200 Achtsamkeitslehrende ausgebildet wurden, galten nur 700 als klinisch qualifiziert, um depressive NHS-Patienten in MBCT zu unterrichten. Diese 700 waren in der Lage, jährlich 25.000 Menschen zu behandeln, was „nur 4,3 % der 580.000 Erwachsenen entspricht, bei denen jedes Jahr das Risiko einer wiederkehrenden Depression besteht".[374]

Das Problem hat aber auch noch andere Aspekte. Wie Farias und Wikholm warnen, kann jeder Achtsamkeit unterrichten, ohne Therapeut:in zu sein oder eine formale Ausbildung im Bereich der psychischen Gesundheit durchlaufen zu haben, sodass unterqualifizierte Lehrer:innen bald das Vakuum füllen könnten:

> *„Menschen, die unter allgemeinen Schwierigkeiten wie Stress, Angst oder Depressionen leiden und erwägen, für eine Therapie zu bezahlen oder eine Achtsamkeitsgruppe zu besuchen, könnten sich aufgrund des Medienrummels und der vergleichsweise erschwinglichen Preise für eine Achtsamkeitsgruppe leicht dazu entschließen, ihre psychische Gesundheit in die Hände von Personen zu legen, denen es möglicherweise an einer angemessenen Ausbildung und Erfahrung im Umgang mit psychischen Problemen mangelt."*[375]

Der Bericht übergeht solche Fragen und fordert die politischen Entscheidungsträger:innen auf, über einen Zeitraum von fünf Jahren jährlich 100 neue MBCT-Lehrer:innen auszubilden, was geschätzte Gesamtkosten von 50 Millionen Pfund verursachen würde.[376] Die Autor:innen zitieren Forschungsergebnisse von Mark Williams, der die MBCT entwickelte und bei den Abgeordneten einführte, wonach die Behandlung helfe, mehrere depressive Episoden zu verhindern und die Rückfallquote um 43 % zu senken. MBCT ist jedoch nicht unbedingt so wirksam. Eine Folgestudie von Williams – die in dem Bericht nicht zitiert wird – ergab, dass die Verringerung nur für diejenigen galt, die drei oder mehr depressive Schübe erlebt hatten, während die Rückfallquote bei Personen mit zwei oder weniger Schüben sogar anstieg.[377] Am meisten profitierten die psychisch am stärksten gefährdeten Personen, die in ihrer Kindheit Traumata und Missbrauch erlebt hatten. Dies gibt Anlass zur Sorge, ob Achtsamkeitslehrer:innen ohne eine professionelle psychotherapeutische Ausbildung solche Menschen kompetent und sicher betreuen können.

Andere wichtige Erkenntnisse wurden ignoriert. Eine metaanalytische Studie von Forscher:innen der Johns Hopkins University aus dem Jahr 2014 zeigte, dass Achtsamkeit nicht wirksamer war als körperliche Bewegung oder andere Entspannungstechniken. Es wurden mäßige Verbesserungen bei Depressionen, Ängsten und Schmerzen sowie eine sehr geringe Verringerung von Stress festgestellt, aber es gab nur wenige andere messbare Vorteile.[378] Eine weitere umfangreiche Untersuchung zur MBCT vom Berater der Mindfulness Initiative Willem Kuyken konnte im Vergleich zur Einnahme von Antidepressiva keine höhere Effektivität bei der Verhinderung von Rückfällen ausmachen.[379] Sie war nicht einmal kosteneffektiver, obwohl im *Mindful Nation UK*-Bericht das Gegenteil behauptet wird.

Innehalten und fallen lassen

Eine Kerngruppe von etwa 20 britischen Politiker:innen nimmt an wöchentlichen Achtsamkeitskursen in Westminster teil. Lehrkräfte bieten auch zwei Mal im Jahr stille Übungstage an. Die Politiker:innen schwärmen von den positiven Effekten, die sie auf ihre Konzentrationsfähigkeit, Impulskontrolle, Freundlichkeit und metakognitiven Fähigkeiten habe. Der Abgeordnete der Labour Party im House of Lords Andrew Stone sagt, dass Achtsamkeit ihm bei der Führung „verschiedener Arten von Konversationen" helfe.[380] Der Abgeordnete Tim Loughton von der Conservative Party badet sich stundenlang und stellt die Wasserkosten den Steuerzahler:innen in Rechnung. Dazu sagt er: „Ich behalte mir auch einen Teil der Waschzeit für etwas Achtsamkeit vor."[381] Der Leiter der Mindfulness Initiative Jamie Bristow drückt sich „Kabat-Zinn-haftig" aus: „Diese zunehmende Vertraulichkeit mit inneren Erfahrungen im politischen Diskurs repräsentiert eine signifikante, wenn nicht tiefgreifende Verschiebung hin zu weniger greifbaren Einsichten zum Menschsein, die vielleicht den Schlüssel zu den drängendsten gesellschaftlichen Problemen bieten."[382]

Im Moment verbreiten britische Politiker:innen das Evangelium des Achtsamkeitstrainings und wenden sich an andere Parlamente in der ganzen Welt. Mehr als ein Dutzend nationaler Parlamente führen derzeit Kurse ein. Im Jahr 2017 begrüßten Abgeordnete und Lords Politiker:innen aus 14 Ländern zum „Mindfulness in Politics Day" („Tag der Achtsamkeit in der Politik") in Westminster. Esther Ouwehand aus den Niederlanden fasste die Vorteile aus ihrer Sicht zusammen: „Achtsamkeit ermöglicht es mir wirklich, mit dem in Kontakt zu bleiben, was mir am wichtigsten ist: meinen eigenen Werten."[383]

Aus Angst davor, dass diese Aussage missverstanden werden könnte, betonte Jamie Bristow von der Mindfulness Initiative: „Achtsamkeitspraxis wird oft als Symptom eines nabelschauenden Individualismus missverstanden."[384] Seiner Meinung nach zeigt das, was im Parlament geschehen ist, „dass Achtsamkeit als hilfreich für das Ganze betrachtet wird: für die gesamte Politik, für die gesamte Gesellschaft." Bristows Kollege Willem Kuyken geht noch weiter und vergleicht die Bedeutung von Kabat-Zinns Arbeit mit der von Darwin und Einstein: „Was sie für die Biologie und die Physik getan haben, hat Jon für eine neue Grenze getan: die Wissenschaft des menschlichen Geistes und des Herzens."[385]

Bevor er beim Gipfel im Jahr 2017 sprach, sagte Kabat-Zinn zu einem Journalisten: „Dies ist keine verrückte Horde, die die Welt zu übernehmen versucht, sondern eine Sauerstoffleitung, die direkt in das Herz dessen führt, was das Tiefste und Schönste in uns als Menschen ist."[386] Auch der Kongressabgeordnete Tim Ryan war „aus der Ferne" anwesend. Er sagte demselben Reporter: „Die Meditation ermöglicht es mir, eine Auszeit zu nehmen, einen Schritt zurückzutreten und Probleme als zusammenhängend zu betrachten. Diese Art von ganzheitlicher Problemlösung fehlt heute in beiden politischen Parteien der USA und wurde in vielen Fällen durch eine fast überparteiliche Art des Hasses ersetzt."[387] Nach Ryans Ansicht „müssen wir absichtlich versuchen, den Einfluss dieser Dinge auf unser Leben zu verringern, damit wir klar und leidenschaftslos darüber nachdenken können, wie wir eine bessere Zukunft aufbauen können."[388]

Dieser Grundgedanke hat offensichtlich seine Berechtigung, aber irgendwann müssen wir den eigentlichen Aufbau leisten. Und dazu braucht es mehr als Kabat-Zinns aufgewärmten Transzendentalismus und seine unbewiesenen Behauptungen über eine universelle Güte, die für alle durch „bloße Aufmerksamkeit" zugänglich sei. Dennoch weigert er sich, über mehr als die Einstimmung auf den Augenblick zu sprechen, was sicherlich beruhigend ist, aber keine große Quelle politischer Weisheit darstellt. Unbeirrt behauptet Kabat-Zinn, dass die Hinwendung zu sich selbst Fake News beheben und den Überwachungsstaat umstürzen könne, dessen Voraussetzungen er auf subtile Weise durch Selbstregulierung schafft:

> *„Die Verbreitung des Dharma durch Achtsamkeit ist auf den ersten Blick ein positives und heilsames Ereignis und eine enorme Chance, einige der grundlegendsten Quellen von Schmerz und Leid in unserer Welt zu diesem Zeitpunkt anzugehen. Dazu gehören die Orwell'schen Verzerrungen der Wahrheit, die wir etzt täglich in den Nachrichten sehen, und die Aufrechterhaltung einer dystopischen ‚Regierung', die scheinbar Gier, Hass und Verblendung in neue Höhen treibt, mit all ihren Konsequenzen für die Fragilität der demokratischen Institutionen."*[389]

Doch bei all der schwülstigen Rhetorik über das Gemeinwohl liegt Kabat-Zinns Schwerpunkt auf dem einzelnen Individuum und der persönlichen Entfaltung. Die soziale Welt, wie sie von seiner Inspirationsquelle Thoreau konzipiert wurde, wird zu einer Quelle der Ablenkung von unschuldiger Freiheit im gegenwärtigen Augenblick erklärt. Einer von Kabat-Zinns bevorzugten Aphorismen besagt, dass man sich einfach in diese angenehme Unmittelbarkeit „fallen lassen" soll. Dazu sagte er neulich: „Innehalten und fallen lassen, das bedeutet, lasse dich in deine Erfahrung des Erlebens fallen, und sei es auch nur für einen kurzen Moment, indem du es einfach im Bewusstsein hältst, wie es ist."[390]

Währenddessen stellen seine Jünger:innen in den Schaltzentralen der Macht fest, dass „das Konzept des ‚mentalen Kapitals' Führungskräften und politischen Entscheidungsträger:innen geholfen hat zu erkennen, dass die kognitiven und emotionalen Fähigkeiten des einzelnen Individuums die Gesundheit, Resilienz und künftige Leistung von Unternehmen bestimmen", um Jamie Bristow von der Mindfulness Initiative zu zitieren.[391]

Solche grundlegenden Bedenken werden von Kabat-Zinn nicht diskutiert. Seine Vision einer achtsamen Politik ist die, dass wir durch den Zugang zum „reinen Gewahrsein" – das Loslassen der Anhaftung an das „Tun" – die Unschuld unserer ungehemmten inneren Natur wiederentdecken werden. Für ihn ist Achtsamkeit das Tor zur Authentizität und zum wahren Menschsein. Wie bei den achtsamen Nationen in den Köpfen von Tim Ryan und den britischen Parlamentsabgeordneten sind keine spezifischen Rezepte für einen kollektiven Wandel vonnöten. Indem wir einfach innehalten und uns „fallen lassen", werden wir völlig selbstbestimmt – glückliche Diener:innen einer neoliberalen Ordnung, die sie abzulehnen meinen.

Fazit: Die Befreiung der Achtsamkeit

Angesichts der Art und Weise, wie Achtsamkeit derzeit gelehrt wird, ist ihre revolutionäre Rhetorik ein einziges Mysterium. Auch wenn sie zur Steigerung unseres Wohlbefindens beitragen mag, bleiben die Ursachen des Leidens in der Welt davon unberührt. Um zu verstehen, warum das so ist, sollten wir uns Donald Trump als Beispiel anschauen. Seitdem dieser Reality-TV-Clown die Weltbühne betreten hat, bin ich ratlos über die Quelle seiner unbestreitbaren Anziehungskraft auf Millionen von Wähler:innen, selbst wenn er im November 2020 seinem demokratischen Kontrahenten Joe Biden knapp unterlag. Ich habe mir viele Analysen von politischen Expert:innen durchgelesen, aber keine davon überzeugt mich komplett. Daher möchte ich gerne meine eigene Sichtweise darlegen. Die meisten von uns besitzen Charakterzüge wie Unehrlichkeit, Scheinheiligkeit, Arroganz, Gier, Kurzsichtigkeit, Rassismus, Hass, Angst, Selbstbezogenheit und Dummheit. Infolgedessen neigen wir dazu, uns selbst schuldig zu fühlen, was Teil des in der modernen Kultur weitverbreiteten geringen Selbstwertgefühls ist. Trump zeigt diese Tendenzen nicht nur ohne Gewissensbisse, er stellt sie offen zur Schau und ermutigt seine Anhänger:innen dazu, Laster als Tugenden zu begreifen und zu feiern. Er leugnet die Gefahren des Klimawandels und der grassierenden Ungleichheit und fordert die Öffentlichkeit auf, sich ausschließlich auf ihre persönliche Sicherheit zu konzentrieren, indem er Listen mit Namen von Sündenböcken runterrasselt, die für ihre Probleme verantwortlich seien. Was auch immer unsere Fehler sind, wir wollen uns gut fühlen. Trump suggeriert uns, dass wir das können, und schlägt dabei die Moral in den Wind.

Trotz der scheinbaren Aufrichtigkeit seiner Absichten macht Jon Kabat-Zinn etwas Ähnliches. Nachdem er die Achtsamkeit säkularisiert hat, um Patient:innen beim Umgang mit chronischen Schmerzen zu helfen, verkauft er sie als umfassendes Allheilmittel. Uns wird schlicht gesagt, dass wir uns auf die Gegenwart konzentrieren und die langfristigen Auswirkungen unseres Verhaltens ignorieren sollen. Indem man uns nahelegt, uns des „Urteilens“ zu enthalten, werden wir dazu eingeladen, auf ethische Bewertungen zu verzichten. Genau wie Trump propagiert die Achtsamkeitsbewegung moralische Mehrdeutigkeit, damit wir uns besser fühlen. Beide spiegeln den Triumph des Narzissmus in der modernen amerikanischen Kultur wider.

Abwarten und Tee trinken

Spuren davon finden sich in Kabat-Zinns Analyse, insbesondere wenn er über seine achtsame Revolution spricht. „Was bringt es, nicht optimistisch zu sein?", fragte er einen Interviewpartner, als er zu den fehlenden Beweisen für eine Veränderung der Masse befragt wurde. Weiter sagte er:

> *„Wenn ich verzweifle, weißt du, und ich denke, dass sich alles in Richtung größerer Verblendung bewegt und nun sogar Achtsamkeit droht, in das schwarze Loch der Verblendung zu fallen, na ja, dann kann ich mich doch gleich umbringen, verstehst du, was ich sagen will? Ich meine, was ist der Sinn? Also warum nicht das Schöne im Menschen sehen und dann vielleicht sogar ein paar Gesetze verabschieden, die regeln, wie Unternehmen geführt werden, damit sie Menschen nicht zerstören, und wir haben Gesetzgeber:innen, die genau das zu erreichen versuchen."*[392]

Das Ausmaß der Verblendung, das in solchen Kommentaren zum Ausdruck kommt, ist schwer zu ergründen. Sicher, vielleicht könnte es helfen, „ein paar Gesetze" gegen die Exzesse von Konzernen zu verabschieden und sie sogar durchzusetzen, aber darum geht es nicht, wenn er sich an CEOs oder Politiker:innen wendet. Ganz zu schweigen von der Öffentlichkeit, die sich möglicherweise mobilisieren ließe, um für strukturelle Veränderungen einzutreten. Und was die Behauptung „wir haben Gesetzgeber:innen, die genau das zu erreichen versuchen" betrifft, so spricht die mangelnde Strafverfolgung von hochrangigen Banker:innen wegen Betrugs seit 2008 für sich selbst.

Anstatt Achtsamkeit mit sinnvollen Schritten in Richtung „Revolution" zu kombinieren, sonnt sich Kabat-Zinn lieber im Glanz des gegenwärtigen Augenblicks und blendet sein Publikum mit unscharfen Formulierungen wie „das Schöne im Menschen". Schließlich sei es „viel zu früh, um sagen zu können, was das wahrscheinliche Schicksal der Menschheit sein wird", wie er uns gerne erinnert.[393] Diese seltsame Bemerkung stammt von Zhou Enlai, dem ersten Premierminister des kommunistischen China, der nach den Auswirkungen der Französischen Revolution gefragt wurde (wobei er selbst dachte, die Frage beziehe sich auf die Proteste von 1968). Kabat-Zinn würzt seine

Reden gerne mit asiatischen Bezügen und lässt Hinweise auf buddhistische Weisheiten – in Form von Zenkoans (Anekdoten oder Sentenzen, die eine beispielhafte Handlung oder Aussage eines Zenmeisters oder -schülers darstellen) oder traditionellen Begriffen wie Dharma – einfließen, um der säkularen Achtsamkeit ein spirituelles Gütesiegel zu verleihen. Indem er sie in eine kryptische Mystik hüllt, weckt er Interesse an seiner Marke. Aber solange er seine rhetorischen Ausführungen zur Authentizität nicht in Lehren über Ethik oder Vernetzung umwandelt, kann er genauso gut Happy Meals mit Spielzeugen verhökern.

In einem Interview über seine Förderung der Achtsamkeit innerhalb des Militärs erinnert sich Kabat-Zinn an ein Treffen mit dem Zenmeister Harada Roshi, der ihm ein Poster schenkte mit dem Spruch: „Vergiss niemals die tausendjährige Perspektive."[394] Kann man nicht schneller begreifen, dass man wohl kaum den militärisch-industriellen Komplex abbaut oder dessen Streben nach immerwährendem Krieg beendet, indem man Soldat:innen darin unterstützt, „ein freundlicheres, sanfteres Händchen für Maschinengewehre" zu entwickeln – wie Neil Young es ausdrückt? Die Vereinigten Staaten geben bereits mehr für Waffen aus als die folgenden zehn Länder zusammen.[395]

Ich glaube nicht, dass die Menschen ohne radikale Veränderungen in 1.000 Jahren noch leben werden. Es ist töricht anzunehmen, das Achten auf den eigenen Atem werde irgendeine systemrelevante Wirkung auf den Klimawandel, den Verlust der Artenvielfalt, die Umweltverschmutzung oder die massive Umweltzerstörung entfalten. Und es ist fast schon gemein zu behaupten, dass eine gesteigerte Aufmerksamkeit ausreiche, um magische Veränderungen bei der plutokratischen Kontrolle von Regierungen, Finanzen und Medien durch Konzerne oder die Beendigung von Arbeitslosigkeit, Ungleichheit, Obdachlosigkeit, Drogenmissbrauch oder weißer Vorherrschaft herbeizuführen.

Ironischerweise lenken uns Kabat-Zinns Zukunftsvisionen von einer späteren Errettung von dem Haupterfordernis der Gegenwart ab, nämlich politischem Engagement. Lauren Berlant von der University of Chicago merkt hierzu an: „Optimismus ist grausam, wenn das Objekt/der Schauplatz, das/der ein Gefühl der Möglichkeit entfacht, es tatsächlich unmöglich macht, die umfassende Transformation zu erreichen, nach der eine Person oder ein Volk zu streben versucht."[396] Widerspruch wird oft durch die Fixierung auf den Augenblick, das Loslassen des „Tuns" und Gedanken über das Handeln erstickt. Stattdessen wird uns gesagt, wir sollten uns in instabile Verhältnisse zurückziehen und uns in das flüchten, was Berlant „konventionelle Fantasien vom guten Leben" nennt. Achtsamkeit ist als grundlegendes Bewältigungsinstrument gut und schön, aber als revolutionäre Strategie scheint sie nutzlos zu sein und ihre Anhänger:innen in die tröstliche Sackgasse der Passivität zu locken.

Ein Leben mit achtsamen Momenten birgt das Risiko einer „kulturellen Infantilisierung", warnt der Erziehungswissenschaftler und Kritiker Henry Giroux. „Gedankenlosigkeit ist zu etwas geworden, das heute einen privilegierten, wenn nicht gar gefeierten Platz in der politischen Landschaft und in den Hauptkulturapparaten einnimmt."[397] Solange sie nicht mit befreienden Lehren kombiniert wird, trägt Achtsamkeit nur dazu bei, dass unterdrückerische Systeme noch reibungsloser funktionieren. In Anlehnung an die neoliberale Botschaft des Selbstmanagements scheut Kabat-Zinn davor zurück, Kurmethoden zu propagieren, und zieht stattdessen den mehrdeutigen Begriff „Heilen" vor. In seinem Hauptwerk *Full Catastrophe Living* (dt. Titel: *Gesund durch Meditation*) schreibt er: „Ich verwende ‚Heilen' hier nicht im Sinne von ‚Kurieren', obwohl diese beiden Begriffe oft synonym verwendet werden." Vielmehr „impliziert Heilen die Möglichkeit, dass wir anders mit Krankheit umgehen können", indem wir „mit den Dingen zurechtkommen, wie sie sind".[398]

Dies wie Kabat-Zinn als Theorie der sozialen Veränderung zu bezeichnen, ist nicht nur irreführend, sondern es ermutigt Menschen auch dazu, ihren Kopf in den Sand zu stecken. Indem sie zur Ermöglichung einer erträglichen Gegenwart auf Handlungen verzichten, „erlauben sie der Gegenwart, die Zukunft vollständig zu vereinnahmen", schreibt Eric Cazdyn in *The Already Dead: The New Time of Politics, Culture and Illness*.[399] Natürlich ist niemand immer achtsam. Aber zu akzeptieren, dass es wünschenswert sein könnte, ist entmündigend. Es wirkt wie eine Therapie für „Realisten", die die Idee geschluckt haben, dass es „keine Alternative" zur Marktlogik von Margaret Thatcher gebe. Wir können höchstens auf lindernde Maßnahmen in einem neoliberalen Albtraum hoffen und uns an die brutalen Kräfte anpassen, die uns belasten. Diese Vorstellung des menschlichen Zusammenlebens ist eine moralische und spirituelle Bankrotterklärung.

Aufwachen

Achtsamkeit könnte dennoch revolutionär sein, aber dafür muss sie auf eine andere Weise gelehrt werden. Bisher wurde in diesem Buch festgehalten, was man nicht tun sollte. Es wurde auch gezeigt, wie resistent die führenden Befürworter:innen gegen Kritik sind. Wenn ich auf Konferenzen, in Artikeln oder online auf die Mängel von Achtsamkeitsprogrammen hinweise, wird mir in der Regel vorgeworfen, ich sei „zu negativ". Der MBSR-Lehrer Ted Meissner, welcher den Podcast *The Secular Buddhist* moderiert, fragte mich mal auf Facebook: „Wirst du auch mal was anderes machen, als ein Spinner zu sein?" Und Michael Chaskalson, ein britischer Achtsamkeitsberater für Unternehmen, stand am Ende meiner Präsentation bei der Achtsamkeitskonferenz in Bangor auf und wollte wissen: „Na ja, was sollen wir denn deiner Meinung nach anders machen? Welche Lösungen bietest du uns an?"

Es ist verlockend zu sagen: „Ihr seid diejenigen, die diesen Quatsch verbreiten. Warum hört ihr damit nicht auf?" Doch das wäre unhöflich. Außerdem werden Klarstellungen nichts bringen, solange Achtsamkeitsbefürworter:innen nicht dazu bereit sind, ihr eigenes Handeln kritisch zu hinterfragen. Fürs Erste sind kritische Fragen wichtig, vor allem in Bezug auf unerkannt bleibende mentale Konditionierungen. Vielleicht sollte das sogar Teil eines Achtsamkeitsprogramms sein: sich im Sitzen mit kritischen Fragen auseinandersetzen, ohne einfache Antworten zu erwarten. Wer oder was ist privilegiert, wenn derlei Fragen unterbunden werden? Denn meistens passiert genau das.

Im Jahr 2015 drängte die langjährige Aktivistin Angela Davis Kabat-Zinn dazu, sich mit den Grenzen seines Ansatzes auseinanderzusetzen. Die Unterrichtung einzelner Polizisten in Achtsamkeit könne die Polizei nicht in eine rassismusfreie Institution verwandeln, sagte sie. „Da stimme ich voll und ganz zu", antwortete er, bevor er ihr zurückwarf: „Wenn Achtsamkeit leicht auf diese Weise vereinnahmt werden kann oder nur auf einer Ebene gehalten wird, auf der sie das strukturelle Gitter unserer Institutionen nicht wirklich verändert, weil sie sich selbst erhalten, was siehst du dann als wirksame Alternative?"[400]

Nun ja, man könnte damit beginnen, sich einzugestehen, dass die Achtsamkeitspraxis allein unzureichend ist. Es gibt keine radikale Blaupause für Aufmerksamkeit. Wenn das Ziel darin besteht, einen sozialen Wandel herbeizuführen, dann müssen auch Methoden dafür vermittelt werden. Die Beruhigung des Geistes kann dabei helfen, aber sie ist nur eine Vorstufe. Die moderne Achtsamkeit ist ein messianischer Schwindel, da sie sich nicht auf etwas anderes als die momentane Erfahrung konzentriert, während sie utopische Prophezeiungen von Frieden und Harmonie verbreitet. Die Grundlage dieser Bewegung ist zutiefst konservativ und amerikanisch: ein naiver Glaube an Fortschritt, Idealismus und robusten Individualismus, in dem wir uns alle in einer romantischen Mischung aus dichterisch-poetischen Wortspielen à la Walt Whitman und Ersatzbuddhismus verlieren können.

Wenn die Befürworter:innen der Achtsamkeit ernsthaft an einem Wandel interessiert sind, sollten sie sich zunächst das Problem eingestehen: ihre eigene Mitschuld an der Verwaltung von Systemen, die das Leiden naturalisieren. Anstatt die Frustration der Menschen in Richtung einer kritischen Hinterfragung der politischen, kulturellen und historischen Bedingungen zu lenken, die das Unglück verursachen, wollen sie uns helfen, sie zu ertragen. In ihrem Buch *The New Prophets of Capital* erklärt Nicole Aschoff, inwiefern die Beruhigung durch einen optimistischen Mythos den Interessen des Neoliberalismus dient. Damit er Bestand hat, so schreibt sie, „müssen die Menschen bereitwillig an seinen Strukturen und Normen teilhaben und sie reproduzieren", und besonders in Krisenzeiten „muss der Kapitalismus auf kulturelle Ideen zurückgreifen, die außerhalb der Kreisläufe des Profitmachens existieren".[401] Achtsamkeit ist hierfür die perfekte Lösung. Kabat-Zinn ist ihr Prophet und reiht sich ein in die Reihe der Apologet:innen des Kapitalismus wie Sheryl Sandberg von Facebook, die Medienmogulin Oprah Winfrey, der Milliardär Bill Gates und John Mackey, der Geschäftsführer der US-Biosupermarktkette Whole Foods.

Es ist vermutlich kein Zufall, dass Kabat-Zinn wie andere Achtsamkeitsgurus vor 50 Jahren seinen Aktivismus gegen meditativen Quietismus eintauschte. Von seiner bequemen Warte aus mag es sinnvoll sein, ein passiver Beobachter menschlicher Leiden zu sein und unheilsame Zustände einfach „radikal zu akzeptieren". Aber die kommerzialisierte Ohnmacht ist nicht sehr hilfreich für diejenigen, die wirtschaftlich am Abgrund stehen und mit einem schrumpfenden Wohlfahrtsstaat sowie anderen Nachteilen von Fremdenfeindlichkeit bis hin zu kulturellen Traumata konfrontiert sind. Kabat-Zinns Hauptbefürworter:innen sind da anderer Meinung. „Egal ob man darum kämpft, Essen auf den Tisch zu bringen, oder an der Spitze der Welt steht", betont die Multimillionärin Arianna Huffington, „Achtsamkeit ist etwas, das einem hilft, sich mit sich selbst zu verbinden."[402]

Aber was macht man danach? Gibt es überhaupt noch einen Unterschied zwischen einem sich in Glückseligkeit übenden und Ungerechtigkeiten einfach hinnehmenden Menschen und einem, der sich regelmäßig mithilfe von Drogen ins Reich des Vergessens katapultiert? Kabat-Zinn spricht gerne davon, sich in das allgegenwärtige Wunder des Augenblicks „fallen zu lassen", einen Sonnenuntergang achtsam zu genießen, das Geschirr zu waschen, an Rosen zu riechen oder das Lächeln eines Babys nicht zu verpassen. Dieses Mantra ähnelt dem LSD-Spruch von Timothy Leary: „Einschalten, einstellen, abschalten." Die neoliberale Achtsamkeit möchte, dass wir unser kritisches Denken „ausschalten", uns aus der materiellen Welt „ausklinken" und uns in ein privates Reich der Isolation „fallen lassen", wodurch der Kult um das Individuum verstärkt wird. Was auch immer man über psychedelische Drogen denken mag, zumindest lösen sie die Bindung an das eigene Selbst auf.

Ausbrechen

Theoretisch sollte Achtsamkeit etwas Ähnliches bewirken, zumindest im traditionellen buddhistischen Kontext. Die Philosophieprofessorin Deborah Orr von der York University beschreibt dies folgendermaßen: „Das potenzielle Ergebnis dieser Praxis ist die erfahrungsgemäße Erkenntnis, dass das Selbst eine Konstruktion ist, wir im modernen Westen würden sagen eine soziale Konstruktion, die ein wahnhaftes Selbstverständnis begünstigen kann."[403] Das Fehlen eines festen Selbstkonzeptes ist neben der Unbeständigkeit und der daraus resultierenden Unzufriedenheit eines der zentralen Merkmale des Buddhismus. „Wie all die anderen Menschen und Dinge da draußen in der Welt bin auch ich nichts weiter als ein mentales Konstrukt, eine Phantommaske, die die Realität des Wandels verdeckt", erklärt der Buddhismusforscher C. W. Huntington. „Hinter der Fassade gibt es kein solches Selbst, sondern nur den stetigen, nicht greifbaren Strom der Ereignisse, die spontan aufkommen und wieder verschwinden."[404] Diese Offenbarung kann zutiefst beunruhigend sein, wenn sie nicht in einen breiteren Kontext gestellt wird. Unsere Ängste und Wünsche lassen uns dazu neigen, sie zu leugnen.

In diesem Sinne ist ein Teil unseres Leidens auf persönliche Verblendung zurückzuführen und muss auf der individuellen Ebene angegangen werden. Mit seinen letzten Worten soll der Buddha seine Schüler:innen ermahnt haben: „Strebt danach, das Ziel durch Fleiß zu erreichen."[405] Das Ziel beinhaltet jedoch die Erkenntnis, dass alle Dinge miteinander verbunden sind: die Einsicht der gegenseitigen Abhängigkeit, bekannt als *Pratityasamutpada*. Während also ein Teil unserer Wahnvorstellungen in unseren Köpfen stattfindet, ist es aus politischer Sicht ebenfalls wahnhaft, sich von den Bedingungen abzuwenden, unter denen wir leiden. Huntington merkt dazu in buddhistischer Sprache an: „Jemand zu sein, irgendjemand, heißt dauerhaftes Leiden." Aber selbst wenn wir das begreifen, leben wir immer noch in einer Welt voller Leid, welches wir zum Teil durch die Veränderung der durch Einbildung, Gier und Boshaftigkeit geschaffenen Bedingungen beheben können. Es heißt, dass diese geistigen Gifte durch buddhistische „richtige" Achtsamkeit vermindert werden, sodass ein heilsames Verhalten vorherrschen kann. Dies lässt sich auch mit Versuchen kombinieren, das Gleiche auf sozialer Ebene zu tun.

Wenn er seine buddhistischen Qualifikationen in akademischen Zeitschriften geltend machen möchte, spielt Kabat-Zinn manchmal auf diese Ideen an. „Die nicht-triviale Frage ‚Wer bin ich?' verweist auf die Wachsamkeit selbst und die Nicht-Trennung, auf das Mysterium der gelebten Erfahrung und des Gefühls und die künstliche Trennung, die der Subjekt-Objekt-Dualität innewohnt", doziert er. Weiter heißt es:

> *„Die Berücksichtigung der nicht-dualistischen Perspektive legt nahe, dass es wichtig ist, die inhärente Komplementarität der instrumentellen und nicht-instrumentellen Dimensionen der Achtsamkeit von Anfang an sowohl in der eigenen Praxis als auch in der Lehre zu beachten."*[406]

Wenn das bedeutet, dass man über „Zwischensein" sprechen muss, um die nicht-dualistische Sprache von Thich Nhat Hanh zu verwenden, auf den sich Kabat-Zinn bezieht, so lässt sich das nur bei wenigen Lehrkräften feststellen. MBSR fordert den Einzelnen auf, sich auf sich selbst zu konzentrieren. Dennoch wird behauptet, es vermittle buddhistische Ethik, ohne sie jemals zu lehren. „Die Verbreitung von Achtsamkeit in der Welt war immer in dem ethischen Rahmen verankert, der den ursprünglichen Lehren des Buddha zugrunde liegt", sagt Kabat-Zinn. Und weiter führt er aus:

> *„Obwohl MBSR diese klassischen Grundlagen im klinischen Kontext mit Patient:innen nicht explizit anspricht und auch nicht ansprechen sollte, waren die Vier Edlen Wahrheiten [über das*

> *menschliche Leiden, seine Quelle im Verlangen und die buddhistischen Lehren, die es zu beseitigen helfen] schon immer der Boden, auf dem die Kultivierung von Achtsamkeit durch MBSR und andere achtsamkeitsbasierte Programme wurzelt und aus dem sie wächst."*[407]

Er möchte damit sagen, dass die Lehrer:innen es gut meinen, mit anderen Worten ist das Mitgefühl impliziert, weswegen nichts explizit gesagt werden muss. Das ist genauso absurd wie Kabat-Zinns Behauptung, dass CEOs ganz ohne Zwang beschließen könnten, nett zu sein und mit der Gewinnmaximierung aufzuhören:

> *„Es ließe sich eine neuartige Definition von Wirtschaft entwickeln, durch welche potenziell sogar das Bankwesen eine ethische Grundlage bekäme. Alle Arten von Unternehmen könnten überprüfen, was ihre Ethik ist, welche Art von Mehrwert sie der Welt bieten und sich dann daran ausrichten, und zwar nicht nur als absolute Grundlage für die von ihnen verwendeten Achtsamkeitsprogramme, sondern tatsächlich als Grundlage für ihr Verhalten in der Welt und ihr Leitbild."*[408]

Sein Wunschdenken ist extrem. Wenn er wirklich möchte, dass solche Dinge passieren, dann muss er die Achtsamkeit zunächst von ihren neoliberalen Fesseln befreien. Solange sie nicht das Bewusstsein für die sozialen Ursprünge des Leidens schärft, ist Achtsamkeit lediglich Selbstmanagement, das die Probleme in den Köpfen der Einzelnen verortet. Das macht die von uns dringend benötigten kollektiven Lösungen sehr viel unwahrscheinlicher.

Die Innenseite nach außen kehren

Die befreiende Kraft der Achtsamkeit wird ausgelöscht. Wie William Davies in seinem Buch *The Happiness Industry* argumentiert, setzen Expert:innen wie Kabat-Zinn wissenschaftliche Methoden als „Grundlage für die Beurteilung des Verhaltens und der Mentalität von Menschen und nicht der Machtstruktur“ ein.[409] Wir müssen ihnen nicht folgen. Anstatt das Unglück gedanklich zu unterdrücken und gleichzeitig seine Ursachen zu ignorieren, sollten wir lernen, „die Dinge so zu sehen, wie sie sind“, um eine meditative Binsenweisheit zu zitieren. „Es wird oft gesagt, dass Depressionen ‚nach innen gerichtete Wut‘ sind“, bemerkt Davies. „In vielerlei Hinsicht ist die Glücksforschung ‚nach innen gekehrte Kritik‘, trotz aller Appelle der Positiven Psychologen, die Welt um uns herum ‚wahrzunehmen‘.“[410]

Unser Leiden ist oft ein Anhaltspunkt dafür, was verändert werden muss – in der Welt wie auch in unserer Reaktion darauf. Die Umkehrung der Kritik nach außen entzieht dem Kapitalismus die intellektuelle Deckung, die die Achtsamkeitsbewegung bietet. Durch die Privatisierung von Stress als persönliches Problem und die Verwendung der Wissenschaft zur Bestätigung dieser Agenda wendet sich die Achtsamkeit gegen den Einzelnen selbst. Damit wird nicht nur den Opfern kultureller Missstände die Schuld gegeben, sondern auch eine Spirale der narzisstischen Selbstabsorption in Gang gesetzt. Natürlich ist es wichtig, sich weniger gestresst zu fühlen, aber dies muss mit ermutigenden Einsichten kombiniert werden, nicht mit Beschwichtigung. Wahrhaft revolutionäre Achtsamkeit ist befreiend, sozial und bürgerschaftlich. Sie beruht auf kritischem Denken und nicht auf urteilsfreiem Rückzug.

Angehörige moderner Achtsamkeitseliten wie Kabat-Zinn reduzieren soziale Missstände auf eine persönliche „Denkkrankheit“, die sie auf exzessives Grübeln und eine überholte biologische Struktur aus der Steinzeit zurückführen. MBSR macht einen einfachen Unterschied zwischen Achtsamkeit und Gedankenlosigkeit, so wie der Neoliberalismus die Gesellschaft in Gewinner und Verlierer einteilt. Nirgendwo wird angedeutet, dass unsere „Aufmerksamkeitsdefizitstörung“ soziale und politische Ursachen haben könnte oder dass es Zusammenhänge zwischen Armut, unzureichendem Wohnraum sowie sozialer Ungleichheit und der Prävalenz von psychischen Erkrankungen, Stress, Verhaltensproblemen und Lernstörungen gibt.

Dieser kurzsichtige Trend könnte sich langsam ändern. In zwei kürzlich in der renommierten medizinischen Fachzeitschrift *The Lancet Psychiatry* erschienenen Briefen wird gefordert, dass Kliniker:innen und politische Entscheidungsträger:innen Notlagen als soziale Faktoren und nicht als „Störungen“ bei Einzelpersonen klassifizieren sollten. Die Autor:innen, zu denen auch ein ehemaliger Präsident der British Psychological Society gehört, sprechen sich für eine Berücksichtigung des Leidenskontextes in den Diagnosecodes aus:

> *„Eine Ausweitung der routinemäßigen Datenerfassung in den Aufzeichnungen des nationalen Gesundheitsdienstes des Vereinigten Königreichs böte die Möglichkeit, ganzheitlichere, sozialere, systematischere und psychologisch umfassendere Muster von Schwierigkeiten aufzuzeigen, die auf Informationen über etablierte soziale Einflussfaktoren psychischer Gesundheitsprobleme wie Ungleichheit, Armut und Trauma abzielen könnten. Man stelle sich vor, die Nicht-Dokumentation von extremer Armut wäre genauso schlimm wie das Nicht-Erkennen einer schweren Depression durch Mediziner:innen."*[411]

Sie fügen hinzu, dass die WHO bereits eine „nicht-diagnostische, nicht-pathologisierende wissenschaftliche Alternative" verwendet, um die Auswirkungen von psychosozialen Widrigkeiten auf die psychische Gesundheit zu dokumentieren.

Achtsamkeit ist durch ihren Erfolg unterminiert worden. Ihr radikales Potenzial wurde von Eliten usurpiert, die ein persönliches Interesse an ihrem Expert:innenstatus haben, durch den Menschen pathologisiert werden. Die Dinge so zu sehen, wie sie wirklich sind, würde solche Verzerrungen von Macht und Privilegien und den sie mit aufrechterhaltenden neoliberalen Rahmen entlarven. Institutionalisierte Gier, böser Wille und Verblendung durchdringen unsere gesamte Kultur und infizieren die Medien, Unternehmen, die Politik und das Militär. Diese Institutionalisierung macht kollektive Quellen des Leidens fast unsichtbar, argumentiert Bruce Rogers-Vaughn in seinem Buch *Caring for Souls in a Neoliberal Age*.[412] „Unterdrücker:innen haben keine Gesichter mehr, nicht einmal das ‚unpersönliche' Gesicht des Staates, der Unternehmen oder der Kirche", schreibt er. Wenn Achtsamkeitspromoter:innen diese nicht mehr unterstützen möchten, dann müssen sie den biomedizinischen Fokus auf Individuen einschränken und neue Erklärungsansätze entwickeln. Sie müssen aufhören, sich hinter ihrer „universellen" Rhetorik zu verstecken, sich auf therapeutische Neutralität zu berufen oder zu behaupten, Ethik sei irgendwie „impliziert". Stattdessen müssen sie einen klaren Standpunkt einnehmen.

Die Regeln neu bestimmen

Nicht nur die diagnostischen Modelle müssen geändert werden. Auch die therapeutischen Methoden sollten anders sein und Praxis mit kritischer Pädagogik verbinden. Die Ursachen und Bedingungen von sozialem Leid und Unterdrückung sollten ebenso untersucht werden wie kollektive Erfahrungen mit kulturellen Traumata, systemischem Rassismus und anderen Formen von Marginalisierung und Vertreibung, die sich nicht auf psychologische Krankheiten reduzieren lassen. „Es gibt kein *Diagnostisches und statistisches Manual neoliberaler Störungen*", stellt Rogers-Vaughn unter unübersehbarer Anspielung auf das weltweit etablierte US-amerikanische Klassifikationssystem für psychische Störungen, DSM (Diagnostic and Statistical Manual of Mental Disorders), fest, und Behandlungsbemühungen sollten nicht darin bestehen, die aktuellen Methoden zu wiederholen.[413] „Ich werde kein Handbuch für Anti-Neoliberale Therapie (ANT) erstellen, keine ANT-Hochglanzbroschüren verkaufen oder Wochenend-Zertifizierungsprogramme anbieten", erklärt er. „Wir können den Neoliberalismus einfach nicht mit seinen eigenen Waffen oder zu seinen eigenen Bedingungen schlagen."[414] Das bedeutet, dass sich Achtsamkeitslehrpläne nicht auf das innere Selbstmanagement beschränken sollten. Es ist ein viel breiterer Fokus erforderlich, der die Praxis nutzt, um einen Einblick in die Art und Weise zu entwickeln, wie soziale Erfahrung verkörpert wird.

Leid ist nicht nur privatisiert und internalisiert, sondern auch verstärkt und marginalisiert worden. Daraus ergibt sich ein Leidniveau, das nicht auf der individuellen Ebene behandelt werden kann. Achtsamkeit bietet eine lindernde Maßnahme für Leid „erster Ordnung": menschliche Existenzängste, die durch Krankheit, Alter und Tod, chronische Schmerzen, Beziehungskonflikte, Scheidung und Verlust verursacht werden. Wenn Mediziner:innen nicht helfen konnten, war dies traditionell die Domäne von religiösem Trost, Beratung und Therapie. Heutzutage ist der Schmerz erster Ordnung nicht mehr privat. Er ist mit sozialem, wirtschaftlichem, politischem und ökologischem Leid verwoben. Der Neoliberalismus versucht dies zu leugnen, indem er die Last der Bewältigung autonomen Individuen aufbürdet, deren soziale und kollektive Bindungen bereits geschwächt sind. Achtsamkeit hat durch die Stärkung des Mythos vom privaten Leiden zu diesem Prozess beigetragen.

Das menschliche Böse führt sowohl zu persönlichem als auch kollektivem Leid zweiter Ordnung. Die Quelle dieses Leids ist immer erkennbar, egal ob Einzelpersonen Opfer von Gewalt werden oder ganze Bevölkerungsgruppen von Kriegen, Völkermord, sozialer Ungerechtigkeit oder Unterdrückung betroffen sind. Das durch den Neoliberalismus verursachte Leid dritter Ordnung ist schwieriger zu identifizieren, da es so amorph, allgegenwärtig und systemimmanent ist. Es ist mit dem der ersten beiden Ordnungen verstrickt, sodass die innere und die äußere Welt durcheinandergeraten. Achtsamkeit ist bei der Behandlung dieses Leidens unwirksam, wenn sie nicht das kollektive Bewusstsein für die Kräfte schärft, die Machtverhältnisse, Klasseninteressen, soziale Ungleichheiten und politische Unterdrückung verschleiern. Nur wenige Achtsamkeitslehrer:innen tun dies derzeit, da sie selbst Teil des Problems sind. Ihre Form der Erleichterung trägt dazu bei, Menschen zu neoliberalen Subjekten zu formen, die die bestehenden Verhältnisse achtsam hinnehmen wie die „fröhlichen sozialen Roboter", die C. Wright Mills einst in seinem Buch *The Sociological Imagination* (dt. Titel: *Soziologische Phantasie*) beschrieb.[415]

Programme nach dem Vorbild von MBSR bieten Selbstmanagement-Therapien „erster Ordnung". Sie wurden einfach nicht für eine soziale Transformation und kollektive Heilung entwickelt, was Kabat-Zinn auch immer behaupten mag. Um revolutionär zu werden, brauchen Achtsamkeitslehrer:innen neue Praktiken, die in der Lage sind, verstricktes Leiden zu bekämpfen. Sie müssen gemeinschaftliche Aufmerksamkeit, Solidarität und Widerstand entwickeln. Dies erfordert ein Verständnis für soziopolitische und historische Zusammenhänge, die meist ausgeklammert werden. Man muss sich dafür nur Achtsamkeit in Schulen anschauen. Programme für benachteiligte Jugendliche sind ungeeignet, um das zu fördern, was Paulo Freire *concientización* nannte, ein kritisches Bewusstsein, das persönliche Probleme mit sozialen Situationen verknüpft, die von Gewalt, Armut und Sucht geprägt sind.[416] Wenn man Kindern aus sozialen Brennpunkten eine dreiminütige Atemübung beibringt, führt dies lediglich zu einer Entschärfung ihrer Frustrationen. Die Verhältnisse, welche sie hervorbringen, werden einfach ignoriert.

Das Problem liegt zum Teil an einem Missverständnis dessen, was Menschen zugänglich ist. Kabat-Zinns Behauptungen über ein „universelles Dharma" gehen fälschlicherweise von einer Einheitlichkeit der menschlichen Erfahrungen aus, so als ob „sich einfach fallen lassen" für jeden auf die gleiche Weise funktioniere. Dies ist eine privilegierte Fantasie, die die zumeist weiße achtsame Elite an die Spitze einer Bewegung zur weltweiten Erlösung stellt. Schließlich „sind wir alle Menschen" und andere derartige Plattitüden machen Achtsamkeitslehrer:innen für systembedingte Ungleichheiten blind. Robin DiAngelo merkt hierzu in ihrem Buch *White Fragility* (dt. Titel: *Wir müssen über Rassismus sprechen*) an:

> *„Weißen wird beigebracht, ihre Interessen und Perspektiven als universell zu betrachten [und] es wird ihnen auch beigebracht, das Individuum zu schätzen und sich selbst als Individuum und nicht als Teil einer rassisch sozialisierten Gruppe zu sehen. Der Individualismus löscht die Geschichte aus und verbirgt die Art und Weise, wie der Reichtum über Generationen verteilt und angehäuft wurde, um den Weißen von heute zu nutzen. Er ermöglicht es Weißen, sich selbst als einzigartig und originell zu betrachten, außerhalb der Sozialisierung und unbeeinflusst von den unerbittlichen rassistischen Botschaften in der Kultur."*[417]

Es liegt auf der Hand, dass Leiden und Not nicht universell erlebt werden und auch nicht gleichmäßig verteilt sind. Die universalisierende Rhetorik der Achtsamkeit ist „ein Diskurs der manischen Verteidigung, der eine komplizierte Situation überdeckt, in der viele Menschen anders denken oder ernsthafte Zweifel daran haben, dass alles seinen gewohnten Gang geht", schreiben Mary Watkins und Helene Shulman in ihrem Buch *Toward Psychologies of Liberation*.[418] Unter dem Deckmantel der Wissenschaft nutzen Expert:innen diese ahistorische Sichtweise, um über die angeborene Natur des Menschen zu sprechen. Zugleich blenden sie alle damit zusammenhängenden Probleme aus, die den Menschen zu schaffen machen.

Achtsamkeit wird das Militär nicht daran hindern zu lügen, um Kriege zu rechtfertigen, genauso wenig wie sie Konzerne davon abhalten wird, Profite zu maximieren. Achtsamkeitsprogramme orientieren sich an den Interessen der Macht und stellen nicht die institutionelle Ordnung infrage. Die Ausbeutung von Arbeitnehmer:innen oder der gedankenlose Export von Leiden in Form von Umweltverschmutzung und anderen externen Effekten stehen nie im Mittelpunkt. Achtsamkeit in der Politik hat nicht die geringste Auswirkung auf die globale Erwärmung, beispiellose Ungleichheit, Armut, Masseninhaftierung, Rassismus, Sexismus, Korruption oder Militarismus gehabt.

Warum sollte sie auch, wenn ihre Ziele so zahm und nach innen gerichtet sind?

Die Psychoanalyse wurde durch die Amerikanisierung in ähnlicher Weise kastriert. Viele europäische Psychoanalytiker:innen waren Marxist:innen und Sozialist:innen. Diese Neo-Freudianer:innen betrachteten Neurosen als eine soziale Krankheit und vertraten die Ansicht, dass persönliche Probleme nicht von historischen und sozialen Zusammenhängen getrennt werden könnten. Wie Robert Hattam in seinem Buch *Awakening Struggle* feststellt, war Erich Fromm bestürzt darüber, wie „die Psychoanalyse ihre ‚ursprüngliche Radikalität' verlor, weil sie sich der Gesellschaft anpasste, anstatt sie herauszufordern".[419] Fromm selbst beklagt: „Das Ziel der Therapie besteht oft darin, dem Menschen zu helfen, sich besser an die bestehenden Verhältnisse anzupassen, an die ‚Realität', wie es oft genannt wird; psychische Gesundheit wird oft als nichts anderes als diese Anpassung angesehen." Infolgedessen „werden die Psycholog:innen, die sich der ‚richtigen' Worte von Sokrates bis Freud bedienen, zu Priester:innen der Industriegesellschaft, die dazu beitragen, deren Ziele zu erfüllen, indem sie dem Individuum helfen, der perfekt angepasste Organisationsmensch zu werden".[420] Die totale Befreiung erfordert eine neue Praxis, erklärt Fromm: eine, die an der Dialektik zwischen Selbst und Gesellschaft arbeitet, zwischen der inneren Suche nach Wohlbefinden *und* der Veränderung sozioökonomischer Strukturen.

Wir müssen Achtsamkeit revolutionieren. Das setzt voraus, dass wir die Begrenztheit der heutigen Lehren einsehen und den Hype um sie beenden. Die therapeutischen Funktionen achtsamkeitsbasierter Interventionen sind eindeutig wertvoll. Wir müssen nicht aufhören, sie zu benutzen, aber wir müssen viel mehr tun. Die Beruhigung des Geistes kann uns helfen, uns mit sozialen, historischen und politischen Realitäten auseinanderzusetzen. Wir brauchen nicht noch eine Form der Praxis, die in biomedizinischen und universalisierenden Begriffen definiert ist. Achtsamkeit muss in die Geschichte und das lokale Wissen von Gemeinschaften eingebettet sein und sie dazu befähigen, die Dinge so zu sehen, wie sie sind.

Wenn wir erkennen, dass Unzufriedenheit, Angst und Stress nicht nur unsere eigene Schuld sind, sondern mit strukturellen Ursachen zusammenhängen, wird dies zum Zündstoff für die Entfachung von Widerstand. Mark Fisher schreibt dazu in seinem Buch *Capitalist Realism* (dt. Titel: *Kapitalistischer Realismus ohne Alternative?*): „Affektive Störungen sind eine Form der gefangenen Unzufriedenheit; diese Unzufriedenheit kann und muss nach außen kanalisiert werden und sich gegen ihre eigentliche Ursache, das Kapital, richten."[421] Die Befreiung der Achtsamkeit kann gelingen, wenn aus den Trümmern von McMindfulness Solidarität entsteht, die den Opfern der Ausbeutung hilft, sich den unmenschlichen Forderungen des Kapitalismus zu widersetzen. Ihr Ziel ist eine individuelle und kollektive „Gewissensexplosion", die Erschöpfung, Depression und Burnout in konstruktive Formen des Aktivismus verwandelt.

Über McMindfulness hinaus

Soziale Achtsamkeit ist keine Intervention, die von Expert:innen durchgeführt wird. Sie erhebt nicht den Anspruch, „evidenzbasierte" Dienstleistungen zu verkaufen. Vielmehr zielt sie auf die Wiederherstellung der Solidarität wie auch der sozialen Bindungen ab, die der Neoliberalismus zerstört hat. Sie macht sich keine Machtperspektive zu eigen und weigert sich, mit institutionellen Interessen zu kollaborieren oder in deren Namen zu handeln. Stattdessen dient sie den Interessen der Gemeinschaft und erkennt die Verbindungen zwischen persönlicher, sozialer und ökologischer Befreiung an. Sie ähnelt Kevin Healeys Konzept der „bürgerlichen Achtsamkeit", die die kollektive Aufmerksamkeit wieder auf die gemeinsame Verantwortung lenkt.[422]

Anstatt an den Verwüstungen des Kapitalismus zu verzweifeln oder uns an Mythen über seine sofortige Zerstörung zu klammern, können wir durch sinnvolles Handeln von Augenblick zu Augenblick befreit werden. Das ist überaus wirkungsvoll, weil es unsere Zerstückelung durch den Neoliberalismus aufhebt. Dieser lässt uns gespalten zurück, sodass wir uns in einer mörderischen Umgebung durchschlagen müssen und dabei unser kollektives Gedächtnis auslöschen. Es überrascht wenig, wenn sich so viele Menschen hoffnungslos, passiv und zynisch fühlen. Wir müssen uns *wieder* erinnern – wieder zusammenkommen, uns das Geschehene ins Gedächtnis rufen und zum Zwecke der Erweckung neuer Visionen das kultivieren, was Bhikkhu Bodhi „gewissenhaftes Mitgefühl" nennt:

> *„Es könnte eine kollektive Stimme entstehen, welche die notwendigen Kräfte in Bewegung setzt, um ein neues, in der inneren Würde des Menschen und der gegenseitigen Abhängigkeit allen Lebens auf der Erde wurzelndes Paradigma zu artikulieren und*

> *zu verkörpern. Eine solche Zusammenarbeit wäre dazu geeignet, Werte zu fördern, die vernünftige Alternativen zu unseren marktwirtschaftlichen Imperativen des Korporatismus, der Ausbeutung, des Abbaus erschöpflicher Ressourcen, des Konsumismus und des toxischen Wirtschaftswachstums bieten."*[423]

Dieser Ansatz ist das achtsame Äquivalent der Befreiungstheologie und verbindet spirituelle Praxis mit radikalem Handeln. Das beginnt damit, dass wir Zeugnis ablegen von gemeinsamen Schwachstellen, indem wir soziales Leid, kollektive Traumata und andere kulturelle Erfahrungen der Unterdrückung aktiv anerkennen. Auf diese Weise werden Vertrauen und Empathie wiederhergestellt und die Fähigkeit zum Widerstand entwickelt. Diejenigen, die gemeinsam leiden, können sich gemeinsam eine neue Zukunft ausmalen. In *The Desire for Mutual Recognition* schreibt Peter Gabel: „Wenn unser Ziel die Heilung und nicht bloß die Reparatur der Welt ist, dann müssen wir uns auf intuitionsbasierte soziospirituelle Handlungen einlassen, die unser gemeinsames Wesen erlösen können, und nicht auf rational begründete formale Veränderungen, welche unserer Überzeugung nach soziospirituelle Auswirkungen haben werden."[424]

Revolutionäre Achtsamkeit fetischisiert weder den gegenwärtigen Augenblick, noch urteilt sie. Stattdessen akzeptiert sie die Vergangenheit und Zukunft im bewussten Streben nach sozialer Veränderung. Dieser gemeinschaftliche Ansatz ist eindeutig antikapitalistisch und baut auf Kritik auf, um das Entstehen eines neuen Gemeinwesens zu ermöglichen. Individuelles Glück erscheint hohl, solange nicht alle Menschen frei von Unterdrückung, Armut wie auch Gewalt sind und die Freiheit besitzen, öffentlich zu sprechen und zu handeln. Doch wir sind keineswegs dazu verdammt, in der Zwischenzeit unglücklich zu sein. Nur wenn wir uns selbst helfen, können wir das auch gegenseitig tun. Aber wir müssen weiter gehen als die Smiley-Rhetorik der kommerzialisierten Achtsamkeit. Unzufriedenheit und Unglücklichsein sind kein Hindernis für eine Revolution, sondern ihr Zündstoff.

Da die Befreiung ein systembezogener Prozess ist, kann sie sich nicht auf individuelle Methoden stützen. Soziale Achtsamkeit beginnt mit dem größtmöglichen Blickwinkel und richtet die kollektive Aufmerksamkeit auf die strukturellen Ursachen des Leidens. Gruppen arbeiten zusammen, um gemeinsame Bedeutungen wie auch eine gemeinsame Basis zu schaffen und eine gesellschaftsorientierte Motivation zu entwickeln, bevor man sich dem Inneren zuwendet. Das ist natürlich etwas anderes als ein achtwöchiger Kurs in einem Vorstandszimmer. Es geht viel tiefer und verfolgt längerfristige Ziele, indem es Widerstand mit meditativer Praxis verbindet. Das Ziel ist nicht der Abbau von Stress, um wieder zur Tagesordnung überzugehen. Vielmehr geht es um die Überwindung der Entfremdung, indem man im Streben nach sozialer Gerechtigkeit mit anderen in einem gemeinsamen Kampf zusammenarbeitet, die inneren Ressourcen nutzt und sich ungerechter Macht widersetzt, um sowohl die Unterdrückenden als auch die Unterdrückten zu befreien.

Manchmal deutet Jon Kabat-Zinn an, dass sein Ansatz falsch sein könnte. Auch wenn er Kritik abweist, gibt er zu: „Es gibt genügend Raum für eine unendliche Anzahl von fantasievollen Ansätzen zur Heilung des menschlichen Zustands." Als er für den Film *The Mindful Revolution* interviewt wurde, musste er einräumen, dass der Kapitalismus CEOs daran hindern könnte, seinen Traum zu verwirklichen: „Nun", lachte er unbeholfen, „ich habe kein Problem damit, dass sich die kapitalistische Logik ändern muss. Ich meine, wie alles andere entwickelt sie sich weiter. Die eigentliche Frage ist: Entwickelt sie sich in Richtung Gier oder entwickelt sie sich in Richtung Weisheit?"[425]

Wir haben keine Zeit für solch ausschweifende Grübeleien. Befreiende Achtsamkeit erfordert, dass wir uns unserer eigenen Täuschung stellen. Obwohl es sich dabei manchmal um einen einsamen Prozess handelt, bedeutet er keinen Rückzug von der Außenwelt. Stattdessen kann er unser Gefühl der Verbundenheit vertiefen, sofern wir nicht an der illusorischen Getrenntheit unseres Selbst festhalten. Wenn wir diese defensive Hülle gemeinsam mit dem von ihr erzeugten ständigen Gefühl des Mangels abstreifen, können wir uns unserer individuellen Machtlosigkeit stellen. Durch die Einsicht in die Leere des Selbst und in die Nutzlosigkeit des Strebens nach Komfort und Kontrolle finden wir eine befreiende Kraft, die jenseits des isolierten „Ich" liegt. Wahrhaft revolutionäre Achtsamkeit ist nicht dualistisch: Ihre transformative Kraft ist ungeteilt und gehört niemandem. Indem wir sie uns gemeinsam zunutze machen, können wir die Befreiung aller Lebewesen anstreben.

Endnoten

Kapitel 1: Schon von der „Achtsamkeitsrevolution" gehört?

1 www.soundstrue.com/podcast/transcripts/jon-ka-bat-zinn.php
2 www.time.com/1556/the-mindful-revolution/
3 Jeff Wilson, *Mindful America.* Oxford University Press, 2014. S. 164.
4 Jon Kabat-Zinn, *Coming To Our Senses: Healing Ourselves and the World Through Mindfulness.* Hachette Books, 2005. S. 143.
5 Ebd., S. 160.
6 https://www.mentalpraxis.com/zombie-mindfulness.html
7 Wendy Brown, *Undoing the Demos: Neoliberalism's Stealth Revolution.* MIT Press, 2015. S. 15.
8 Jon Kabat-Zinn, *Mindfulness for Beginners: Reclaiming the Present Moment and Your Life.* Sounds True, 2012.
9 https://greatergood.berkeley.edu/article/item/the_four_keys_to_well_being
10 https://academic.oup.com/jaar/article-abstract/83/3/624/722898
11 David Forbes, *Mindfulness and Its Discontents.* Fernwood Publishing, 2019. S. 34.
12 https://www.youtube.com/watch?v=-kpiqOGpho4
13 https://www.nature.com/articles/nrn3916
14 https://tricycle.org/trikedaily/meditation-nation/
15 https://religiondispatches.org/american-buddhism-beyond-the-search-for-inner-peace/
16 https://www.huffingtonpost.com/ron-purser/beyond-mc-mindfulness_b_3519289.html
17 https://static1.squarespace.com/static/5a8e29ffcd39c3de-866b5e1/t/5b5303d91ae6cf630b641909/1532167130908/McMindfulness.pdf
18 Jeremy R. Carrette und Richard King, *Selling Spirituality: The Silent Takeover of Religion.* Routledge, 2005. S. 5.
19 Ebd., S. 22.
20 Byung-Chul Han, *Psycho-Politics: Neoliberalism and New Technologies of Power.* Verso Books, 2017.
21 https://speculativenonbuddhism.com/2011/07/03/elixir-of-mindfulness/
22 http://theconversation.com/mcmindfulness-buddhism-as-sold-to-you-by-neoliberals-88338
23 Byung-Chul Han, *Psycho-Politics: Neoliberalism and New Technologies of Power.* Verso Books, 2017. S. 30.
24 https://www.huffingtonpost.com/ron-purser/beyond-mcmindfulness_b_3519289.html

Kapitel 2: Neoliberale Achtsamkeit

25 https://www.nytimes.com/2017/03/08/well/mind/how-to-be-mindful-on-the-subway.html
26 Jon Kabat-Zinn, *Wherever You Go, There You Are.* Hachette Books, 2005.

27 https://www.theatlantic.com/business/archive/2015/03/corporations-newest-productivity-hack-meditation/387286/
28 https://medium.com/thrive-global/the-father-of-mindfulness-on-what-mindfulness-has-become-ad649c8340cf
29 https://www.margaretthatcher.org/document/104475
30 https://mondediplo.com/1998/12/08bourdieu
31 http://www.cabinetmagazine.org/issues/2/western.php
32 https://www.margaretthatcher.org/document/104052
33 Michel Foucault, *The Birth of Biopolitics: Lectures at the College de France*, 1978–79. Translated by G. Burchell. Palgrave Macmillan, 2008.
34 Michel Foucault, *The History of Sexuality Volume 1: An Introduction*. Vintage Books, 1978. S. 60.
35 Ruth Whippman, *America the Anxious*. St Martin's Press, 2016.
36 https://www.templeton.org/
37 Nikolas Rose, *Inventing Our Selves: Psychology, Power, and Personhood*. Cambridge University Press, 1998. 1999. S. 160.
38 https://blogs.scientificamerican.com/observations/more-recycling-wont-solve-plastic-pollution/
39 Ebd.
40 Henry A. Giroux, *The Violence of Organized Forgetting: Thinking Beyond America's Disimagination Machine*. City Lights Publishers, 2014.
41 https://rkpayne.wordpress.com/category/buddhism-under-capitalism/
42 Ole Jacob Madsen, *The Therapeutic Turn: How Psychology Altered Western Culture*. Routledge, 2014.
43 Jon Kabat-Zinn, *Full Catastrophe Living*. Bantam Dell, 1990. S. 550.
44 https://www.mentalpraxis.com/uploads/4/2/5/4/42542199/goto-jones_zombie_mindfulness_manifesto.pdf
45 Julie Wilson, *Neoliberalism*. Routledge, 2017. S. 220.
46 https://www.uib.no/sites/w3.uib.no/files/attachments/15_williams-structures_0.pdf
47 http://digitool.library.mcgill.ca/webclient/StreamGate?folder_id=0&dvs=1547509446906~428
48 Norbert Elias, *The Civilizing Process*. Blackwell, 2000.
49 http://mannersandmindfulness.com/
50 http://www.psow.edu/blog/how-to-be-manners-mindful-at-work
51 Jennifer M. Silva, *Coming Up Short: Working-Class Adulthood in an Age of Uncertainty*. Oxford University Press, 2015. S. 21.
52 Lauren Berlant, *Cruel Optimism*. Duke University Press, 2011.
53 Joshua Eisen, *Mindful Calculations: Mindfulness and Neoliberal Selfhood in North America and Beyond*. Masters Thesis, McGill University, 2014. S. 72.
54 Lauren Berlant, *Cruel Optimism*. Duke University Press, 2011. S. 1.

Kapitel 3: Das Stress-Mantra

55 https://www.dailymail.co.uk/health/article-2045309/Stress-Top-cause-workplace-sickness-dubbed-Black-Death-21st-century.html

56 Jon Kabat-Zinn, *Full Catastrophe Living*. Bantam Dell, 1990.
57 Ebd., S. xxvii.
58 Ebd., S. 2.
59 Tim Newton, *Managing Stress: Emotion and Power at Work*. Sage Publications, 1995.
60 Dana Becker, *One Nation Under Stress: The Trouble with Stress As An Idea*. Oxford University Press, 2013. S. 18.
61 David G. Schuster, *Neurasthenic Nation: America's Search for Health, Happiness, and Comfort, 1869-1920*. Rutgers University Press, 2011.
62 Walter B. Cannon, *The Wisdom of the Body*. W. W. Norton; New York, 1939.
63 Hans Selye, *The Stress of Life*. McGraw-Hill, 1956.
64 https://www.ncbi.nlm.nih.gov/pubmed/3279524
65 Ebd.
66 Dana Becker, *One Nation Under Stress: The Trouble with Stress As An Idea*. Oxford University Press, 2013. S. 37.
67 https://www.ncbi.nlm.nih.gov/pmc/articles/PMC3036703/
68 https://www.npr.org/sections/health-shots/2014/07/07/325946892/the-secret-history-behind-the-science-of-stress
69 Ebd.
70 Ebd.
71 Ebd.
72 Dana Becker, *One Nation Under Stress: The Trouble with Stress As An Idea*. Oxford University Press, 2013. S. 40.

Kapitel 4: Die Privatisierung der Achtsamkeit

73 https://www.tandfonline.com/doi/full/10.1080/14639947.2011.564844. S. 282.
74 http://healthland.time.com/2012/01/11/mind-reading-jon-kabat-zinn-talks-about-bringing-mindfulness-med-itation-to-medicine/
75 Al Rapaport (Hrsg.), *Buddhism in America*. Tuttle, 1997. S. 505.
76 Herbert Benson, *The Relaxation Response*. Avon Books, 1976. S. 117.
77 Richard King, „'Paying Attention' in a Digital Economy: Reflections on the Role of Analysis and Judgement Within Contemporary Discourses of Mindfulness and Comparisons with Classical Buddhist Accounts of Sati". In Ronald Purser & David Forbes (Hrsg.), *Handbook of Mindfulness: Culture, Context and Social Engagement*. Springer, 2016. S. 38.
78 https://www.tandfonline.com/doi/full/10.1080/14639947.2011.564844
79 Ebd., S. 290.
80 http://www.integralhealthresources.com/toward-a-mindful-society-shambhala-sun-interview-with-jon-kabat-zinn/
81 https://www.facebook.com/rpurser/videos/10154961154191759/
82 https://symbiosiscollege.edu.in/wp-content/uploads/2015/03/MBI-An_Emerging_Phenomenon_Margaret_Cullen.pdf
83 https://www.tandfonline.com/doi/full/10.1080/14639947.2011.564844
84 https://www.tandfonline.com/doi/abs/10.1080/14639940802556560. S. 238.

85 https://www.tandfonline.com/doi/abs/10.1080/03060497.2015.1018683
86 https://www.ncbi.nlm.nih.gov/pubmed/24565760
87 Ebd.
88 Ruth Whippman, *America the Anxious.* St Martin's Press. S. 26.
89 Carl Cederstrom & André Spicer, *The Wellness Syndrome.* Polity Press, 2015.
90 Interview with Jon Kabat-Zinn, *Common Ground.*
91 Nomi Morris, „Fully experiencing the present: a practicefor everyone, religious or not", *Los Angeles Times,* 2. Oktober 2010.

Kapitel 5: Achtsamkeit und Kolonialismus

92 https://bigthink.com/videos/sam-harris-on-secular-meditation-2
93 https://www.mindful.org/dan-harris-meditation-10-percent-happier/
94 https://www.cbs.com/shows/60_minutes/video/V0EAV25FWjaYdEKlbE8w2OgiQAxx8f_T/denied-inside-homs-mindfulness/
95 http://religiondispatches.org/hide-the-religion-feature-the-science-60-minutes-drops-the-ball-on-mindfulness/
96 http://time.com/collection/guide-to-happiness/1556/the-mindful-revolution/
97 Chade Meng Tan, *Search Inside Yourself: The Unexpected Path to Achieving Success, Happiness (and World Peace).* HarperOne, 2014.
98 Paul Carus, *The Gospel of the Buddha* [1894]. Open Court, 1999.
99 http://workplacewellbeing.co/images/davidsonzinn1.pdf. S. 95.
100 Candy Gunther-Brown, „Can ‚Secular' Mindfulness be Separated from Religion", in R. Purser, D. Forbes (Hrsg.), *Handbook of Mindfulness: Culture, Context and Social Engagement.* Springer, 2016. S. 75–94.
101 Tracy Goodman, Stealth Buddhism. Interview by Vincent & Emily Horn. BG331. www.buddhistgeeks.com/2014/08/bg-331-stealth-buddhism/
102 https://www.mcgill.ca/tcpsych/files/tcpsych/asi_conference_program_2.pdf
103 https://kar.kent.ac.uk/31308/
104 Edwin Ng, Zack Walsh & Ronald Purser, „Mindfulness Is Inherently Political Because Choiceless Exposure ToVulnerability Is a Promise of #MakingRefuge Shared-In-Difference". (Unveröffentlichtes Papier)
105 https://www.tandfonline.com/doi/full/10.1080/14639947.2011.564844
106 Jeff Wilson, „The Religion of Mindfulness". *Tricycle,* Herbst, https://tricycle.org/magazine/the-religion-mindfulness-essay-jeff-wilson/
107 https://www.ncbi.nlm.nih.gov/pmc/articles/PMC5605584/
108 https://www.ncbi.nlm.nih.gov/pmc/articles/PMC5605584/
109 https://www.tandfonline.com/doi/full/10.1080/14639947.2011.564844
110 Ebd.
111 Ebd.
112 Jon Kabat-Zinn, *Coming to Our Senses.* Hyperion, 2005, S. 9.
113 Jon Kabat-Zinn, *Wherever You Go, There You Are.* Hachette Books, 2009. S. 4.
114 Ebd., S. 24.
115 Arthur Versluis, *American Transcendentalism and Asian Religions.* Oxford University Press, 2003.

116 Rick Fields, *How the Swans Came to the Lake: A Narrative History of Buddhism in America Shambhala*, 1992. S. 157.
117 William James, „The religion of healthy-mindedness“, *The Varieties of Religious Experience: A Study in Human Nature*. New York, Wayne Proudfoot, 1902/2004. S. 95.
118 William James, *Talks to Teachers on Psychology*. Harvard University Press, 1899. S. 147.
119 David McMahan, *The Making of Buddhist Modernism*. Oxford University Press, 2008. S. 168.
120 http://buddhiststudies.berkeley.edu/people/faculty/sharf/documents/Sharf%20Is%20Mindfulness%20Buddhist.pdf. S. 479.
121 Richard Cohen, *Beyond Enlightenment: Buddhism, Religion, Modernity*. Routledge, 2006. S. 11.
122 Nyanaponika Thera, *The Heart of Buddhist Meditation*. Samuel Weiser, 1973. S. 17–18.
123 https://www.tandfonline.com/doi/abs/10.1080/14639947.2011.564813
124 C. Kelley, „O.K., Google, Take a Deep Breath“, http://www.nytimes.com/2012/04/29/technology/google-course-asks-employees-to-take-a-deep-breath.html
125 Robert Meikyo Rosenbaum & Barry Magid (Hrsg.), *What's Wrong with Mindfulness*. Wisdom Publications, 2016. S. 41–42.
126 Ebd., S. 42.
127 Jon Kabat-Zinn, *Wherever You Go, There You Are*. Hachette Books, 2009.

Kapitel 6: Achtsamkeit als soziale Amnesie

128 David Smail, Power, *Interest and Psychology: Elements of a Social Materialist Understanding of Distress*. PCCS Books, 2012. S. 7.
129 Joel Kovel, „The American Mental Health Industry“. In D. Ingleby (Hrsg.), *Critical psychiatry: The Politics of Mental Health*. Pantheon Books, 1980.
130 Ebd., S. 73.
131 Russell Jacoby, *Social Amnesia: A Critique of Contemporary Psychology*. New Brunswick, NJ: Transaction Publishers, 1997.
132 Ebd., S. 4.
133 W. Pietz, *Fetishism and Materialism*. In E. Apter & W. Pietz (Hrsg.), Fetishism as Cultural Discourse. Cornell University Press, 1993.
134 T. Dant, „Fetishism and the Social Value of Objects“. *Sociological Review* 44(3), 1996. S. 5.
135 Richard Payne, "Modernist Mindfulness“, http://rkpayne.wordpress.com/2014/08/22/modernist-mindfulness/
136 http://www.soundstrue.com/podcast/transcripts/jon-kabat-zinn.php?camefromhome=camefromhome

Kapitel 7: Achtsamkeit und das Problem mit der Wahrheit

137 http://time.com/1556/the-mindful-revolution/
138 https://www.ncbi.nlm.nih.gov/pubmed/25783612

139 https://tricycle.org/trikedaily/benefits-mindfulness-hard-prove/
140 https://link.springer.com/chapter/10.1007/978-3-319-44019-4_21
141 https://hbr.org/2015/01/mindfulness-can-literally-change-your-brain
142 https://www.ncbi.nlm.nih.gov/pubmed/19860032
143 https://psicoterapiabilbao.es/wp-content/uploads/2015/12/Khoury_2013_mindfulness-metaanalys.pdf
144 https://www.ncbi.nlm.nih.gov/books/NBK153338/#d12013035995.commentary
145 https://journals.plos.org/plosone/article
146 https://tricycle.org/trikedaily/dont-believe-hype/
147 Joel Best, *Flavor of the Month: Why Smart People Fall for Fads.* University of California Press, 2006.
148 Aryeh Siegel, *Transcendental Deception.* Janreg Press, 2018. S. 98.
149 Herbert Benson, *The Relaxation Response.* HarperTorch, 1976.
150 Ebd., S. 140.
151 Jeff Wilson, Mindful America. Oxford University Press, 2014. S. 80.
152 https://projectreporter.nih.gov/reporter_searchresults.cfm
153 https://jamanetwork.com/journals/jamainternalmedicine/fullarticle/1809754
154 https://effectivehealthcare.ahrq.gov/topics/meditation/research
155 https://www.nature.com/articles/s41598-018-20299-z
156 https://journals.plos.org/plosone/article
157 https://www.ncbi.nlm.nih.gov/pubmed/15903115
158 https://www.ncbi.nlm.nih.gov/pmc/articles/PMC2778755/
159 David L. McMahan, „How Meditation Works: Theorizing the Role of Cultural Context in Buddhist Contemplative Practice". In D. McMahan & E. Braun (Hrsg.), *Meditation, Buddhism, and Science.* Oxford University Press, 2017.
160 Ronald Purser & David Lewis, „Contemplative Neuroscience's Truthiness Problem". Präsentation während der Konferenz *Beyond the Hype: Buddhism and Neuroscience in a New Key.* Columbia University, 2016.
161 Nikolas Rose & Joelle M. Abi-Rached, *Neuro: The New Brain Sciences and the Management of Mind.* Princeton University Press, 2013.
162 Evan Thompson, „Looping Effects and the Cognitive Science of Meditation". In David L. McMahan & Erik Braun (Hrsg.), *Meditation, Buddhism, and Science.* Oxford University Press, 2017. S. 47–61.
163 Ebd.
164 https://www.ncbi.nlm.nih.gov/pubmed/16022930
165 https://www.ncbi.nlm.nih.gov/pubmed/20467003
166 https://www.ncbi.nlm.nih.gov/pubmed/29016274

Kapitel 8: Achtsame Angestellte

167 Daniel Goleman, *Emotional Intelligence.* Bantam Books, 1995.
168 Dale Carnegie, *How to Win Friends and Influence People.* Simon & Schuster, 1936.
169 https://pdfs.semanticscholar.org/c5b4/28f63499bd-d3caf39f8bdc28590edce8d8b0.pdf
170 Chade Meng Tan, *Search Inside Yourself: The Unexpected Path to Achieving Success, Happiness (and World Peace).* HarperOne, 2014. S. 134.

171 https://www.businessnewsdaily.com/2267-workplace-stress-health-epidemic-perventable-employee-assistance-programs.html

172 https://news.gallup.com/businessjournal/162953/tackle-employees-stagnating-engagement.aspx

173 https://www.researchgate.net/publication/240240954_Stress-management_interventions_in_the_workplace_Stress_counselling_and_stress_audits

174 Tim Newton, *Managing Stress: Emotion and Power at Work*. Sage Publications, 1995. S. 244.

175 David Gelles, *Mindful Work*. Houghton Mifflin Harcourt, 2015.

176 https://www.nytimes.com/2015/08/16/technology/inside-amazon-wrestling-big-ideas-in-a-bruising-workplace.html

177 Richard Wilkinson and Kate Pickett, *The Spirit Level: Why Greater Equality Makes Societies Stronger*. Bloomsbury, 2011.

178 https://www.gsb.stanford.edu/insights/why-your-work-place-might-be-killing-you

179 David Gelles, *Mindful Work*. Houghton Mifflin Harcourt, 2015. S. 97.

180 Nicholas Carr, *The Shallows: What the Internet is Doing to Our Brain*. W. W. Norton, 2011.

181 http://www.academyanalyticarts.org/rose-power-subjectivity

182 Nikolas Rose, *Inventing Ourselves: Psychology, Power, and Personhood*. Cambridge University Press, 1998. S. 114.

183 https://rkpayne.wordpress.com/2014/02/18/corporatist-spirituality/

184 Frederwick Winslow Taylor, *Principles of Scientific Management*. Harper & Brothers Publishers, 1915.

185 American Psychological Association, 1962.

186 John Micklethwait & Adrian Wooldridge, *The Witch Doctors: What the Management Gurus are Saying, Why it Matters and How to Make Sense of It*. Mandarin, 1997.

187 https://journals.sagepub.com/doi/abs/10.1177/0038038516655260

188 Richard Gillespie, *Manufacturing Knowledge: A History of the Hawthorne Experiments*. Cambridge University Press, 1993.

189 http://jeremyhunter.net/wp-content/uploads/2013/02/Mindful-Is-Mindfulness-Good-for-Business.pdf

190 https://www.mindful.org/its-not-mcmindfulness/

191 Ebd.

192 Ken Keyes, Jr., *The Hundredth Monkey*. Vision Books, 1982.

193 https://link.springer.com/article/10.1023/A:1006978911496

194 Robert L. Park, *Voodoo Science: The Road from Foolishness to Fraud*. Oxford University Press, 2001.

195 http://nomosjournal.org/2013/08/searching-for-integrity/

196 David Gelles, *Mindful Work*. Houghton Mifflin Harcourt, 2015.

197 https://money.cnn.com/2017/01/24/investing/aetna-obamacare-humana-merger/

198 https://www.nytimes.com/2018/06/14/opinion/sunday/meditation-productivity-work-mindfulness.html

Kapitel 9: Achtsame Kaufleute

199 https://globalwellnessinstitute.org/industry-research/2018-global-wellness-economy-monitor/
200 https://www.mindful.org/its-not-mcmindfulness/
201 https://www.awakenedworldpilgrimage.com/
202 https://www.whil.com/companies
203 Edward L. Bernay, *Propaganda*. Horace Liveright, 1928.
204 https://www.seanfeitoakes.com/mindfulness-the-google-way-well-intentioned-saffron-washing/
205 https://www.publicintegrity.org/2016/02/16/19297/ford-spent-40-million-reshape-asbestos-science
206 https://jalopnik.com/lawsuit-accuses-ford-of-cheating-diesel-emissions-on-50-1821962910
207 https://www.businessinsider.com/marc-benioff-salesforce-com-chief-has-pulled-some-crazy-stunts-2012-3
208 https://www.fastcompany.com/40433618/not-so-zen-at-headspace-as-layoffs-hit-the-company
209 https://www.mz-mittelbaden.de/dokumente/headspace_facts.pdf
210 https://www.forbes.com/sites/kathleenchaykowski/2017/01/08/meet-headspace-the-app-that-made-meditation-a-250-million-business/#713227fc1f1b
211 https://techcrunch.com/2017/09/02/funding-your-bliss-mindfulness-startups-scale-up/
212 https://ebmh.bmj.com/content/18/4/97
213 https://www.wired.co.uk/article/mental-health-apps#_=_
214 https://www.ft.com/content/9b8c0c6e-e805-11e6-967b-c88452263daf
215 George Ritzer, *The McDonaldization of Society*. Sage Publications, 2007.

Kapitel 10: Achtsame Eliten

216 Janice Marturano, *Finding the Space to Lead: A Practical Guide to Mindful Leadership*. Bloomsbury Press, 2015.
217 Ebd., S. 166.
218 https://www.huffingtonpost.com/janice-l-marturano/mindful-leadership-receiv_b_2543151.html
219 Janice Marturano, *Finding the Space to Lead: A Practical Guide to Mindful Leadership*. Bloomsbury Press, 2015.
220 https://www.huffpost.com/entry/collective-mindfulness-th_b_4732429
221 https://www.huffingtonpost.com/entry/otto-scharmer-davos_n_4635396
222 https://dealbook.nytimes.com/2015/01/21/amid-the-chattering-of-the-global-elite-a-silent-interlude/
223 https://www.rollingstone.com/politics/politics-news/the-great-american-bubble-machine-195229/
224 http://www.buddhistpeacefellowship.org/can-mindfulness-change-a-corporation/

225 https://www.academia.edu/25482900/WHAT_IS_ENLIGHTENMENT_MINDFULNESS_IN_THE_ MOMENT_OF_STRESS
226 Byung-Chul Han, *Psycho-Politics: Neoliberalism and New Technologies of Power.* Verso Books, 2017.
227 Jeremy Carrette & Richard King, *Selling Spirituality: The Silent Takeover of Religion.* Routledge, 2005. S. 22.
228 Sam Binkley, *Happiness as Enterprise: An Essay on Neoliberal Life.* SUNY Press, 2015. S. 2.
229 Wendy Brown, *Undoing the Demos: Neoliberalism's Stealth Revolution.* MIT Press (Zone Books), 2015.
230 http://religiondispatches.org/rich-people-need-inner-peace-too-an-interview-with-googles-jolly-good-fellow-chade-meng-tan/
231 https://tricycle.org/blog/2014/02/17/protesters-crash-google-talk-corporate-mindfulness-wisdom-20-conference/
232 https://www.huffingtonpost.com/ron-purser/google-misses-a-lesson_b_4900285.html
233 http://wisdom2conference.tumblr.com/post/76757167725/wisdom-20-2014-google-handles-protesters-with
234 Ebd.
235 Soren Gordhamer, *Wisdom 2.0: The New Movement Toward Purposeful Engagement in Business and in Life: Ancient Secrets for the Creative and Constantly Connected.* HarperOne, 2009. S. 40.
236 https://www.youtube.com/watch?v=fFE0GMI9HJ8
237 https://www.youtube.com/watch?v=oTJ9_KM4i4U
238 https://tricycle.org/magazine/buying-wisdom-2/
239 https://tricycle.org/magazine/buying-wisdom/

Kapitel 11: Achtsame Schulen

240 https://mindfulnessinschools.org
241 https://www.tandfonline.com/doi/abs/10.1080/14639947.2017.1301032
242 https://www.mindfulschools.org
243 https://www.washingtonpost.com/sf/feature/wp/2013/04/11/the-education-issue-believing-self-control-predicts-success-schools-teach-coping/
244 https://www.mindfulschools.org/resources/room-to-breathe/
245 https://link.springer.com/chapter/10.1007/978-3-319-44019-4_26
246 https://link.springer.com/chapter/10.1007/978-3-319-44019-4_23
247 https://www.theatlantic.com/international/archive/2012/03/the-white-savior-industrial-complex/254843/
248 https://journals.sagepub.com/doi/pdf/10.2304/pfie.2013.11.5.538
249 James Reveley, „Neoliberal Meditations: How Mindfulness Training Medicalizes Education and Responsibilizes Young People". *Policy Futures in Education* 2016, 14(4). S. 497–511.
250 Kathryn Ecclestone and Dennis Hayes. *The Dangerous Rise of Therapeutic Education.* Routledge, 2008.
251 https://www.mindfulschools.org/about-mindfulness/mindfulness-in-education/

252 https://mindfulnessinschools.org/mindfulness-in-education/what-is-it/
253 https://link.springer.com/chapter/10.1007/978-3-319-44019-4_29
254 http://www.buddhistpeacefellowship.org/the-heart-of-mindfulness-a-response-to-the-new-york-times/
255 https://www.lionsroar.com/in-engaged-buddhism-peace-begins-with-you/
256 https://link.springer.com/chapter/10.1007/978-3-319-44019-4_24
257 https://mindfulnessinschools.org/mindfulness-in-education/what-is-it/
258 Richard Burnett, „Mindfulness in Secondary Schools: Learning Lessons from the Adults, Secular and Buddhist“. *Buddhist Studies Review*, 2011, 28(1). S. 79–20.
259 https://www.youtube.com/watch?v=7pLhwGLYvJU
260 Ebd.
261 https://www.huffingtonpost.com/candy-gunther-brown-phd/mindfulness-meditation-in_b_6276968.html
262 https://www.youtube.com/watch?v=7pLhwGLYvJU
263 https://link.springer.com/chapter/10.1007/978-3-319-44019-4_6
264 https://www.huffingtonpost.com/2013/04/17/warstler-elementary-school-ohio-mindfulness-program_n_3101741.html
265 http://www.nclplaw.org/wp-content/uploads/2011/12/DYRSD-Legal-Opinion-Memorandum-2-2-161.pdf
266 https://www.ncbi.nlm.nih.gov/pmc/articles/PMC3151546/
267 http://psycnet.apa.org/buy/2014-14116-001
268 https://www.ncbi.nlm.nih.gov/pubmed/9097338
269 Ebd.
270 https://law.justia.com/cases/federal/district-courts/FSupp/440/1284/1817490/
271 https://www.davidlynchfoundation.org/
272 https://www.facebook.com/tmfreeblog/photos/pb.137913942929551.2207520000.1518324891./1442412835812982/?type=3
273 Ebd.
274 http://tmfree.blogspot.com/
275 https://www.au.org/church-state/june-2009-church-state/featured/levitating-over-the-church-state-wall
276 https://www.theguardian.com/teacher-network/2015/nov/24/san-franciscos-toughest-schools-transformed-meditation
277 https://www.theatlantic.com/education/archive/2015/08/mindfulness-education-schools-meditation/402469/
278 https://link.springer.com/content/pdf/10.1007%2Fs12671-015-0478-4.pdf
279 https://www.vox.com/science-and-health/2017/5/22/13768406/mindfulness-meditation-good-for-kids-evidence
280 https://www.ncbi.nlm.nih.gov/pmc/articles/PMC4075476/
281 https://www.vox.com/science-and-health/2017/5/22/13768406/mindfulness-meditation-good-for-kids-evidence
282 https://journals.plos.org/plosone/article?id=10.1371/journal.pone.0153220
283 https://tricycle.org/trikedaily/trauma-meditation/
284 https://www.theatlantic.com/health/archive/2014/06/the-dark-knight-of-the-souls/372766/

285 http://minet.org/www.trancenet.net/research/2000perezdealbeniz.shtml
286 https://www.researchgate.net/publication/272240728_Biologising_parenting_Neuroscience_discourse_English_social_and_public_health_policy_and_understandings_of_the_child
287 https://royalsociety.org/topics-policy/projects/brain-waves/education-lifelong-learning

Kapitel 12: Achtsame Krieger:innen

288 https://www.ncbi.nlm.nih.gov/pubmed/18157882
289 https://www.army.mil/article/29549/mind_fitness_improving_operational_effectiveness_and_building_warrior_resilience
290 https://news.miami.edu/stories/2018/11/ensuring-success-in-demanding-roles.html
291 https://doi.org/10.1016/bs.pbr.2018.10.001
292 http://www.amishi.com/lab/wp-content/uploads/Stanley_Jha-Mind_Fitness-JFQ.pdf
293 William D. Lutz, *The New Doublespeak: Why No One Knows What Anyone's Saying Anymore.* HarperCollins, 1996.
294 https://www.youtube.com/watch?v=t_WI68yHFqM
295 https://doi.org/10.1016/bs.pbr.2018.10.001
296 http://www.amishi.com/lab/wp-content/uploads/JhaCV_8.24.17_Web.pdf
297 https://www.psychologytoday.com/us/blog/dangerous-ideas/201103/the-dark-side-comprehensive-soldier-fitness
298 https://thewinnower.com/papers/49-a-critical-examination-of-the-u-s-army-s-comprehensive-soldier-fitness-program
299 http://psycnet.apa.org/doiLanding?doi=10.1037%2Fa0024932
300 http://www.amishi.com/lab/wp-content/uploads/Stanley_Jha-Mind_Fitness-JFQ.pdf
301 https://psmag.com/social-justice/a-state-military-mind-42839
302 https://www.theoaklandpress.com/news/marines-studying-mindfulness-based-training/article_c4ac9534-d1d9-5eab-91e5-fdec5e4c10c3.html
303 https://www.ncbi.nlm.nih.gov/pubmed/20141302
304 http://www.amishi.com/lab/mbat_project/
305 https://www.inquiringmind.com/article/3002_14_kabat-zinn-interview-with-jon-kabat-zinn-the-thousand-year-view/
306 https://www.youtube.com/watch?v=D5r2sBQM31k
307 https://www.inquiringmind.com/article/3001_16_stanley-cultivating-the-mind-of-a-warrior/
308 Ebd.
309 https://federalnewsnetwork.com/federal-drive/2013/01/federal-drive-interviews-jan-28-2013/
310 Brian Victoria, *Zen at War.* Rowman & Littlefield, 2006.
311 D. T. Suzuki, *Zen and Japanese Culture.* Princeton University Press, 1938. S. 145.
312 Brian Victoria, *Zen at War.* Rowman & Littlefield, 2006. S. 210.

313 https://www.thezensite.com/ZenEssays/CriticalZen/An_Ethical_Critique_of_Wartime_Zen.pdf. S. 201.
314 Brian Victoria, „Samadhi Power in Imperial Japan". Unveröffentlichter Artikel, S. 13.
315 Brian Victoria, *Zen at War.* Rowman & Littlefield, 2006. S. 139.
316 Elizabeth Stanley, „Neuroplasticity, Mind Fitness, and Military Effectiveness". In Robert Armstrong & Mark Drapeau (Hrsg.), *Bio-Inspired Innovation and National Security.* CreateSpace, 2012.
317 Brian Victoria, „Teaching Buddhism and Violence". In Brian K. Pennington (Hrsg.), *Teaching Buddhism and Violence,* Oxford University Press, 2012. S. 89.
318 https://www.theguardian.com/commentisfree/belief/2012/may/22/anders-behring-breivik-meditation
319 https://sites.google.com/site/breivikreport/documents/anders-breivik-psychiatric-report-2012-04-10
320 https://www.inquiringmind.com/article/3002_14_kabat-zinn-interview-with-jon-kabat-zinn-the-thousand-year-view/
321 https://www.inquiringmind.com/article/2202_4_cullen_mindfulness-conversation/
322 http://www.huffingtonpost.com/matthieu-ricard/caring-mindfulness_b_7118906.html
323 John Dyckman, „Letter to the Editor". *Inquiring Mind,* Herbst 2014.
324 http://www.mindfulnesstrainingcourse.org/the-application-of-right-mindfulness--fo
325 Lt Col Dave Grossman, *On Killing: The Psychological Cost of Learning to Kill in War and Society.* Back Bay Books, 2009.
326 http://blogs.dickinson.edu/buddhistethics/files/2010/12/Premasiri.pdf
327 https://journals.sagepub.com/doi/abs/10.1177/002088171004600403

Kapitel 13: Achtsame Politik

328 Tim Ryan, *A Mindful Nation: How a Simple Practice Can Reduce Stress, Improve Performance, and Recapture the American Spirit.* Hay House, 2012. S. 33–34.
329 Ebd.
330 Ebd.
331 https://www.huffingtonpost.com/one-world-with-deepak-chopra/the-art-of-mindfulness-in_b_5023022.html
332 https://abcnews.go.com/Politics/rep-tim-ryan-meditation-reduces-stress-work-trump/story?id=48378736
333 Tim Ryan, *A Mindful Nation: How a Simple Practice Can Reduce Stress, Improve Performance, and Recapture the American Spirit.* Hay House, 2012.
334 Ebd.
335 Craig Martin, *Capitalizing Religion: Ideology and the Opiate of the Bourgeoisie.* Bloomsbury, 2014.
336 Tim Ryan, *A Mindful Nation: How a Simple Practice Can Reduce Stress, Improve Performance, and Recapture the American Spirit.* Hay House, 2012.
337 https://www.washingtontimes.com/news/2012/jul/11/ohio-democrat-uses-mindfulness-stress-reduction-te/

338 https://www.tandfonline.com/doi/full/10.1080/07393148.2016.1153195
339 https://www.ncbi.nlm.nih.gov/pubmed/18031225
340 Richard Wilkinson & Kate Pickett, *The Spirit Level: Why Greater Equality Makes Societies Stronger.* Bloomsbury, 2011.
341 https://theintercept.com/2018/07/23/tim-ryan-presidential-run-2020/
342 Tim Ryan, *A Mindful Nation: How a Simple Practice Can Reduce Stress, Improve Performance, and Recapture the American Spirit.* Hay House, 2012. S. 167.
343 Jon Kabat-Zinn, *Coming To Our Senses: Healing Ourselves and the World Through Mindfulness.* Hachette Books, 2005.
344 https://www.ncbi.nlm.nih.gov/pmc/articles/PMC5605584/
345 https://www.ibtimes.com/heinrich-himmler-nazi-hindu-214444
346 https://www.yogajournal.com/blog/nazi-leaders-fascinated-by-yoga
347 https://www.tandfonline.com/doi/full/10.1080/07393148.2016.1153195
348 https://www.nbcnews.com/politics/elections/sanders-wing-party-terrifies-moderate-dems-here-s-how-they-n893381
349 https://www.politico.com/magazine/story/2018/09/09/tim-ryan-2020-presidential-candidate-yoga-beer-mind-fulness-interview-profile-219738
350 Sam Binkley, *Happiness as Enterprise: An Essay on Neoliberal Life.* SUNY Press, 2015.
351 Tim Ryan, *A Mindful Nation: How a Simple Practice Can Reduce Stress, Improve Performance, and Recapture the American Spirit.* Hay House, 2012.
352 Jon Kabat-Zinn, *Wherever You Go, There You Are.* Hyperion, 2005.
353 https://www.theguardian.com/society/2014/may/07/politicians-ruby-wax-parliament-mindfulness-meditatio
354 https://www.ncbi.nlm.nih.gov/pmc/articles/PMC3964149/
355 https://www.theguardian.com/lifeandstyle/2013/apr/07/zen-buddhism-nhs
356 https://www.themindfulnessinitiative.org.uk/about/who-we-are
357 https://www.themindfulnessinitiative.org.uk/about/mindfulness-appg
358 https://www.mindful.org/can-mindfulness-transform-politics-2/
359 https://www.themindfulnessinitiative.org.uk/publications/mindful-nation-uk-report
360 https://themindfulnessinitiative.org.uk/images/reports/Mindfulness-APPG-Report_Mindful-Nation-UK_Oct2015.pdf
361 https://www.theguardian.com/commentisfree/2015/oct/20/mindfulness-mental-health-potential-benefits-uk
362 Ebd.
363 Ebd.
364 https://thepsychologist.bps.org.uk/not-mcmindfulness-any-stretch-imagination
365 Ebd.
366 https://thebuddhistcentre.com/text/triratna-around-world
367 https://www.themindfulnessinitiative.org.uk/about/who-we-are
368 https://www.breathworks-mindfulness.org.uk/meet-our-associates
369 https://www.bbc.co.uk/news/uk-england-hampshire-37432719
370 https://thebuddhistcentre.com/news/statement-urgyen-sangharakshita

371 http://www.wiseattention.org/blog/2012/10/19/secular-mindfulness-buddhism-2-a-wider-view-of-mindfulness/
372 https://www.ncbi.nlm.nih.gov/pmc/articles/PMC5353526/
373 https://eric.ed.gov/?id=EJ1120864
374 https://themindfulnessinitiative.org.uk/images/reports/Mindfulness-APPG-Report_Mindful-Nation-UK_Oct2015.pdf
375 https://eric.ed.gov/?id=EJ1120864
376 https://themindfulnessinitiative.org.uk/images/reports/Mindfulness-APPG-Report_Mindful-Nation-UK_Oct2015.pdf
377 https://www.ncbi.nlm.nih.gov/pubmed/24294837
378 https://www.ncbi.nlm.nih.gov/pubmed/24395196
379 https://www.ncbi.nlm.nih.gov/pubmed/25907157
380 https://www.sciencedirect.com/science/article/pii/S2352250X18301209
381 https://www.conservativehome.com/platform/2018/08/tim-loughton-mindfulness-has-a-crucial-role-to-play-in-tackling-mental-illness.html
382 https://www.sciencedirect.com/science/article/pii/S2352250X18301209
383 Ebd.
384 Ebd.
385 https://www.theguardian.com/lifeandstyle/2017/oct/22/mindfulness-jon-kabat-zinn-depression-trump-grenfell
386 https://www.theguardian.com/lifeandstyle/2017/oct/13/politicians-meditate-commons-mindfulness-event
387 Ebd.
388 https://www.sciencedirect.com/science/article/pii/S2352250X18301209
389 https://www.ncbi.nlm.nih.gov/pmc/articles/PMC5605584/
390 http://www.wbur.org/onpoint/2018/08/14/meditation-mindfulness-jon-kabat-zinn
391 https://www.sciencedirect.com/science/article/pii/S2352250X18301209

Fazit: Die Befreiung der Achtsamkeit

392 https://vimeo.com/ondemand/themindfulrevolution
393 https://link.springer.com/article/10.1007/s12671-0170758-2
394 https://www.inquiringmind.com/article/3002_14_kabat-zinn-interview-with-jon-kabat-zinn-the-thousand-year-view/
395 https://www.iiss.org/publications/the-military-balance
396 https://www.dukeupress.edu/cruel-optimism
397 https://truthout.org/articles/domestic-terrorism-youth-and-the-politics-of-disposability/
398 Jon Kabat-Zinn, *Full Catastrophe Living*. Bantam Dell, 1990. S. 200.
399 https://www.dukeupress.edu/the-already-dead/
400 https://www.eventbrite.com/e/video-of-angela-davis-jon-kabat-zinn-east-bay-meditation-center-benefit-tickets-50134682184
401 Nicole Aschoff, *The New Prophets of Capital*. Verso, 2015. S. 3.
402 http://mindfulnessinamericasummit.com

403 Deborah Orr, „Ethics, Mindfulness, and Skillfulness“. In Steven Stanley, Ronald Purser & Nirbhay Singh (Hrsg.), *Handbook of Ethical Foundations of Mindfulness.* Springer, 2018. S. 137-138.
404 https://tricycle.org/magazine/seeing-things-they-are/
405 Bhikkhu Bodhi, *The Connected Discourses of the Buddha, A Translation of the Samyutta Nikaya.* Wisdom Publications, 2000. S. 251.
406 https://www.ncbi.nlm.nih.gov/pmc/articles/PMC5605584/
407 Ebd.
408 https://vimeo.com/ondemand/themindfulrevolution
409 William Davies, *The Happiness Industry: How the Government and Big Business Sold Us Wellbeing.* Verso, 2015. S. 251.
410 Ebd.
411 https://www.thelancet.com/journals/lanpsy/article/PIIS2215-0366(18)30394-8/fulltext
412 Bruce Rogers-Vaughn, *Caring for Souls in a Neoliberal Age.* Palgrave Macmillan, 2016. S. 126.
413 Ebd.
414 Ebd.
415 C. Wright Mills, *The Sociological Imagination.* Grove Press, 1961.
416 Paulo Freire, *Pedagogies of the Oppressed.* Continuum, 2000. Ausgabe zum 30. Jubiläum.
417 Robin DiAngelo, *White Fragility: Why It's So Hard for White People to Talk About Racism.* Beacon Press, 2018. S. 59.
418 Mary Watkins & Helene Shulman, *Toward Psychologies of Liberation.* Palgrave, 2008. S. 29.
419 Robert Hattam, *Awakening Struggle: Towards a Buddhist Critical Theory.* University of South Australia Press, 2002. S. 228.
420 Erich Fromm, *Beyond The Chains of Illusion,* Abacus, 1989. S. 131–132.
421 Mark Fisher, *Capitalist Realism.* Zero Books, 2009. S. 80.
422 http://nomosjournal.org/2013/08/searching-for-integrity/
423 https://tricycle.org/trikedaily/conscientious-compassion/
424 Peter Gabel, *The Desire for Mutual Recognition: Social Movements and the Dissolution of the False Self.* Routledge, 2018. S. 210.
425 https://vimeo.com/ondemand/themindfulrevolution

Danksagung

Ich möchte insbesondere meinem Verleger Tariq Goddard danken, der sich sofort für mein Buch interessierte und sich für dessen Förderung eingesetzt hat. Ich hätte mir auch einen größeren Verlag aussuchen können, aber letztendlich habe ich mich für Repeater entschieden, weil Tariqs Führungsstil und seine Vision für die Veröffentlichung kritischer, den Status quo infrage stellender Bücher überzeugend sind. Etan Ilfeld, der Eigentümer von Repeater Books und Geschäftsführer von Watkins Media, hat mein Projekt von Anfang an enthusiastisch und unterstützend begleitet. Ich möchte mich auch bei Josh Turner, Michael Watson und Jonathan Maunder von Repeater für ihre Hilfe und ihr Fachwissen bedanken.

Besonderen Dank schulde ich Daniel Simpson, einem talentierten selbstständigen Entwicklungsredakteur, dessen Fachwissen und scharfes Auge mir bei der Überarbeitung des Buches enorm geholfen haben. Mehrere Jahre vor der Konzeption dieses Buches hatten Daniel und ich einen regen Austausch über unser gegenseitiges Misstrauen und unsere Skepsis gegenüber der Achtsamkeitsbewegung. Ich möchte meinem Freund und Mentor David Loy meinen tiefsten Dank aussprechen, der mich ermutigte, meine Kritik an der Achtsamkeitsbewegung weiterzuverfolgen, was zu unserem viralen Artikel „Beyond McMindfulness“ in der *Huffington Post* führte. Ich bin schon seit vielen Jahren ein Fan von Davids Schriften.

Ich danke auch David Forbes, der ein früher Weggefährte bei der Etablierung der Kritik an McMindfulness war. Unsere Zusammenarbeit beim Podcast Mindful Cranks inspirierte viele der hier vorgestellten Ideen. Eine frühere Version unseres Berichts über die Debakel bei der Wisdom 2.0-Konferenz von Google erschien zuerst in der *Huffington Post.*

Ich habe mich viel mit meinem Freund und Kollegen Andy Cooper, der Kulturredakteur bei Tricycle ist, über verschiedene Aspekte der Kritik an McMindfulness unterhalten. Unsere gemeinsame Besorgnis um den Hype und die übertriebenen wissenschaftlichen Behauptungen der Achtsamkeitsbewegung bewog uns zur Veröffentlichung des Artikels „Mindfulness' Truthiness Problem“ auf Salon.com.

Danke auch an Edwin Ng, der mit mir an einer Reihe von Social-Media-Artikeln zusammengearbeitet hat, darunter „Corporate Mindfulness is Bullsh*t“, „White Privilege and the Mindfulness Movement“, „Cutting Through the Corporate Mindfulness Hype“, „Mindfulness and Self-Care:

Why Should I Care". Edwin Ng und ich arbeiteten gemeinsam an dem Projekt „Making Refuge", das mir bei der Entschlüsselung der diskursiven Gewohnheiten und rhetorischen Strategien der Achtsamkeitsbewegung sehr geholfen hat. Einem anderen Freund und Kollegen, Zack Walsh, gebührt besonderer Dank. Seine Schriften haben meine Kritik am Neoliberalismus und an den ideologischen Untergründen des Achtsamkeitsdiskurses beeinflusst. Zack und ich arbeiten weiterhin gemeinsam an einer Reihe von sozialkritischen Achtsamkeitsprojekten. Ich bin auch David Lewis für seine Freundschaft und Unterstützung zu Dank verpflichtet, seit wir uns zum ersten Mal in einer lebhaften und kontroversen Facebook-Gruppe trafen, die sich mit kritischen Fragen der Achtsamkeitsbewegung befasste. David klärte mich über die technischen Grenzen von fMRI-Gehirnbildgebungsstudien auf, die in unser Paper „Contemplative Science's Truthiness Problem" einflossen, das wir auf der Konferenz „Beyond the Hype: ‚Buddhism and Neuroscience' in a New Key" an der Columbia University vorstellten.

Vielen Dank an die vielen Kolleg:innen und Freundinnen und Freunde, die mich auf diesem Weg unterstützt haben und von denen viele ihren ganz eigenen Beitrag zu einem kritischen Achtsamkeitsdiskurs geleistet haben, darunter Steven Stanley, der ehrwürdige Bhikkhu Bodhi, Robert Thurman, Christopher Titmuss, Kevin Healey, Glenn Wallis, Richard King, Jeff Wilson, Jack Petranker, Linda Heuman, Hugh Wilmott, Alex Caring-Lobel, Joe Millilo, Deborah Rochelle, Bernard Faure, Tom Yarnall, Richard Payne, Lisa Dale Miller, Shaila Catherine, Alan Senauke, Ilmari Kortelainen, Mushim Patricia Ikeda, Katie Loncke, Dawn Haney, Funie Hsu, Brian Victoria, David Brazier, Manu Bazzano, Gary Gach, Peter Doran, Samuel Stephan, Juan Humberto-Young, Pierce Salgado, David McMahan, C. W. Huntington, Nirb Singh, Antonino Raffone, Massimo Tomassini, Ruth Whippman, William Davies, Willoughby Britt, Paul Grossman, Miguel Farias, Catherine Wikholm, Rabbi Michael Lerner, Justin Whitaker und Josh Baran.

Ich möchte auch James Shaheen, einem Redakteur von *Tricycle*, danken, der ein großzügiger Kosponsor der internationalen Konferenz „Mindfulness and Compassion: The Art and Science of Contemplative Practice" war, die ich an der San Francisco State University veranstaltete. Ebenso bin ich Norm Oberstein und der großzügigen finanziellen Unterstützung der Frederick Lenz Foundation for American Buddhism dankbar, die mich dabei unterstützt hat, Wege zu finden, die Achtsamkeit aus ihrem derzeitigen Würgegriff des Neoliberalismus zu befreien.

Mein besonderer Dank gilt meinem Freund und Mentor B. Alan Wallace, der von Anfang an meine Bedenken hinsichtlich der Kommerzialisierung der Achtsamkeit teilte. Alans unterstützende Präsenz war während des gesamten Schreibens hinter den Kulissen zu spüren. Seine unerschütterliche Quelle spiritueller und intellektueller Unterstützung war entscheidend für die Schärfung der Kritik. Ich bin auch dem ehrwürdigen Dr. Jongmae Kenneth Park, dem ehemaligen Bischof des koreanischen buddhistischen Taego-Ordens, zu großem Dank verpflichtet, dessen Weisheit, Mitgefühl und unbändige Energie eine Quelle der Inspiration waren.

Ich danke auch Tom Thomas, dem Vorsitzenden meines Fachbereichs an der San Francisco State University, für seine Toleranz und Geduld hinsichtlich meiner über einjährigen Abwesenheit.

Schließlich möchte ich meiner Lebensgefährtin Wendell Hanna dafür danken, dass sie mir den Anstoß gegeben hat, den Schritt in die Selbstständigkeit zu wagen. Sie ist während meiner Beschäftigung mit der Achtsamkeitsbewegung stets an meiner Seite gewesen und ohne sie hätte es dieses Buch niemals in den Druck geschafft. Und ein besonderer Dank geht an meinen Hund Nick, der mir immer wieder dabei half, mich körperlich zu betätigen, wenn ich eine Pause von der Arbeit am Computer brauchte.